U0829659

GROUP

中国建投｜远见成就未来

中国建投研究丛书·报告系列
JIC Institute of Investment Research Books · Report

中国信托行业研究报告

(2020)

中建投信托博士后工作站
中国社会科学院金融研究所博士后流动站 / 联合编著

ANNUAL REPORT ON THE DEVELOPMENT OF CHINA'S TRUST INDUSTRY (2020)

社会科学文献出版社
SOCIAL SCIENCES ACADEMIC PRESS (CHINA)

《中国信托行业研究报告》编委会

主　任　刘功胜　胡　滨

副主任　谭　硕　张　昳

委　员　（按姓氏拼音字母排序）

蔡　真　高　斌　黄婷儿　尹振涛　应汇康

袁　路　袁增霆

主要编写人员简介
（按姓氏拼音字母排序）

董　建　北京科技大学工学硕士。先后就职于 Climate Bridge Ltd. 和保利协鑫有限公司，现任职于中建投信托股份有限公司资产管理部。在碳资产管理、传统能源及可再生能源投资并购、房地产类特殊资产基金等领域有丰富经验。

范广川　新加坡国立大学本科，荣誉学士学位。现为中建投信托地产基金业务部投资主管，主要负责地产类股权投资相关业务。具有长期金融行业从业经验，熟悉一、二级金融市场，聚焦股权投资领域，深耕地产行业。

高　斌　中国政法大学民商法学博士，加州大学伯克利分校访问学者。中建投信托研究创新部研究员。主要研究方向为证券法、信托法，专注于房地产投资信托基金（REITs）法律制度研究。曾在中电建华东院、兴业银行杭州分行投行部工作，曾在《经济法学评论》等刊物发表多篇文章。

黄婷儿　北京大学硕士，拥有 CICPA 专业资格。现任职于中建投信托研究创新部，曾任职于毕马威会计师事务所、中建投信托北京投行部。连续五年参编《中国信托行业研究报告》。具有丰富的改制上市、并购重组等尽职调查经验，研究领域包括资产证券化、股权投资、慈善信托及信托转型等。

李合怡　苏州大学金融学博士，华东师范大学博士后。现任职于中建投信托南京业务部。曾在核心学术期刊发表多篇论文，参编“中国建投研究丛书”，拥有良好的项目管理、投资与金融学、房地产经济学等相关专业知识。

李　绚　东华大学管理学硕士，CPA、CIA。先后就职于普华永道会计师事务所、中国对外经济贸易信托有限公司，现就职于中建投信托股份有限公司风险管理部。具备丰富的会计审计经验以及风险管理经验，对市政基础设施领域有长期的跟踪研究。目前主要负责政信业务和房地产信托业务的评审工作。

吕四妹 对外经济贸易大学法学硕士，获得法律职业资格证书。现任职于中建投信托资产证券化业务部，曾任职于兴业银行深圳分行、平安信托。关注资产证券化业务方向，致力于消费金融、融资租赁、REITs 相关的法律、风险分析等方面的研究。

聂雅雯 纽约大学金融工程硕士。现任职于中建投信托风险管理部，曾就职于普华永道会计师事务所（纽约）。曾参与美国四家大型数据金融公司开展的金融衍生品定价估值及金融产品风险管理方面的研究，在信托房地产业务、租赁行业资产证券化、股权投资等方面具有一定的风险管理和审批经验。

任思维 北京大学经济学硕士。现任职于中建投信托北京产业金融部，曾任职于中建投信托北京投行部、地产基金业务部。长期从事权益类业务投资，具有丰富的项目投资、项目管理经验，关注领域包括 PE、并购基金、互联网金融及地产股权等。

唐彦斌 复旦大学经济学博士，上海交通大学数学硕士及本科学位，CFA、FRM、CAIA、PRM，取得证券从业资格及期货分析资格，具有 9 年以上金融投资行业经验。曾供职于交通银行总行负责总行资金业务市场风险管理、平安集团总部投管会及平安资管中心（兼寿险资产管理部）负责另类投资审批及保险资管组合，知金资本负责产品研发、私募股权投资、影视文化投资。在各类金融产品研发设计、风控、投资评价、股权投资管理、文化产业投资、保险资金运用及量化投资等领域具有丰富的经验。

徐　翔 西南财经大学学士、硕士。现为资深债券投资经理。曾管理招商银行、光大银行等委外资金，管理规模超两百亿元。具有 7 年债券投资经验。

薛　冰 上海财经大学数量经济学硕士。现任职于中建投信托股份有限公司投后管理部，曾供职于摩根士丹利亚太地区运营中心，具有 10 年金融行业投后管理及运营管理从业经验。主要负责房地产、工商企业、股权投资等信托业务投后管理工作。

应汇康 英国布里斯托大学经济学博士，复旦大学经济学博士后。现任职于中建投信托研究创新部。曾参与英国政府国际发展部(DFID)牵头的多个国际经济发展课题研究，并在知名期刊发表数篇论文，参与编写“中国建投研究丛书”。研究领域包括信托行业、宏观经济政策、产业政策等，在《财经》《中国房地产金融》等媒体发表过数篇评论。

袁 路 中国社会科学院经济学博士。现任中建投信托研究创新部总经理，曾任中建投信托北京投行部总经理。中国信托业协会行业专家库成员。近年来，在核心学术期刊发表论文多篇，参与多项国家重大课题与中国社会科学院重大课题研究。参编《中国信托行业研究报告》等研究报告多部，出版专著一部，并在《财经》等媒体发表评论10余篇。

袁泽波 西南财经大学金融学博士，CFA、FRM。现任中建设债券投资部负责人。具有5年信托创新业务拓展经验，熟悉各类资管产品尤其是固收类产品的开发与投资管理，负责债券投资信托业务团队建设以及营销、投资、研究、运维四个板块的搭建与完善。

张淑静 中欧国际工商学院MBA，上海财经大学学士，美国杜克大学交流学者。现就职于中建投信托风险管理部，曾就职于平安银行上海分行。具有较丰富的银行、信托业务风险管理经验。

朱 霄 西南财经大学应用统计硕士、经济学学士，CFA、FRM，先后就职于浙商银行总行、杭州工商信托，现任职于中建投信托杭州业务二部。在不动产、基础设施等领域具有较丰富的投资经验。

左智征 经济学硕士，毕业于英国拉夫堡大学。现任职于中建投信托资产证券化业务部，曾任职于中国建设银行河南省分行、中德安联保险投资部、平安信托股份有限公司。主要从事金融产品创新，在融资租赁、反向保理、不动产等资产证券化项目方面具有丰富的经验。

总　序

一千多年前，维京海盗抢掠的足迹遍及整个欧洲。南临红海，西到北美，东至巴格达，所到之处无不让人闻风丧胆，所经之地无不血流成河。这个在欧洲大陆肆虐整整三个世纪的悍匪民族却在公元 1100 年偃旗息鼓，过起了恬然安定的和平生活。个中缘由一直在为后人猜测、追寻，对历史的敬畏与求索从未间歇。2007 年，维京一个山洞出土大笔财富，其中有当时俄罗斯、伊拉克、伊朗、印度、埃及等国的多种货币，货币发行时间相差半年，“维京之谜”似因这考古圈的重大发现而略窥一斑——他们的财富经营方式改变了，由掠夺走向交换；他们学会了市场，学会了贸易，学会了资金的融通与衍生——而资金的融通与衍生改变了一个民族的文明。

投资，并非现代社会的属性；借贷早在公元前 1200 年到公元前 500 年的古代奴隶社会帝国的建立时期便已出现。从十字军东征到维京海盗从良，从宋代的交子到曾以高利贷为生的犹太人，从郁金香泡沫带给荷兰的痛殇到南海泡沫树立英国政府的诚信丰碑，历史撰写着金融发展的巨篇。随着现代科学的进步，资金的融通与衍生逐渐成为一国发展乃至世界发展的重要线索。这些事件背后的规律与启示、经验与教训值得孜孜探究与不辍研习，为个人、企业乃至国家的发展提供历久弥新的助力。

所幸更有一批乐于思考、心怀热忱的求知之士勤力于经济、金融、投资、管理等领域的研究。于经典理论，心怀敬畏，不惧求索；于实践探索，尊重规律，图求创新。此思索不停的精神、实践不息的勇气当为勉励，实践与思索的成果更应为有识之士批判借鉴、互勉共享。

调与金石谐，思逐风云上。《中国建投研究丛书》是中国建银投资有限责任公司组织内外部专家在瞻顾历史与瞻望未来的进程中，深入地体察和研究市场发展及经济、金融之本性、趋向和后果，结合自己的职业活动，精制而成。《丛书》企望提供对现代经济管理与金融投资多角度的认知、借鉴与参考。如果能够引起读者的兴趣，进而收获思想的启迪，即是编者的荣幸。

是为序。

张睦伦

2012 年 8 月

编辑说明

中国建银投资有限责任公司（简称集团）是一家综合性投资集团，投资覆盖金融服务、工业制造、文化消费、信息技术等行业领域，横跨多层次资本市场及境内外区域。集团下设的投资研究院（以下简称建投研究院）重点围绕国内外宏观经济发展趋势、新兴产业投资领域，组织开展理论与应用研究，促进学术交流，培养专业人才，提供优秀的研究成果，为投资研究和经济社会发展贡献才智。

《中国建投研究丛书》（简称《丛书》）收录建投研究院组织内外部专家的重要研究成果，根据系列化、规范化和品牌化运营的原则，按照研究成果的方向、定位、内容和形式等将《丛书》分为报告系列、论文系列、专著系列和案例系列。报告系列为行业年度综合性出版物，汇集集团各层次的研究团队对相关行业和领域发展态势的分析和预测，对外发表年度观点。论文系列为建投研究院组织业界知名专家围绕市场备受关注的热点或主题展开深度探讨，强调前沿性、专业性和理论性。专著系列为内外部专家针对某些细分行业或领域进行体系化的深度研究，强调系统性、思想性和市场深度。案例系列为建投研究院对国内外投资领域的案例的分析、总结和提炼，强调创新性和实用性。希望通过《丛书》的编写和出版，为政府相关部门、企业、研究机构以及社会各界读者提供参考。

本研究丛书仅代表作者本人或研究团队的独立观点，不代表中国建投集团的商业立场。文中不妥及错漏之处，欢迎广大读者批评指正。

前 言

本书是“中国信托行业研究报告”系列丛书的第八本，这是中建投信托股份有限公司（下简称“中建投信托”）对行业观察与研究多年坚守的成果。本书也是中建投信托博士后工作站与中国社会科学院金融所博士后流动站第三次联袂编著的行业研究报告，书中凝聚了热爱思考的信托同仁们与国家智库学者多年来对信托行业发展的观察、思考与心得。

2019 年，对于信托行业而言是一个特殊的年份。自 1979 年恢复经营以来，信托业走过了风风雨雨、披荆斩棘的四十个年头，即将迎来资管统一框架下的新征程。2019 年，宏观经济形势充满挑战，信托公司经营环境发生剧变，信托资产总规模收缩，但行业经营提质增效，业务结构进一步转型升级，信托公司资产管理能力和风险应对能力继续不断优化。2019 年，在金融监管部门的引导下，信托行业顺应经济社会发展的新形势，承担起金融供给侧结构性改革的使命，以信托回归本源为方向，服务实体经济为宗旨，大力弘扬信托文化，继续发挥着信托制度在国民经济中的重要作用。

本书由行业年度报告、信托业务风险管理专题研究和信托业务创新专题研究三个部分构成，较往年相比，本书在分析信托业务创新转型方向的同时，着重于研究全链条风险管理中的实际操作，为读者全面呈现信托行业在 2019 年的发展之路。第一部分行业分析，系对信托行业全年发展状况的系统性研究。全书以《2019 年信托行业发展综述与展望》开篇，对信托行业在 2019 年的发展形势进行全景描绘；随后从信托业务、固有业务两大业务类别探讨信托公司的业务结构与发展路径；接着从风险管理与监管法规两个视角剖析信托公司的内控管理与外部监管，形成对信托行业完整和细致地刻画。第二部分以风险管理为专题，探讨基础设施信托、地产股权

第三部分　创新业务专题研究

前 言

本书是“中国信托行业研究报告”系列丛书的第八本，这是中建投信托股份有限公司（下简称“中建投信托”）对行业观察与研究多年坚守的成果。本书也是中建投信托博士后工作站与中国社会科学院金融所博士后流动站第三次联袂编著的行业研究报告，书中凝聚了热爱思考的信托同仁们与国家智库学者多年来对信托行业发展的观察、思考与心得。

2019 年，对于信托行业而言是一个特殊的年份。自 1979 年恢复经营以来，信托业走过了风风雨雨、披荆斩棘的四十个年头，即将迎来资管统一框架下的新征程。2019 年，宏观经济形势充满挑战，信托公司经营环境发生剧变，信托资产总规模收缩，但行业经营提质增效，业务结构进一步转型升级，信托公司资产管理能力和风险应对能力继续不断优化。2019 年，在金融监管部门的引导下，信托行业顺应经济社会发展的新形势，承担起金融供给侧结构性改革的使命，以信托回归本源为方向，服务实体经济为宗旨，大力弘扬信托文化，继续发挥着信托制度在国民经济中的重要作用。

本书由行业年度报告、信托业务风险管理专题研究和信托业务创新专题研究三个部分构成，较往年相比，本书在分析信托业务创新转型方向的同时，着重于研究全链条风险管理中的实际操作，为读者全面呈现信托行业在 2019 年的发展之路。第一部分行业分析，系对信托行业全年发展状况的系统性研究。全书以《2019 年信托行业发展综述与展望》开篇，对信托行业在 2019 年的发展形势进行全景描绘；随后从信托业务、固有业务两大业务类别探讨信托公司的业务结构与发展路径；接着从风险管理与监管法规两个视角剖析信托公司的内控管理与外部监管，形成对信托行业完整和细致地刻画。第二部分以风险管理为专题，探讨基础设施信托、地产股权

第三部分　创新业务专题研究

第一部分
行业年度报告

2019年信托行业发展综述与展望

袁 路 应汇康

摘　要：2019 年，信托行业继续面临着经济形势的挑战和经营环境的剧变，行业的趋势性变化更加明显。随着资管行业统一监管框架的完善，信托业务去通道化取得进展，主动管理融资类业务迅速增长，成为行业发展的主要驱动力。同时，信托资产规模连续第二年收缩，信托公司经营业绩相对低迷，风险资产加速增长，行业两极分化进一步加剧。展望未来，信托行业的发展逻辑已发生切换，转型序幕已经拉开，信托公司将充分利用制度优势，树立信托文化，体现信托服务特色，确立核心竞争力。

关键词：信托行业　经营业绩　信托业务　转型发展

如果说 2018 年是信托行业的转折之年，那么 2019 年信托行业的趋势性变化则更加直观地在经营业绩中体现出来，信托资产规模继续压降，信托收入止跌但利润增长停滞，行业两极分化无论在资产规模方面还是经营业绩方面都愈加明显，收缩成为 2019 年信托行业最显著的特征。随着宏观经济环境发生深刻变化，资管行业统一监管与向直接融资体系转型成为必然的发展方向，信托公司以非标债权融资为主的传统业务模式后继乏力，信托行业的发展趋势已经出现了不可逆转的改变。

展望未来，信托行业的发展逻辑已发生切换，以往的历史经验和经营模式对行业下一阶段发展形势的借鉴意义已大大降低。当前，大环境留给信托公司转型的时间窗口已然有限，传统业务的盈利能力也在下降，信托公司试错机会不多，面临着较为严峻的转型压力。另外，监管部门要求信托公司坚持发展具有直接融资特点的资金信托，发展以受托管理为特点的服务信托，发展体现社会责任的公益（慈善）信托，也为信托行业明确指出了转型发展的方向。

2020 年，信托行业发展的制度框架已大体确定，未来业务方向基本明晰，接下来将是信托公司充分利用制度优势，树立信托文化，围绕自身的核心竞争力，运用多样化、综合化的服务方式，在资管统一竞争的市场中形成独有立足之道的发展阶段。

一、行业发展环境

（一）宏观经济下行压力加大，逆周期政策力度加码

2019 年，宏观环境呈现内外承压的局面，经济下行压力持续加大。全球经济增长预期弱化，中美贸易摩擦持续，动荡源和风险点显著增多。国内供需两端持续低迷，结构性通胀与通缩并存，固定资产投资增速下探，投资对经济支撑力度的边际效用趋弱，消费和出口处于低谷，经济增长的内生动力不足。

2019 年全年 GDP 增长 6.1%，四个季度同比增速分别为 6.4%、6.2%、6.0% 和 6.0%，呈前高后低的趋势，仍处于下行周期中。驱动经济增长的新旧动能在外部形势和经济政策调整下持续拉锯，以房地产和基建投资为代表的旧动能仍居主导地位，对经济增长托底作用无可替代，新动能仍然处于培育和上升期，高端服务业、高新制造业等行业稳步发展为经济注入活力和韧性，但在经济稳增长的客观要求下，新旧动能的进一步转换将有所延缓。

在经济下行压力加大的背景下，加码逆周期调节力度，对冲贸易摩擦和投资增速下行的负面影响，防范经济失速的风险，是 2019 年经济政策的重点。经济政策多次强调把做好“六稳”工作放在更加突出的位置，政策倾向从去杠杆、防风险向稳增长偏移。具体来看，在财政政策方面，通过专项债扩容和投向管理政策加大基建投资力度，在货币政策方面，在稳健

的基调下保持流动性合理充裕，引导资金利率下行，为实体经济创造良好宽松的信用环境。

（二）金融供给侧改革深化，资管行业统一监管框架继续完善

2019 年，中央持续深化金融供给侧结构性改革，增强金融服务实体经济能力，防范和化解金融风险，完善金融监管框架，推动金融行业健康发展。首先，宏观审慎监管进一步完善，宏观杠杆率保持稳定，影子银行风险有序化解，实体经济和地方政府债务风险得到有序处置。其次，直接融资的重要性进一步提升，在实体经济稳杠杆的要求下，金融行业继续构建间接融资与直接融资均衡发展的全方位、多层次金融支持服务体系。最后，随着系统性金融风险的威胁得到较大缓释，防范化解金融风险工作取得初步成效，金融监管政策和执行力度在严监管的基调下保持相对平稳状态，金融监管的核心目标逐步转向金融供给侧结构性改革。

在资产管理领域，《关于规范金融机构资产管理业务的指导意见》（以下简称“资管新规”）于 2018 年发布后，各细分行业的配套制度相继出台。2020 年 5 月，中国银行保险监督管理委员会（以下简称中国银保监会）就《信托公司资金信托管理暂行办法》公开征求意见，《信托公司净资本管理办法》也纳入 2020 年规章立法工作计划，这两大信托行业监管细则的出台标志着资管行业统一监管框架（见图 1）基本构建完成。

至此，信托行业“一法两规”中的大量内容已经全面更新，信托行业在监管部门的引导下将呈现新的特征。一方面，资金信托更加体现直接融资特点，产品向标准化发展。监管通过打破刚兑、净值化管理、杠杆约束等手段明确引导信托压缩具有间接融资特点的非标业务，发展具有直接融资特点的标准化业务。另一方面，以受托管理为特点的服务信托将是信托回归本源的重要方向。服务信托偏向于事务性服务，是信托业区别于其他金融机构的制度特征，是信托文化的重要体现，成为监管部门重点倡导的行业发展方向。

图 1　资管行业统一监管框架

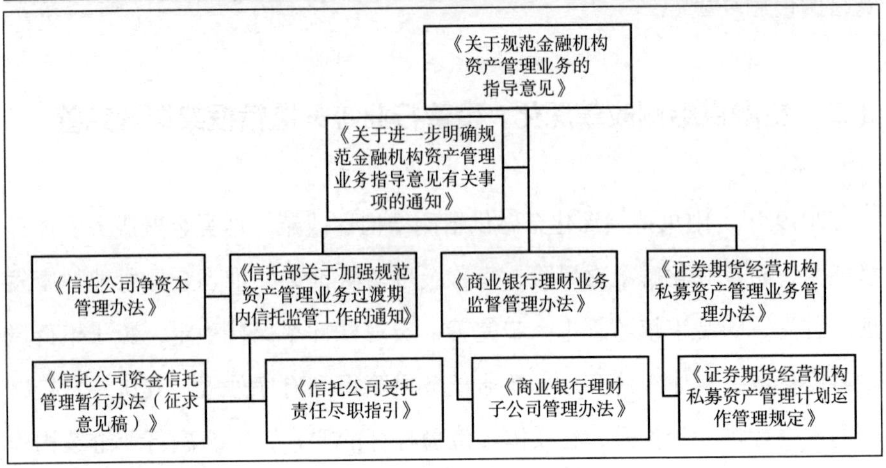

资料来源：公开资料、中建投信托博士后工作站。

（三）展业环境不断变化，转型发展压力增大

作为信托非标债权业务的主要展业领域，基建投资与房地产行业发生深刻变革，极大地压缩了信托在传统业务领域的展业空间，信托的转型发展压力日益增大。

2019 年，本轮房地产严调控进入第三个年头，中央多次强调“房住不炒”“不将房地产作为短期刺激经济的手段”，房地产行业进入深度调整期。从第二季度开始，房地产信托监管持续收紧，中国银保监会于 5 月下发《关于开展“巩固治乱象成果　促进合规建设”工作的通知》，指出重点检查房地产信托“四证”不全、资质不达标、资本金未足额等违规融资问题，随后多家信托公司收到银监窗口指导，要求控制地产信托业务规模，地产信托业务的合规要求进一步趋严，监管在房地产信托领域的窗口指导逐渐常态化。

随着房地产政策收紧，基建投资处于逐步回升的轨道中，但政府对基建投融资管控仍未放松，政府债务“开前门、堵偏门”，积极发行专项债补

充基建资金来源，地方平台融资一方面继续受到严格限制，另一方面资金成本逐渐下滑，与信托非标成本难以匹配，加大了信托在该领域的展业难度。

（四）行业全面推动信托文化建设

在 2019 年中国信托业年会上，中国银保监会安排部署，从 2020 年开始连续用五年的时间，开展信托文化教育年、信托文化普及年、信托文化确立年、信托文化深化年、信托文化提升年的主题活动，在全行业开展信托文化建设工程，推动信托文化建设有步骤、有计划地向纵深开展，最终建成有中国特色的信托文化。信托文化的建设成为行业转型发展的重要推动力量。

信托文化的内涵极为丰富，良好的信托文化具备忠诚守信、持续稳定、财产独立、灵活创新等四方面的核心特征，同时还包括服务实体经济、满足人民群众需要、推动社会进步、依法合规经营、坚持职业操守等内容。良好的信托文化是推动行业稳健发展的最坚定力量，未来信托行业将在监管的指引下，以《中华人民共和国信托法》（以下简称《信托法》）为准绳，以信托关系为基础，以受益人利益最大化为目标，坚持信托本源，形成专业、勤勉、尽职的信托文化。

二、行业经营概况

（一）信托资产规模持续收缩

据中国信托业协会统计数据，截至 2019 年末信托资产总规模收缩至 21.6 万亿元，较 2018 年末的 22.7 万亿元下降 4.85%，连续两年处于下滑状态。其中，资金信托共计 17.94 万亿元（见图 2），同比下降 5.28%。在资管行业内横向比较，信托行业在资产管理规模上仍是仅次于银行的金融子行业，但信托资产规模的下滑幅度仅次于受监管政策影响重大的基金资管和券商资管，与银行非保本理财的差距重新拉大。从业务结构特征来看，公募基金的增量部分以股票基金与债券基金为主，私募基金的增量部分以私募股权基金和创投类基金为主，银行非保本理财产品中净值型非保本理财产品同比增长了 118.33%，已占到全部非保本理财产品存续余额的35.56%，表明在“资管新规”等监管规则的引导下，以非标债权为特征的资管产品逐步萎缩，而以资本市场直接融资为特征的资管产品取得较大发展。

图 2　资管行业管理资产规模比较

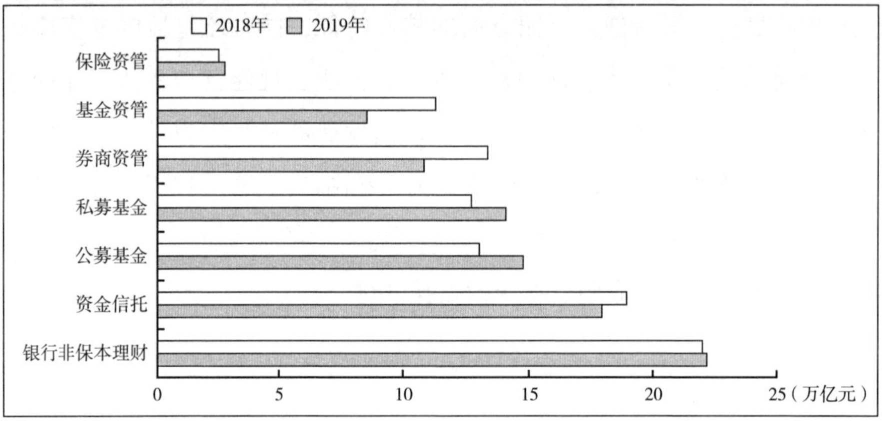

注：基金资管包括基金管理子公司的资产管理业务，券商资管包括证券公司及其子公司的资产管理业务。

资料来源：Wind、银保监会、证监会、基金业协会、中建投信托博士后工作站。

纵向比较，信托资产在 2017 年末达到 26.25 万亿元峰值后逐步下滑，2019 年四个季度的降幅分别为 -0.7%、-0.02%、-2.39% 和 -1.78%（见图 3），下半年的降幅在监管政策引导下有所上升，但总体较 2018 年有所收窄。信托资产规模收缩背后的原因与 2018 年类似，主要有三个方面。

其一，宏观经济增速下行，产业投融资的需求增量相对有限，全社会融资增速放缓而信用风险有所上升，信托公司开展业务更加审慎。其二，金融监管环境发生变化，资管行业统一监管框架建立后，信托行业持续去通道、去嵌套，新增业务的合规性要求不断提高。其三，监管部门对房地产等信托传统展业领域进行规模限制，信托公司新增业务规模增量少于到期量。

图 3　信托资产规模变化趋势

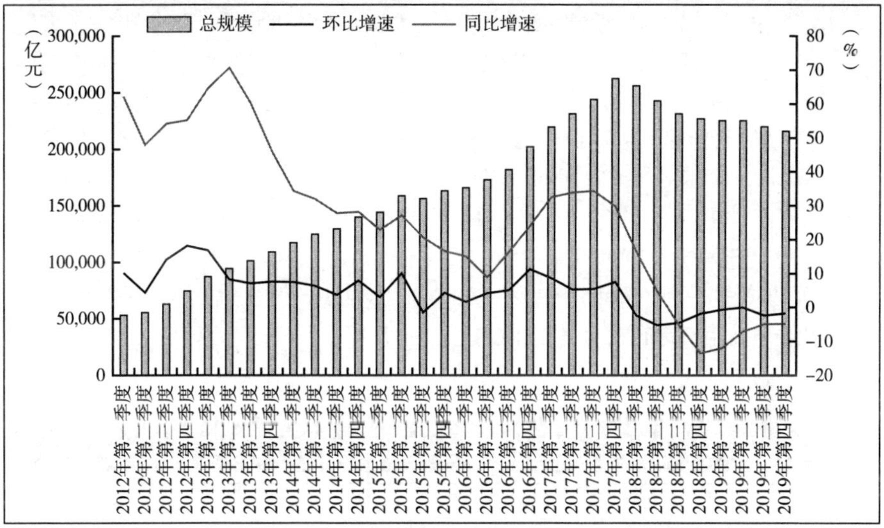

资料来源：中国信托业协会、中建投信托博士后工作站。

从 67 家[①]已公布 2019 年度报告的信托公司来看，信托资产行业平均规模约为 3,210 亿元，略低于相同样本的信托公司 2018 年平均管理资产规模（3,384 亿元），48 家公司的信托资产规模下滑，资产规模收缩较 2018 年稍有改善。行业排名前 10 的信托公司（见表 1）信托资产规模同比上涨 3.63%，规模占比为 42.62%，而后 10 名的信托公司的信托资产规模同比

① 68 家信托公司中，雪松信托（原中江信托）未公布年报。后文涉及年报数据分析处均采用同样本比较，即在往年数据中同步剔除该信托公司数据。

下降21.43%，规模占比仅为2.68%（见图4），行业两极分化在经营环境的逆势中重新拉大。

表1　2019年信托公司信托资产规模排名

单位：万元

排名	信托公司	2019年信托资产	排名	信托公司	2019年信托资产
1	中信信托	157,415,595.52	67	华宸信托	213,840.34
2	建信信托	139,123,223.74	66	长城新盛信托	1,785,461.93
3	华润信托	95,488,578.40	65	中泰信托	3,240,492.20
4	五矿信托	88,497,646.98	64	山西信托	3,832,770.29
5	中融信托	76,545,192.11	63	杭工商信托	5,005,735.00
6	交银信托	76,185,016.58	62	华信信托	6,157,982.86
7	光大兴陇信托	75,061,700.66	61	吉林信托	6,490,000.97
8	华能信托	72,504,705.17	60	国联信托	7,331,439.00
9	上海信托	69,265,214.29	59	东莞信托	7,368,867.49
10	中航信托	66,579,192.85	58	大业信托	7,511,143.07
前10平均		91,666,606.63	后10平均		4,893,773.32

资料来源：信托公司年报、中建投信托博士后工作站。

图4　2016~2019年信托公司信托资产规模占比变化趋势

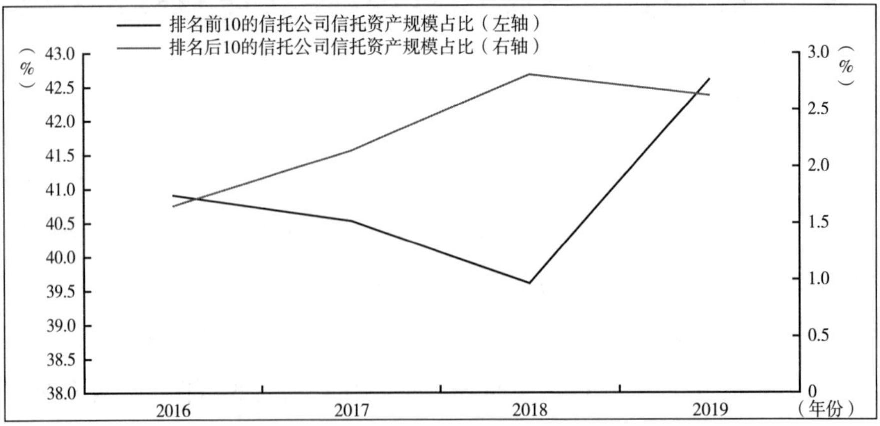

资料来源：信托公司年报、中建投信托博士后工作站。

（二）经营业绩两极分化加剧

根据中国信托业协会数据统计，2019 年信托行业合计实现营业收入1,200. 12亿元（见图 5），同比增长 5. 22%。其中，信托业务收入与固有业务收入分别为 833. 82 亿元和 366. 30 亿元，同比增速分别为 6. 66% 和 2. 07%，信托业务收入占比为 69. 48%。根据信托公司年报数据，67 家信托公司营业收入均值为 17. 12 亿元，中位数为 12. 82 亿元，头部公司拉高了行业平均水平。共有 41 家公司实现了营业收入同比增长，较 2018 年有所好转。从集中度来看，有 21 家信托公司营业收入超过 20 亿元，8 家公司低于 5 亿元，营业收入前 10 名占行业营业收入总额的比重为 36. 88%，均值为 42. 31 亿元（见表 2），后 10 名占比仅为 2. 13%，均值为 2. 54 亿元，比 2018 年的 36. 87% 和 3. 29% 差距有所拉大。即便去除高额负收入的安信信托，后 10 名营业收入占比也仅为 2. 99%，行业营业收入的差距进一步扩大。

图 5　信托行业收入规模、结构与增速

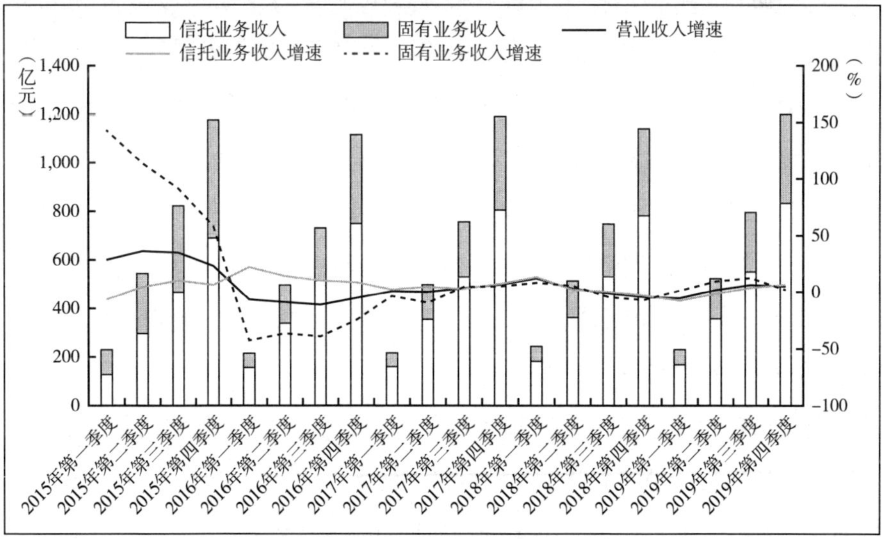

资料来源：中国信托业协会、中建投信托博士后工作站。

表2　2019 年信托公司营业收入排名

单位：万元

排名	信托公司	2019 年营业收入	排名	信托公司	2019 年营业收入
1	中信信托	637,796.95	67	安信信托	-47,932.25
2	华能信托	504,618.04	66	华宸信托	419.79
3	平安信托	467,860.03	65	新华信托	17,142.27
4	中融信托	451,862.39	64	山西信托	24,978.78
5	光大兴陇信托	418,548.54	63	中泰信托	27,021.46
6	五矿信托	415,665.12	62	长城新盛信托	39,019.40
7	中航信托	357,158.17	61	新时代信托	42,011.29
8	重庆信托	334,260.99	60	大业信托	48,303.00
9	江苏信托	323,543.00	59	中粮信托	51,419.38
10	建信信托	319,605.89	58	金谷信托	51,747.24
前 10 平均		423,091.91	后 10 平均		25,413.04

资料来源：信托公司年报、中建投信托博士后工作站。

从利润水平来看，2019 年行业利润总额为 727.05 亿元（见图 6），同比增速为 -0.65%，这是信托行业自 2010 年以来第二年出现负增长，但降幅较 2018 年大幅收窄。分季度来看，前三季度均实现了正增长，仅第四季度增速转负，利润的萎缩或为年末减值计提造成。67 家信托公司的平均净利润为 8.02 亿元，中位数为 6.44 亿元，共有 38 家信托公司实现了净利润同比增长，其中有 31 家为营业收入与净利润同步正增长，行业整体表现优于 2018 年。行业前 10 名净利润（见表 3）之和占行业净利润的 46.92%，高于 2018 年的 42.52%。反观行业排名后 10 的净利润之和为负数，有 4 家信托公司出现亏损。其中，巨额亏损的安信信托对行业利润的拖累较大，去除安信信托后行业平均净利润为 8.93 亿元，较 2018 年增长 9.93%，但即便去掉安信信托，行业后 10 名的利润加总仍为负数。

图6　信托行业利润总额与增速

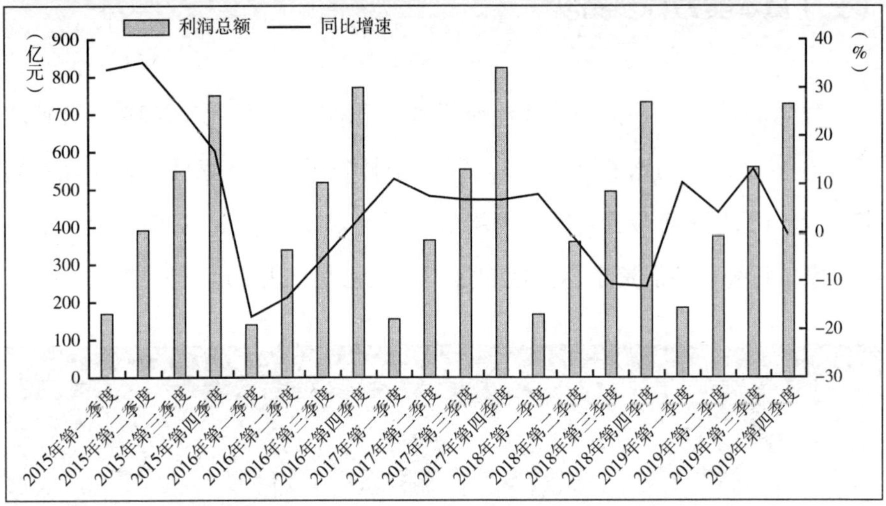

资料来源：中国信托业协会、中建投信托博士后工作站。

表3　2019 年信托公司净利润排名

单位：万元

排名	信托公司	2019 年净利润	排名	信托公司	2019 年净利润
1	中信信托	340,085.06	67	安信信托	-523,897.37
2	华能信托	315,792.62	66	华融信托	-41,227.34
3	华润信托	282,385.36	65	华信信托	-15,244.73
4	重庆信托	273,754.81	64	华宸信托	-6,053.80
5	平安信托	265,154.55	63	新华信托	1,558.64
6	江苏信托	241,851.93	62	山西信托	3,046.67
7	五矿信托	210,462.00	61	金谷信托	5,251.13
8	光大兴陇信托	207,768.85	60	浙商金汇信托	10,475.52
9	中航信托	193,934.12	59	大业信托	10,742.00
10	建信信托	189,785.85	58	中粮信托	12,619.23
前 10 平均		252,097.52	后 10 平均		-54,273.01

资料来源：信托公司年报、中建投信托博士后工作站。

（三）资本实力稳步夯实

截至2019年末，信托行业注册资本为2,842.40亿元，2019年合计增资208.96亿元，同比增幅7.9%。67家信托公司中有9家信托公司完成增资扩股，比2018年减少4家，平均增资额为23.22亿元。目前，全行业共有7家信托公司注册资本达到或超过100亿元（见表4）。

表4　信托公司注册资本与增资情况

单位：亿元

排名	信托公司	注册资本	排名	信托公司	2019年增资额度
1	重庆信托	150.00	1	外贸信托	52.59
2	平安信托	130.00	2	兴业信托	50.00
3	中融信托	120.00	3	光大兴陇信托	30.00
4	中信信托	112.00	4	山东信托	20.71
5	华润信托	110.00	5	西藏信托	20.00
6	昆仑信托	102.27	6	中信信托	12.76
7	兴业信托	100.00	7	华宝信托	10.00
8	外贸信托	80.00	8	建信信托	9.40
9	民生信托	70.00	9	中原信托	3.50
10	华信信托	66.00	合计		208.96

资料来源：信托公司年报、中建投信托博士后工作站。

进入2018年之后，随着资本实力的普遍提升，各家信托公司增资步伐有所放缓，继续增资的信托公司家数逐年减少，行业同比增幅稳定在10%以下的水平。与前一阶段相比，当前行业增资减少的主要原因一方面是大部分信托公司已经历一轮注册资本扩充，加之信托资产规模下行，信托公司资本相对充足；另一方面则是监管环境的变化导致信托公司盈利空间受限，发展趋势放缓，加之个别信托公司业绩变差，对信托公司的投资行为进入观望期。

从资本市场方面来看，除了年初英大信托通过金融资产重组调整实现曲线上市外，其他公司的上市努力均未实现。另外，信托公司的股权挂牌转让增多。据不完全统计，2019 年以来国元信托、金谷信托、西部信托、紫金信托等信托公司的股权接连被挂牌寻求转让。

（四）信托业务结构转型明显

1. 业务收入止跌回升，信托报酬率大幅提高

2019 年，行业平均信托业务收入为 12.27 亿元，中位数为 9.66 亿元，同比增幅止跌回升。信托业务收入与信托资产规模分布呈相似形态，头部公司的表现拉高了行业平均水平。共有 13 家信托公司信托业务收入超过 20 亿元，比 2018 年多 2 家，32 家公司超过 10 亿元，比 2018 年多 5 家。共有 43 家公司实现信托业务收入同比增长，较 2018 年显著增多。信托业务收入行业前 10 名平均与后 10 名平均分别为 33.65 亿元和 2.12 亿元（见表 5），较 2018 年差距有所拉大。行业头尾两部的公司与 2018 年相比变动较小，前三名仍为中信信托、中融信托和平安信托，光大兴陇信托和渤海信托进入行业前 10。

2019 年，信托资产规模与信托业务收入的增速呈现“正负背离”的走势，主要原因是信托公司压缩一定规模的被动管理类业务，同时增加了主动管理类业务，因此单个信托项目的收入提高。另外，信托融资在部分严监管行业的议价能力提高也是一大因素。从 53 家公布加权平均信托报酬率的信托公司来看，行业加权平均信托报酬率约为 0.54%，高于 2018 年同样本的 0.53%，其中共有 32 家公司的加权平均信托报酬率提高。2019 年部分信托公司加权平均信托报酬率见表 6。

表5　2019 年信托公司信托业务收入排名

单位：万元

序号	信托公司	信托业务收入	序号	信托公司	信托业务收入
1	中信信托	478,847.90	67	华宸信托	431.21
2	中融信托	409,795.20	66	中泰信托	6,000.62
3	平安信托	369,310.70	65	山西信托	18,237.01
4	光大兴陇信托	358,913.60	64	吉林信托	19,807.00
5	中航信托	358,912.40	63	新华信托	22,079.30
6	五矿信托	348,698.40	62	国联信托	23,881.00
7	华能信托	317,543.00	61	金谷信托	24,635.89
8	兴业信托	246,879.00	60	新时代信托	31,506.93
9	渤海信托	238,259.60	59	华信信托	32,328.64
10	建信信托	237,381.00	58	天津信托	33,476.95
前 10 平均		336,454.08	后 10 平均		21,238.46

资料来源：信托公司年报、中建投信托博士后工作站。

表6　2019 年部分信托公司加权平均信托报酬率

加权平均信托报酬率	2019 年	2018 年
>2%	杭工商信托、东莞信托	东莞信托
1% ~2%	华信信托、长城新盛信托、中建投信托、爱建信托、国联信托、重庆信托	杭工商信托、长城新盛信托、华信信托、民生信托、华宸信托、重庆信托、百瑞信托

资料来源：信托公司年报、中建投信托博士后工作站。

2. 业务结构显著变化，主动管理类业务大幅增长

2019 年，信托行业延续了 2018 年以来的业务结构转型特征，继续降压通道业务，发展主动管理类业务，在“资管新规”和严监管的导向下，驱动行业增长的动能已发生明确切换。2019 年存量主动管理类信托资产规模为 9.33 万亿元，被动管理类信托资产规模降至 12.17 万亿元，主动管理类信托资产规模占比为 43.38%，较 2018 年的 32.85% 显著上升了 10.53

个百分点，增幅大大超出 2018 年。2019 年信托公司主动管理类资产规模与占比排名前 10 的公司与 2018 年相比变化不大，但规模和占比的增长较为明显，已有 5 家公司（见表 7）主动管理类资产占比超过了 80%，而 2018 年仅有 1 家。

表 7　2019 年信托公司主动管理类信托资产规模与占比前 10 名

序号	信托公司	主动管理类信托资产规模（万元）	信托公司	主动管理类信托资产占比（%）
1	中信信托	72,596,174.86	杭工商信托	92.36
2	五矿信托	65,002,230.95	百瑞信托	86.09
3	中融信托	58,290,198.25	民生信托	85.96
4	中航信托	46,887,983.05	东莞信托	83.83
5	光大兴陇信托	44,068,317.93	安信信托	81.45
6	华润信托	33,688,121.52	中融信托	76.15
7	建信信托	32,446,038.69	五矿信托	73.45
8	外贸信托	30,602,125.24	中航信托	70.42
9	平安信托	25,747,680.95	昆仑信托	68.77
10	华能信托	24,788,221.29	外贸信托	68.65

资料来源：信托公司年报、中建投信托博士后工作站。

从资金来源的角度看，集合资金信托是三大信托资金来源分类的业务中唯一处于规模增长的业务类型。2019 年，集合资金信托规模同比增长 8.94% 至 9.92 万亿元，而单一资金信托则大幅下滑 18.52% 至 8.01 万亿元，集合资金信托规模占比首度超过了单一资金信托。有 10 家信托公司（见表 8）集合资金比重超过 70%，而 2018 年仅有 5 家，集合资金信托的规模也显著扩大，可见以集合资金信托业务为主的信托公司显著增多。2019 年信托业务结构的转型趋势进一步印证了在“资管新规”的统一监管框架下，依靠牌照红利和行业壁垒无法保证信托公司的生存发展，主动管理能力将成为混业竞争格局下的必备条件。

表8　2019 年信托公司集合资金信托规模与占比前 10 名

序号	信托公司	集合资金信托规模（万元）	信托公司	集合资金信托占比（%）
1	中信信托	79,777,730.41	杭工商信托	93.01
2	五矿信托	68,775,457.84	民生信托	83.21
3	中融信托	61,265,323.81	中融信托	80.04
4	交银信托	48,902,323.37	五矿信托	77.71
5	中航信托	44,371,336.73	重庆信托	77.10
6	光大兴陇信托	43,270,521.19	安信信托	73.34
7	建信信托	41,576,960.34	百瑞信托	72.05
8	外贸信托	31,384,926.24	东莞信托	71.06
9	平安信托	26,878,033.78	新时代信托	70.68
10	长安信托	25,517,962.29	外贸信托	70.41

资料来源：信托公司年报、中建投信托博士后工作站。

3. 融资类业务大幅增长，间接融资特征明显

融资类信托的大幅扩张是 2019 年信托业务结构变化最明显的特征之一。融资类信托规模从 2018 年末的 4.35 万亿元迅速扩张至 5.83 万亿元，同比增长了 34.02%，规模占比从 19.15% 升至 26.99%。在通道业务压缩的背景下，融资类业务的增长主要由信托公司的主动管理融资类业务贡献。主动管理类业务中的融资类业务规模从 3.54 万亿元大幅升至 5.27 万亿元，同比增幅高达 48.87%，在主动管理类业务中的占比高达 56.54%（见图 7），增幅和占比均远超其他业务。包括五矿信托、中信信托、光大兴陇信托在内的 5 家信托公司主动管理融资类信托的规模超过 2000 亿元（见表 9），其中五矿信托超过了 5,000 亿元，而在 2018 年该类业务规模仅有 1 家信托公司刚刚超过 2,000 亿元。从规模占比来看，有 4 家信托公司主动管理融资类业务占信托资产的比重超过 50%，而在 2018 年仅有 1 家。

图7　2019 年信托公司主动管理类与被动管理类信托细分占比

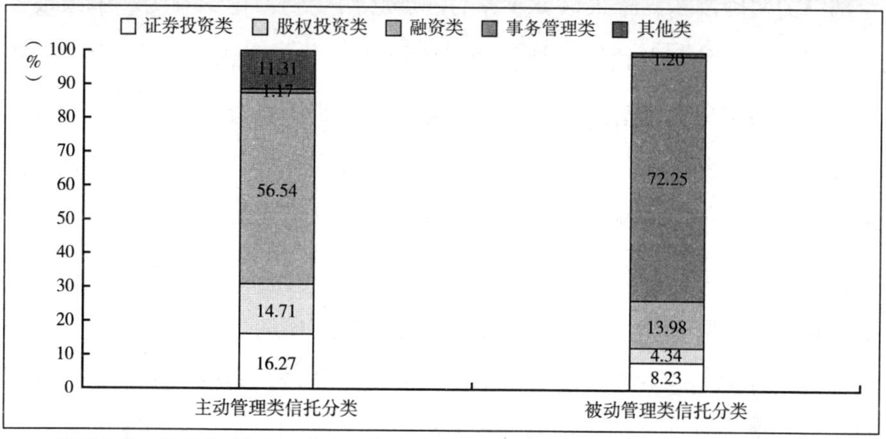

资料来源：信托公司年报、中建投信托博士后工作站。

表9　2019 年信托公司主动管理融资类业务规模与占比前 10 名

序号	信托公司	主动管理融资类业务规模（万元）	信托公司	主动管理融资类业务占比（%）
1	五矿信托	50,091,265.52	昆仑信托	57.15
2	中信信托	36,762,661.98	重庆信托	56.80
3	光大兴陇信托	25,655,059.18	五矿信托	56.60
4	中融信托	24,035,000.40	长城新盛信托	51.16
5	渤海信托	22,506,460.40	百瑞信托	48.42
6	中航信托	19,859,161.28	中建投信托	46.07
7	交银信托	19,075,390.29	天津信托	45.62
8	平安信托	17,447,596.99	华融信托	43.95
9	昆仑信托	15,536,062.22	平安信托	39.42
10	华能信托	14,589,105.51	华信信托	38.95

资料来源：信托公司年报、中建投信托博士后工作站。

信托公司主动管理融资类业务基本属于非标债权业务，尽管这类业务从交易结构上看属于直接融资，但本质上则更类似于间接融资，信托公司作为信用中介主要为融资人服务。因此，主动管理融资类业务的大幅扩张一方面使信托公司获得了更高的信托收入，但另一方面，随着该类业务规模的扩张，信托公司将面临越来越大的信用风险。

更为重要的是，信用中介与间接融资业务非信托本源，目前已受到监管部门的明确制约，未来该类业务的发展必然受到一定的制约。中国银保监会下发的《信托公司资金信托管理暂行办法（征求意见稿）》中对信托公司管理的集合资金信托计划向他人提供贷款或者投资于其他非标资产合计金额占集合资金信托计划的比例做出了限制。从66家信托公司年报的数据来看，目前行业的融资类业务规模占比离监管要求还有一定的差距。由于年报中没有披露集合资金信托计划中融资类的占比，若以主动管理融资类与除去事务管理类项后主动管理类业务的总规模的比值作近似测算（即假设主动管理类业务中大部分为集合资金信托），有多达45家公司该比值超过50%，其中17家信托公司超过80%；若以主动管理融资类业务与集合资金信托规模的比值来测算（即假设单一资金中大多数为被动管理类业务），则有35家信托公司的比值超过50%，其中14家信托公司超过了80%。

4. 资金投向突出服务实体经济目标，基础产业规模回升

2019年，信托资金投向延续“脱虚向实”的趋势。近年来，工商企业投向始终占据信托资金首要配置领域，规模占比持续升至30.60%（见图8），信托服务实体经济的能力稳步提升。与之相反的是，在金融去通道、去嵌套的背景下，投向金融机构的信托资金从原先的第二大资金配置领域一路下行至第四，占比压缩至13.96%。取而代之的是基础产业信托，占比逐步上升至15.72%，反映出基建投资在逆周期调控的过程中信托融资发挥的重要作用。房地产信托在政策的约束下增速大幅放缓，占比为15.07%，作为资金流向的第三大领域。而投向证券市场的信托资金随着资本市场改革推进和市场回暖，降幅已明显收窄。

5. 信托资产风险率加速增长

截至2019年末，信托行业风险资产规模5,770.47亿元（见图9），较2018年末增加3,548.6亿元，同比增幅达159.71%。其中，集合资金信托风险资产规模为3,451.8亿元，同比增长151.61%。信托资产风险率从2018

图8 信托资金投向占比变化

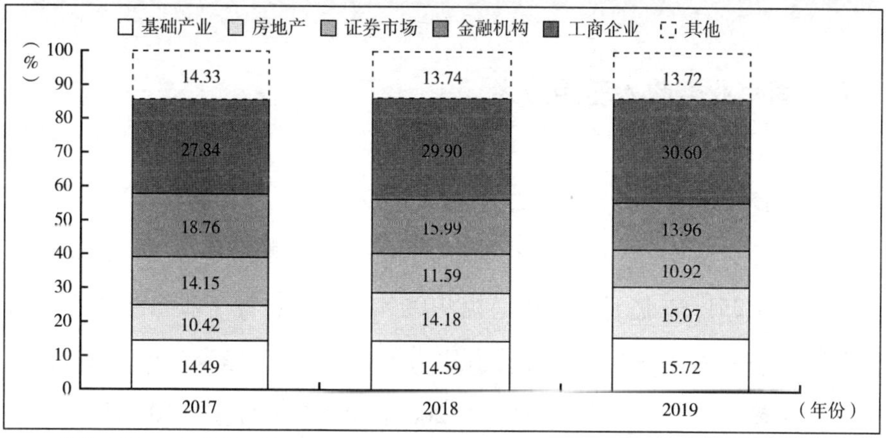

资料来源：中国信托业协会、中建投信托博士后工作站。

图9 信托行业风险资产规模与增幅

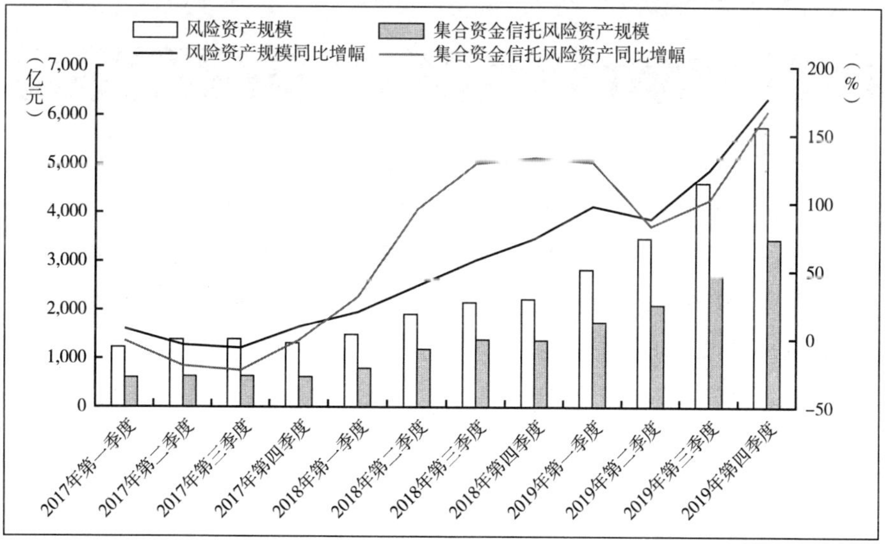

资料来源：中国信托业协会、中建投信托博士后工作站。

年末的 0.98% 大幅上升至 2019 年末的 2.67%。信托行业风险资产大幅攀升主要有两方面原因：其一是在经济增速下行周期中，实体经济部门经营恶化，债务风险持续暴露；其二则是监管部门持续加强信托风险排查的力度，信托项目风险被充分暴露。

（五）固有业务收入差距拉大

1. 净资产增幅放缓，固有业务收入止跌回升

2019 年，信托公司净资产延续增长的趋势，增幅有所放缓，行业净资产合计为 6,251. 31 亿元，同比增幅 9. 06%。其中，源于股东注资增资的注册资本与资本公积金部分合计占比为 56. 43%，是净资产的主要来源。全行业共有 6 家信托公司净资产超过 200 亿元，其中行业前 10 名平均净资产为 214. 31 亿元（见表 10），行业后 10 名净资产均值仅为 25. 75 亿元，有 4 家信托公司净资产不足 20 亿元，行业前 10 名净资产均值与后 10 名相差超过7 倍。

表 10　2019 年信托行业净资产排名

单位：亿元

序号	信托公司	净资产	序号	信托公司	净资产
1	中信信托	296. 83	67	华宸信托	10. 69
2	重庆信托	248. 57	66	长城新盛信托	11. 46
3	平安信托	233. 04	65	山西信托	19. 3
4	华润信托	221. 02	64	大业信托	19. 57
5	江苏信托	204. 86	63	浙商金汇信托	21. 76
6	华能信托	204. 31	62	国民信托	27. 49
7	建信信托	197. 77	61	云南信托	30. 23
8	中融信托	183. 15	60	万向信托	36. 37
9	外贸信托	177. 17	59	吉林信托	40. 18
10	中诚信托	176. 41	58	金谷信托	40. 44
前 10 平均		214. 31	后 10 平均		25. 75

资料来源：信托公司年报、中建投信托博士后工作站。

根据中国信托业协会的统计，信托固有业务收入为366.30亿元，同比增速止跌回升至2.07%。公允价值变动收益大幅增加是固有业务收入止跌回升的关键，全年实现公允价值变动收益18.62亿元，同比大增139.96%。股权投资收益的增长也对固有收入形成较大贡献，全行业实现股权投资收益96.66亿元，比2018年增加20.17亿元，同比增幅达26.37%。固有业务收入排名前10和后10的信托公司排序基本保持稳定，但头尾部差距不断扩大，排名前10的信托公司平均固有业务收入达15.62亿元（见表11），而排名后10的信托公司平均固有业务收入已连续两年为负值。

表11　2019年信托公司固有业务收入排名

单位：万元

排名	信托公司	固有业务收入	排名	信托公司	固有业务收入
1	江苏信托	217,821.78	67	西部信托	12,954.40
2	华能信托	211,306.60	66	中航信托	12,341.83
3	华润信托	189,547.96	65	新时代信托	10,504.70
4	重庆信托	185,320.70	64	浙商金汇信托	8,350.12
5	中信信托	158,949.07	63	山西信托	7,681.84
6	中融信托	141,218.00	62	大业信托	5,719.00
7	平安信托	132,380.01	61	长城新盛信托	3,457.42
8	外贸信托	121,515.12	60	华宸信托	-7.47
9	中诚信托	105,099.95	59	新华信托	-34.48
10	昆仑信托	98,976.43	58	安信信托	-83,740.75
前10平均		156,213.56	后10平均		-2,277.34

资料来源：信托公司年报、中建投信托博士后工作站。

2. 固有资金大量配置非标债权

信托公司的固有业务结构各有特色，但以固有业务扩大净资产规模、辅助信托主业发展的定位是行业的基本共识。从固有投资类资金投向明细来看，固有投资类资金投向以其他投资为主，2019年占比高达61.67%（见图10）。在其他投资中，信托计划、资管产品、贷款等固定收益类非标债权的比重较高。结合信托公司固有资金交易情况来看，存在大量固有资金认购本公司发行信托计划的情况，这种做法一方面有利于信托公司能更好地掌控固有资金投资的安全性，另一方面也能对信托业务的开展形成支持。从固有资金的产业投向来看，金融机构的投向规模连续多年稳居首位，2019 年规模高达 3,518. 56 亿元，占比为 47. 72%（见图 11），从另一个侧面反映出信托公司固有资金认购各类金融产品，如信托计划、资管计划、银行理财产品等的比例较高。

图 10　信托公司固有资金配置方式

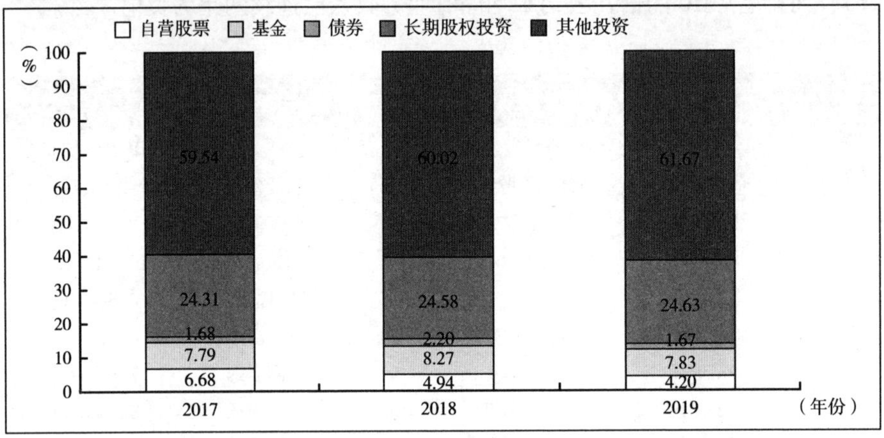

资料来源：信托公司年报、中建投信托博士后工作站。

图 11　信托公司固有资金产业投向

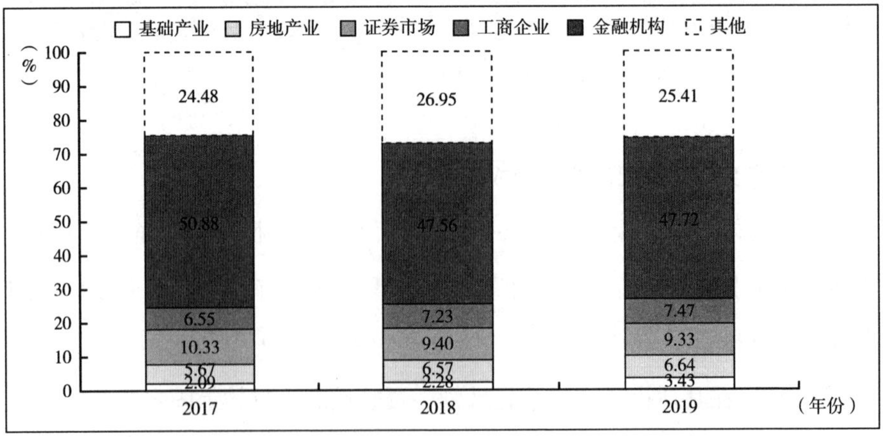

资料来源：信托公司年报、中建投信托博士后工作站。

3. 固有不良资产大幅增加，信托公司主动计提减值

2019 年年报中有 63 家信托公司披露了固有不良资产情况，全行业不良资产余额合计 355.26 亿元，同比 2018 年的 151.06 亿元上涨了 135.18%，连续两年处于大幅增长状态。不良资产占信用风险资产的比重为 5.64%，比 2018 年的 3.03% 上升了 2.61 个百分点。资产不良率超过 10% 的信托公司有 15 家（见表 12），比 2018 年增加 11 家，资产不良率上升为全行业的普遍现象。除了部分自营投资形成不良资产之外，信托公司固有资产不良的产生原因多为承接了存在兑付困难的信托计划，因此固有不良资产的增长实际上也反映了信托资产风险上升的趋势。在固有不良率大幅增长的情形下，信托公司出于谨慎经营的考虑主动增加资产减值的计提，2019 年全行业资产减值损失合计 143.29 亿元，同比 2018 年的 73.30 亿元大幅增长了 95.48%，预计固有不良资产将在未来几年的经营中连续计提减值，从而对信托公司的经营效益产生影响。

表 12　2019 年信托公司资产不良分布情况

不良率	2019 年	2018 年
超过 50%	安信信托	—
20% ~50%	华宸信托、大业信托、中粮信托、浙商金汇信托、四川信托	华宸信托、中粮信托
10% ~20%	昆仑信托、国民信托、华澳信托、中建投信托、山西信托、中泰信托、新华信托、吉林信托、长安信托	新华信托、山西信托

资料来源：信托公司年报、中建投信托博士后工作站。

（六）财富管理转向内涵式发展

“资管新规”颁布以来，金融同业业务空间收窄，通道业务规模压缩，信托代销渠道受限，信托行业自身的财富管理能力成为保障信托业务发展

的立身之本，信托财富管理进入战略布局阶段。2019 年，信托公司财富业务的发展迎来转折，从高速扩张阶段逐步转向内涵式发展阶段。

据中建投信托博士后工作站统计，截至 2019 年 4 月末，68 家信托公司超过 90% 已经设立了专门的财富管理部门，累计成立财富中心 383 个，近半数为 2018 年后新设的，反映了行业财富管理业务扩张之迅速，竞争趋于白热化。但是，从财富管理的内容看，多数信托公司仍然停留在销售本公司信托产品的阶段，产品线相对局限，资产配置能力薄弱。由此可见，信托行业的财富管理发展在 2019 年上半年之前的主要方向是扩张财富团队，强化信托产品直销能力。

2019 年下半年以来，信托行业财富管理的发展策略出现转变，多数已完成财富中心区域布局的信托公司不再寻求财富团队数量的扩张，转而开始寻求丰富财富管理的内容。首先，财富直销的产品线不断扩充。随着信托公司资产端业务的转型，部分信托公司的财富产品线已经从单一的非标债权过渡到非标债权、阳光私募、权益投资等多元化配置产品。其次，家族信托业务取得迅速发展，已有 36 家信托公司开展家族信托业务，家族信托的功能也逐步从单一的资产管理过渡到财产隔离、遗嘱继承、税务筹划等领域。不少信托公司将家族信托列为战略发展重点，例如，上海信托在年报的战略描述中直接明确财富管理的方向为家族信托。最后，信托公司资产配置服务进一步发展，以行业头部为代表的多家信托公司通过客户精准分析，为高净值客户提供私人财富管理方案。总的来说，2019 年信托行业财富管理业务逐步转向内涵式发展。

（七）从业人员稳定增长，年龄学历结构优化

2019 年，信托行业从业人员数量持续增加，67 家信托公司员工数量均值为 324 人，同比增长 9.22%，大幅高于 2018 年增幅。共计 51 家信托公司员工人数增加，增员超过 100 人的公司有 5 家，超过 50 人的有 11 家

（见表 13）。人数排名前 10 的公司中，光大兴陇信托员工增加 453 人成为行业人数最多的信托公司，中融信托较 2018 年减员 105 人，但仍在前 10 行列，其他公司均没有发生较大变动（见表 14）。

表 13　2019 年信托公司员工增量情况

人员增量	信托公司
100 人以上	光大兴陇信托（453 人）、长安信托（153 人）、东莞信托（142 人）、爱建信托（124 人）、五矿信托（110 人）
50 ~100 人	平安信托（81 人）、西部信托（71 人）、中粮信托（68 人）、中信信托（67 人）、民生信托（63 人）、四川信托（58 人）
50 人以下	外贸信托、万向信托、安信信托、建信信托、陕国投信托、江苏信托、陆家嘴信托、中铁信托、渤海信托、粤财信托、中建投信托、北京信托等 40 家

资料来源：信托公司年报、中建投信托博士后工作站。

表 14　2019 年信托公司员工数量排名

单位：人

序号	信托公司	人数	序号	信托公司	人数
1	光大兴陇信托	944	67	长城新盛信托	88
2	长安信托	872	66	国联信托	90
3	四川信托	792	65	华宸信托	94
4	中信信托	750	64	西藏信托	105
5	中融信托	699	63	中泰信托	107
6	陕国投信托	639	62	新华信托	148
7	兴业信托	587	61	华信信托	149
8	五矿信托	560	60	重庆信托	151
9	外贸信托	554	59	金谷信托	155
10	民生信托	550	58	大业信托	157

资料来源：信托公司年报、中建投信托博士后工作站。

从年龄层次来看，20 ~29 岁、30 ~40 岁与 40 岁以上的员工占比分别为 26.02%、54.20% 和 19.78%，其中 30 ~40 岁员工数量持续增加，占比较 2018 年提高了 4.40 个百分点，行业人员结构更加成熟。从学历分布来看，行业人员硕博学历占比高达 55.32%，其中博士占比为 1.99%，硕士占比为53.33%，高学历人群占比持续上升，为行业业务创新和转型发展提供了人才支持。

三、行业发展展望

（一）行业转型序幕拉开

当前经济下行压力持续加大，金融服务实体经济的质量和效率必须进一步提高已经成为共识，金融机构为新冠肺炎疫情后复工复产和实体经济纾困与发展提供精准服务成为当务之急。另外，2020年是“资管新规”过渡期的收官之年。随着《信托公司股权管理暂行办法》出台，《信托公司资金信托管理暂行办法》公开征求意见，“资管新规”下的信托监管框架业已更新完毕。资管行业统一监管，从间接融资向直接融资体系转型的方向也已明确。在此情况下，信托公司旧有的业务结构将难以为继。

随着传统业务规模不断压缩，信托公司急需寻找新的业务支撑。随着服务信托和资金信托的发展方向不断明晰，信托公司转型步伐将明显加快，有望看到信托公司的业务布局出现重心转移，拉开整个行业的转型序幕。

（二）风险防控仍为首要要求

系统性风险防范的要求继续成为对金融行业的首要要求，打赢防范化解重大风险攻坚战仍然是政府工作报告中的重要内容。当前金融风险已有所积聚，信托风险资产增长有加速趋势，行业整体盈利水平下降。在规模整体收缩的情况下，遏制风险加速增长成为信托公司最重要的工作内容，存量项目的风险化解与处置的重要性大大提升。

2020 年，资金信托管理办法、信托公司资本管理办法等监管法规有望陆续出台。随着监管导向和要求明确，行业对法规精神的解读也在不断加深。在信托公司探索转型过程中，合规的重要性将更加突出。

（三）财富管理更加偏向服务

信托的受托服务功能得到前所未有的重视和鼓励。在《中国银保监会有关部门负责人就〈信托公司资金信托管理暂行办法（征求意见稿）〉答记者问》中，监管进一步明确：对于以受托服务为主要服务内容的信托业务，无论其信托财产是否为资金形式，均不再纳入资金信托，包括家族信托、资产证券化信托、企业年金信托、慈善信托及其他监管部门认可的服务信托。

同时，有别于公募资管产品的定位，信托的私募定位不断被强调。在这种情况下，信托财富管理端的逻辑将发生深刻变化，直接表现为从简单产品销售的功能上升到对高净值人群的全方位服务功能。财富管理有望结束之前简单规模扩张、重客户拓展的阶段，转而强调高质量附加服务以增强客户黏性。

（四）信托文化重塑行业形象

自 2020 年开始，信托文化建设将为行业重塑新形象，注入发展新动能。加强信托文化建设意味着打造信托公司独有的品质和精神，在寻求信托本质的过程中体现信托公司的社会价值。信托文化的树立，有利于信托公司寻找到专业化、特色化的经营发展路径，也有利于信托公司加快回归本源，从而促进行业转型发展。

在信托业务结构的转型升级中，信托公司将不断增强信托行业的服务能力，加深信托对自身业务的本源认识，从而意识到信托文化的本质，反过来推动信托文化的建设。

2019 年信托业务研究报告

应汇康

摘　要：2019 年末，信托行业管理资产规模受宏观经济形势和监管环境变化影响压降至 21.60 万亿元，但信托收入止跌回升。信托业务发生明显结构转型，主动管理融资类业务替代被动管理类业务成为驱动行业发展的主要动力。资金信托投向继续优化，对实体经济的支持力度进一步提升，信托业务的创新热点从资金信托转向服务信托。

关键词：信托业务　业务结构　资金投向　创新业务

2019 年，宏观经济形势变化和金融供给侧结构性改革推进引导信托业务进一步变革转型。中国银保监会在 2018 年末的信托业年会上强调，信托业务要坚持发展具有直接融资特点的资金信托，发展以受托管理为特点的服务信托，发展体现社会责任的公益（慈善）信托，明确指出了信托业务回归本源的目标和方向。全年来看，信托业务发生了深刻的结构转型，主动管理融资类业务大幅扩张，受托人管理职责在信托业务中更加突出，服务实体经济特征更加明显，信托公司围绕信托本源大力开展创新。

一、业务规模压降，信托收入提升

（一）信托资产平稳下降，行业分化程度加剧

据中国信托业协会统计数据，截至 2019 年末，信托行业管理资产总规模为 21.6 万亿元，较 2018 年末的 22.7 万亿元下降 4.85%。在宏观经济下

行压力和金融监管导向变化之下，信托行业管理资产规模在2017年末达到26.25万亿元的峰值后逐步下滑。但相较2018年13.50%的同比降幅，2019年的下行幅度明显收窄，同比增速处于逐季回升的轨道（见图1），表明信托行业已基本渡过了挤出“水分”的阵痛期，从扩张式发展走向内涵式发展，业务转型升级逐步向下一阶段推进。

从67家已公布2019年度报告的信托公司来看，信托资产行业平均规模约为3,210亿元，中位数为2,125亿元，相同样本的67家信托公司2018年信托资产平均为3,371亿元，中位数为2,385亿元，均值与中位数差距拉大表明行业分化加剧，头部公司对行业规模的影响继续扩大。[①] 共有10家公司信托资产规模超过6,000亿元（见表1）；共有12家公司管理的资产规模少于1,000亿元，比2018年度增加3家。

图1 信托资产规模变化趋势

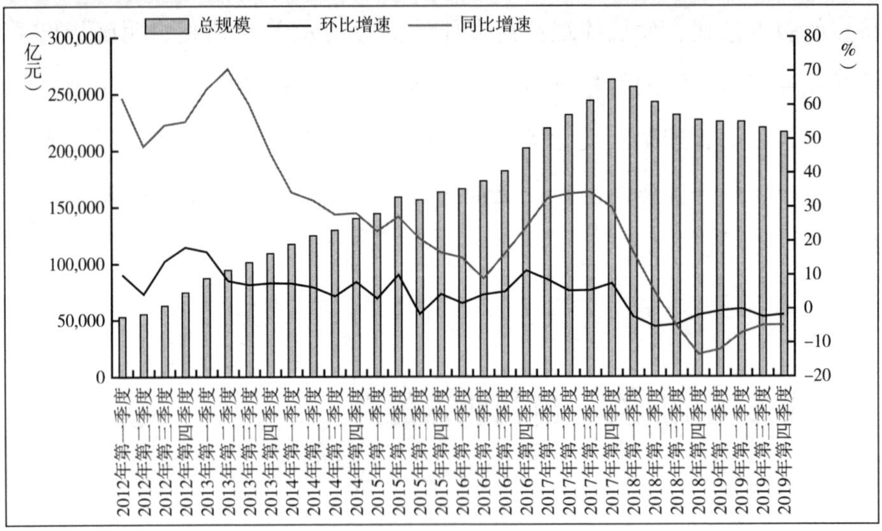

资料来源：中国信托业协会、中建投信托博士后工作站。

① 68家信托公司中雪松信托（原中江信托）未公布年报，后文涉及年报数据分析处均采用同样本比较，即在往年数据中同步剔除该公司数据。

表1 2018~2019 年信托公司信托资产规模与增幅

序号	信托公司	2019 年信托资产（万元）	2019 年同比增速（%）	2018 年信托资产（万元）	2018 年同比增速（%）
1	中信信托	157,415,595.52	-4.72	165,219,704.37	-16.84
2	建信信托	139,123,223.74	-0.91	140,393,891.69	-0.41
3	华润信托	95,488,578.40	0.00	95,491,944.59	-29.10
4	五矿信托	88,497,646.98	47.64	59,939,679.15	15.83
5	中融信托	76,545,192.11	16.92	65,466,498.96	-2.28
6	交银信托	76,185,016.58	-12.48	87,052,154.49	-9.85
7	光大兴陇信托	75,061,700.66	29.28	58,062,985.43	21.35
8	华能信托	72,504,705.17	-0.39	72,789,739.76	-27.95
9	上海信托	69,265,214.29	-9.89	76,868,476.77	-15.75
10	中航信托	66,579,192.85	5.23	63,269,867.23	-3.81
11	渤海信托	59,660,296.11	-3.83	62,033,224.29	-17.83
12	兴业信托	56,329,127.11	-22.73	72,894,840.15	-21.80
13	华宝信托	48,922,928.63	-8.52	53,482,292.68	-10.20
14	长安信托	46,568,011.83	-10.54	52,053,924.89	-13.45
15	外贸信托	44,576,502.17	-0.73	44,905,978.77	-10.30
16	平安信托	44,260,816.75	-17.13	53,412,359.98	-18.17
17	中铁信托	42,541,413.00	-0.28	42,660,827.00	-1.78
18	英大信托	39,812,433.81	24.82	31,895,360.29	13.25
19	江苏信托	36,772,324.76	-9.72	40,733,140.20	-26.09
20	新时代信托	32,244,251.84	-8.69	35,312,322.38	7.38
21	西部信托	31,866,670.26	-0.67	32,080,344.64	29.14
22	中海信托	30,634,277.25	17.23	37,012,842.51	-11.50
23	陕国投信托	28,871,257.31	-0.28	28,952,434.37	-36.12
24	粤财信托	27,879,405.50	2.98	27,072,592.63	6.59
25	昆仑信托	27,183,171.94	-7.69	29,447,708.71	-16.33
26	山东信托	26,458,063.53	11.40	23,750,676.64	-12.58
27	华鑫信托	26,207,610.00	1.48	25,825,405.00	-13.16
28	中诚信托	24,935,451.33	-20.38	31,318,526.43	-3.94
29	百瑞信托	24,335,104.94	27.57	19,076,180.19	8.21
30	陆家嘴信托	23,347,581.09	0.10	23,323,711.02	-18.73
31	四川信托	23,341,773.88	-27.84	32,348,784.94	-22.65
32	国民信托	22,307,344.96	-42.14	38,556,657.74	-26.12
33	天津信托	21,670,593.00	45.13	14,931,752.00	-31.31
34	重庆信托	21,249,625.68	11.56	19,046,912.83	1.19

续表

序号	信托公司	2019 年信托资产（万元）	2019 年同比增速（%）	2018 年信托资产（万元）	2018 年同比增速（%）
35	国通信托	20,684,031.25	-16.75	24,844,251.62	3.97
36	厦门信托	20,102,802.00	3.10	19,497,639.00	-35.25
37	云南信托	20,084,924.55	-14.94	23,612,561.38	-36.12
38	国投泰康信托	20,022,974.85	-25.66	26,933,411.03	-25.76
39	北京信托	19,978,438.74	-11.99	22,699,570.75	-26.82
40	西藏信托	19,736,982.55	-38.69	32,189,666.45	-24.16
41	民生信托	19,640,630.80	8.28	18,138,911.22	-3.06
42	安信信托	19,404,847.49	-16.96	23,367,843.70	0.48
43	爱建信托	18,309,393.26	-27.95	25,412,324.45	-23.63
44	中建投信托	18,009,647.55	6.32	16,938,947.12	-0.50
45	中原信托	17,889,027.04	-0.38	17,957,182.67	-8.16
46	国元信托	17,796,034.78	-10.01	19,776,305.21	-24.93
47	北方信托	16,942,629.48	-28.96	23,849,086.08	-18.92
48	中粮信托	15,727,497.56	-3.96	16,375,708.15	-16.13
49	新华信托	14,534,359.04	-18.81	17,901,702.62	1.58
50	紫金信托	14,306,482.53	-9.04	15,728,707.94	-25.27
51	华融信托	14,246,067.66	-28.25	19,856,521.84	-38.34
52	万向信托	13,379,894.97	-16.98	16,116,942.54	-15.23
53	华澳信托	13,220,339.47	3.34	12,793,171.25	-8.68
54	财信信托	10,699,234.00	-9.65	11,841,338.00	54.43
55	金谷信托	10,029,085.80	-28.41	14,009,609.97	20.55
56	苏州信托	9,502,359.85	12.52	8,444,962.96	-8.98
57	浙商金汇信托	8,899,876.05	-17.63	10,805,206.45	-31.83
58	大业信托	7,511,143.07	-46.75	14,105,386.92	-29.28
59	东莞信托	7,368,867.49	22.14	6,033,010.73	31.24
60	国联信托	7,331,439.00	-9.34	8,087,140.00	-5.81
61	吉林信托	6,490,000.97	-25.64	8,728,398.80	4.42
62	华信信托	6,157,982.86	-39.41	10,163,370.30	-26.72
63	杭工商信托	5,005,735.00	-4.50	5,241,772.00	3.62
64	山西信托	3,832,770.29	-15.37	4,528,682.66	-8.62
65	中泰信托	3,240,492.20	12.69	2,875,574.71	-22.77
66	长城新盛信托	1,785,461.93	-35.49	2,767,729.95	-20.27
67	华宸信托	213,840.34	-2.76	219,913.77	-44.55

资料来源：信托公司年报、中建投信托博士后工作站。

共有 19 家公司实现信托资产规模同比增长，比 2018 年多 3 家，其他公司均较 2018 年有不同程度的下滑，但多数信托公司降幅在 -15% 之内（见图 2），较 2018 年的分布情况有所缓和。行业排名前 10 的信托公司资产规模同比上涨 3.63%，规模占比为 42.62%，较 2018 年增加了 3.46 个百分点，而后 10 名的规模同比下降 21.43%，规模占比为 2.28%，较 2018 年下滑 0.57 个百分点，表明在严监管压力下，头部信托公司仍有较大展业空间，而尾部信托公司由于资源禀赋和管理服务能力相对匮乏，面临着更大的收缩压力。

图2 2019 年信托公司信托资产规模增速分布

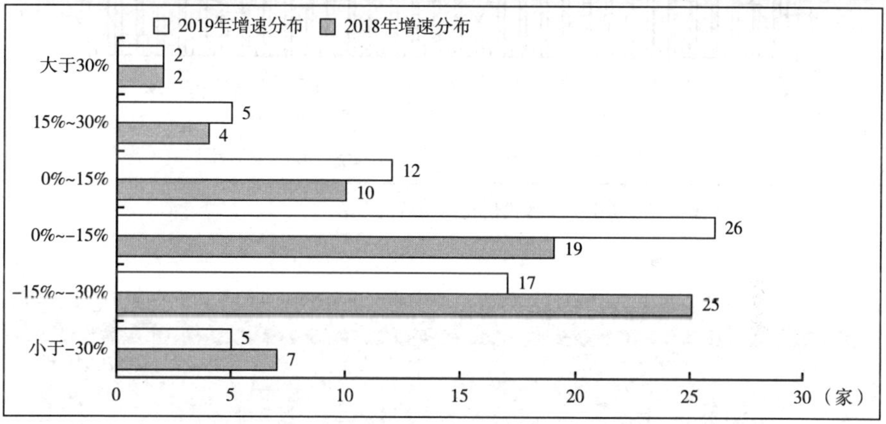

资料来源：信托公司年报、中建投信托博士后工作站。

根据信托业协会数据，从新增信托业务规模的统计来看，2019 年行业新增信托业务规模为 6.58 万亿元，仅略少于 2018 年的 6.60 万亿元。但新增项目 2.1 万余个，大幅高于 2018 年，意味着新增信托单个项目的募集规模有所下降，这是信托类型从被动向主动管理切换的必然结果（见图 3）。

从新增信托业务规模同样能看出行业两极分化现象在新增信托业务规模总体持平的情况下，有 2 家信托公司新增规模超过 5,000 亿元，7 家公司超过 3,000 亿元，但有 7 家公司新增规模未超过 200 亿元（见表 2），而在 2018 年无一家信托公司新增规模超 5,000 亿元，超过 3,000 亿元的仅有

4 家，新增规模小于 200 亿元的仅有 4 家，反映出尾部信托公司业务空间的压缩。

图 3　新增信托业务规模和项目个数

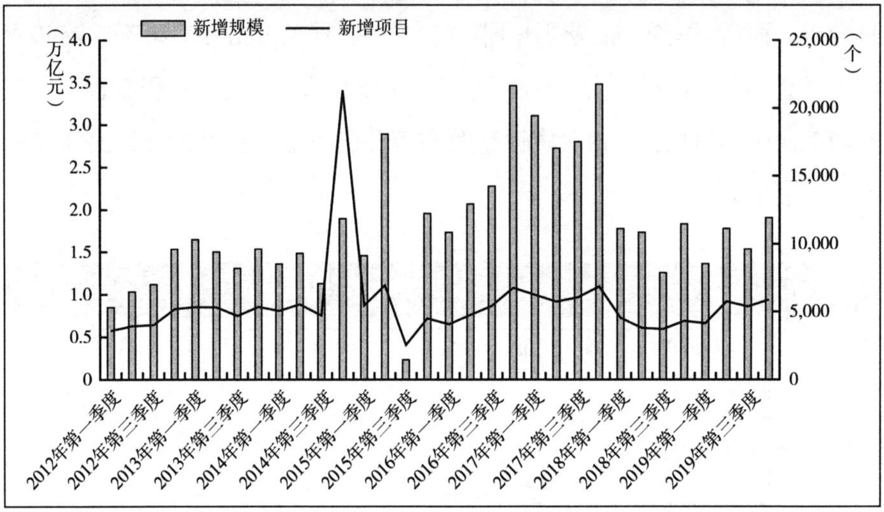

资料来源：中国信托业协会、中建投信托博士后工作站。

表 2　信托公司新增信托业务规模

单位：万元

序号	信托公司	2019 年新增规模	序号	信托公司	2019 年新增规模
1	五矿信托	52,281,447.89	35	国元信托	8,069,772.29
2	中信信托	52,052,345.16	36	万向信托	7,943,495.22
3	光大兴陇信托	47,965,909.69	37	中原信托	7,037,437.81
4	华能信托	47,540,685.56	38	中诚信托	7,035,748.36
5	建信信托	36,323,679.78	39	中粮信托	6,615,535.22
6	华润信托	36,183,317.00	40	金谷信托	6,051,592.31
7	中航信托	30,296,129.91	41	国投泰康信托	5,714,549.91
8	渤海信托	28,097,026.86	42	紫金信托	5,493,334.76
9	中铁信托	25,389,000.00	43	华澳信托	5,317,050.08
10	民生信托	24,325,570.32	44	苏州信托	5,174,563.58
11	中融信托	22,644,263.51	45	昆仑信托	4,754,306.14
12	外贸信托	20,004,643.64	46	新时代信托	4,693,648.19

续表

序号	信托公司	2019 年新增规模	序号	信托公司	2019 年新增规模
13	上海信托	19,720,582.04	47	华融信托	4,679,086.03
14	交银信托	18,636,645.94	48	吉林信托	4,484,169.11
15	天津信托	15,531,823.10	49	华宝信托	4,271,073.98
16	西部信托	15,045,269.56	50	新华信托	4,255,607.46
17	陆家嘴信托	14,505,561.82	51	北京信托	4,022,371.58
18	兴业信托	14,424,837.00	52	中海信托	3,866,089.65
19	中建投信托	13,813,204.23	53	国民信托	3,511,204.99
20	百瑞信托	13,653,794.81	54	浙商金汇信托	3,466,542.09
21	平安信托	12,629,948.37	55	东莞信托	3,341,815.08
22	厦门信托	12,436,388.00	56	英大信托	2,938,459.54
23	华鑫信托	12,339,359.36	57	西藏信托	2,567,149.18
24	重庆信托	11,966,903.56	58	山西信托	2,253,208.67
25	长安信托	11,925,726.00	59	杭工商信托	2,101,909.00
26	粤财信托	11,202,063.71	60	北方信托	2,035,756.03
27	江苏信托	10,465,643.13	61	大业信托	1,437,000.00
28	爱建信托	10,226,128.50	62	华信信托	1,383,670.00
29	山东信托	10,207,592.22	63	中泰信托	1,192,837.60
30	国通信托	10,161,392.77	64	国联信托	732,450.00
31	云南信托	10,065,147.08	65	安信信托	302,465.13
32	陕国投信托	9,944,283.25	66	华宸信托	132,000.00
33	四川信托	9,828,014.68	67	长城新盛信托	130.18
34	财信信托	8,285,997.00			

资料来源：信托公司年报、中建投信托博士后工作站。

（二）信托业务收入止跌回升

据中国信托业协会数据统计，2019 年末行业信托收入总计 833.82 亿元（见图 4），较 2018 年末同比增长 6.66%，扭转了 2018 年信托业务收入下滑的态势。从收入结构看，信托业务收入在全部营业收入中的占比为 69.48%，比 2018 年高 0.94 个百分点，信托业务收入在信托公司营业收入中的主导地位稳固。

图4　信托业务收入、增速与占比

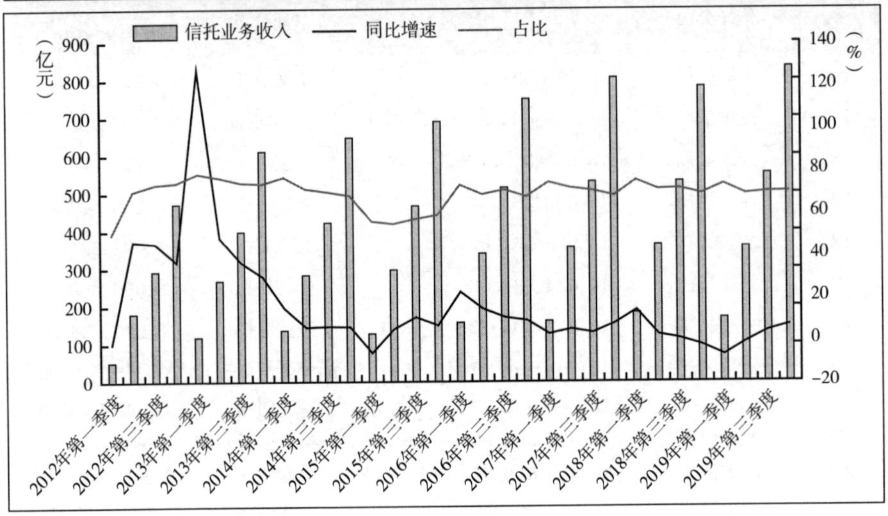

资料来源：中国信托业协会、中建投信托博士后工作站。

据信托公司年报统计数据，67 家信托公司平均信托收入 12.27 亿元，中位数 9.66 亿元，收入与规模分布呈相似形态，头部公司的表现拉高行业平均水平。在 67 家信托公司中，共有 13 家信托公司信托收入超过 20 亿元（见表 3），比 2018 年多 2 家；32 家公司超过 10 亿元，比 2018 年多 5 家；7 家信托公司少于 3 亿元，比 2018 年多 1 家。总体来看，行业排名前列的信托公司延续稳定表现，行业尾部信托收入下滑显著。

表3　信托公司信托收入与增幅

序号	信托公司	2019 信托业务收入（万元）	2019 年同比增速（%）	2018 信托业务收入（万元）	2018 年同比增速（%）
1	中信信托	478,847.90	−12.14	545,000.76	22.54
2	中融信托	409,795.20	14.90	356,651.00	−8.00
3	平安信托	369,310.70	2.00	362,065.58	−9.92
4	光大兴陇信托	358,913.60	100.80	178,745.62	106.18
5	中航信托	358,912.40	22.41	293,214.31	10.88
6	五矿信托	348,698.40	49.56	233,154.80	30.90
7	华能信托	317,543.00	29.78	244,673.85	−7.63

续表

序号	信托公司	2019 信托业务收入（万元）	2019 年同比增速（%）	2018 信托业务收入（万元）	2018 年同比增速（%）
8	兴业信托	246,879.00	15.53	213,699.00	29.70
9	渤海信托	238,259.60	32.63	179,638.22	-6.59
10	建信信托	237,381.00	9.41	216,973.40	11.25
11	长安信托	213,874.60	11.59	191,666.82	3.30
12	爱建信托	207,141.60	11.28	186,147.36	25.45
13	重庆信托	201,061.90	5.93	189,804.84	-10.95
14	四川信托	191,935.80	-8.55	209,874.54	-0.66
15	中建投信托	191,147.60	48.53	128,696.22	-0.18
16	上海信托	181,975.60	0.24	181,539.44	-10.60
17	外贸信托	160,328.20	-31.59	234,351.96	21.91
18	民生信托	138,325.80	-31.98	203,362.07	-5.11
19	交银信托	136,104.60	14.07	119,312.76	-5.51
20	华润信托	134,453.50	7.98	124,511.59	21.92
21	中诚信托	130,430.10	3.13	126,469.21	64.27
22	万向信托	127,983.70	57.19	81,420.55	-3.75
23	中铁信托	117,185.60	-40.70	197,614.00	3.50
24	江苏信托	115,297.50	4.18	110,673.85	10.52
25	英大信托	112,200.40	25.20	89,664.90	9.24
26	北京信托	111,924.00	5.79	105,795.00	-15.06
27	陆家嘴信托	109,687.00	22.41	89,604.00	5.96
28	百瑞信托	104,296.10	7.21	97,284.79	-22.71
29	山东信托	103,981.60	17.03	88,853.50	-21.05
30	国投泰康信托	103,374.00	17.61	87,896.00	19.01
31	昆仑信托	102,293.50	17.16	87,307.48	-0.04
32	华宝信托	100,112.90	-5.70	106,166.10	-14.54
33	国通信托	97,907.37	-17.37	118,483.69	3.19
34	华鑫信托	96,572.24	35.16	71,450.10	-6.84
35	陕国投信托	92,760.35	-5.20	97,852.11	-1.20
36	东莞信托	87,499.56	22.50	71,427.61	2.67
37	紫金信托	76,852.01	7.33	71,605.28	17.80
38	杭工商信托	72,577.00	-2.04	74,090.00	-2.44
39	浙商金汇信托	69,975.83	14.07	61,346.23	41.68

续表

序号	信托公司	2019 信托业务收入（万元）	2019 年同比增速（%）	2018 信托业务收入（万元）	2018 年同比增速（%）
40	中原信托	69,200.41	-16.18	82,556.61	-32.97
41	中海信托	67,142.84	8.17	62,070.18	-1.65
42	西部信托	65,097.23	17.49	55,406.22	34.73
43	财信信托	65,031.00	20.49	53,973.00	-10.13
44	云南信托	60,989.67	10.22	55,333.57	20.68
45	华融信托	58,624.07	-37.59	93,941.10	-44.14
46	厦门信托	58,113.00	1.02	57,529.00	-16.74
47	北方信托	57,987.44	23.52	46,946.33	3.72
48	苏州信托	54,909.00	46.67	37,438.00	-13.19
49	国民信托	54,871.80	-34.34	83,572.73	20.63
50	粤财信托	53,583.77	17.20	45,721.32	56.56
51	西藏信托	51,157.78	4.62	48,897.53	-21.83
52	大业信托	47,380.00	-32.83	70,538.66	-18.03
53	华澳信托	45,063.47	8.47	41,544.70	29.52
54	国元信托	37,618.36	10.14	34,154.64	4.63
55	安信信托	35,808.50	-76.75	153,994.72	-70.63
56	长城新盛信托	35,562.07	-16.70	42,689.59	23.63
57	中粮信托	34,749.61	-22.32	44,732.44	-7.17
58	天津信托	33,476.95	-28.50	46,819.07	-29.34
59	华信信托	32,328.64	-47.69	61,807.76	-22.80
60	新时代信托	31,506.93	-24.05	41,484.69	-59.15
61	金谷信托	24,635.89	-25.54	33,086.71	-29.99
62	国联信托	23,881.00	7.06	22,306.00	4.50
63	新华信托	22,079.30	-13.93	25,654.08	2.25
64	吉林信托	19,807.00	-3.63	20,552.62	-17.52
65	山西信托	18,237.01	15.37	15,806.92	-14.84
66	中泰信托	6,000.62	-45.93	11,097.13	-55.34
67	华宸信托	431.21	-52.53	908.32	-67.10

资料来源：信托公司年报、中建投信托博士后工作站。

共有 43 家公司实现信托收入同比增长，大部分公司（22 家）增速在 0～15%，增幅超过 15% 的公司较 2018 年显著增多（见图 5）。其中，1 家信托公司收入增幅超过 100%，2 家信托公司超过 50%。但信托收入同比下滑超过 30% 的公司也有所增多，其中有 2 家公司下滑超过了 50%。

图 5　信托收入增速分布

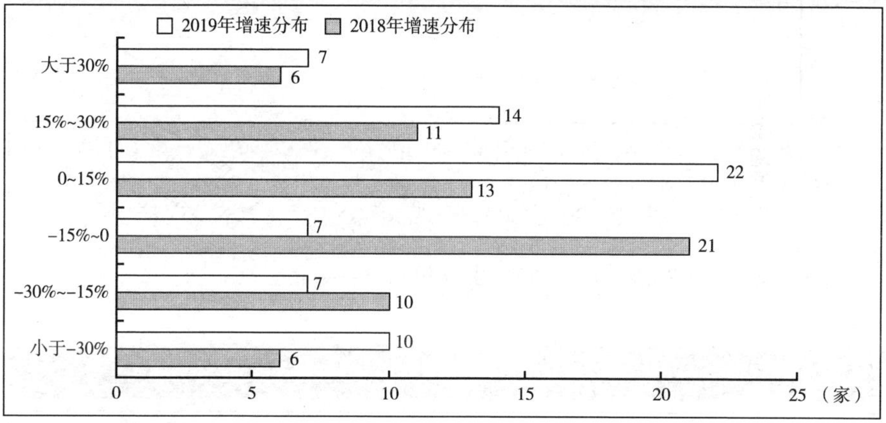

资料来源：信托公司年报、中建投信托博士后工作站。

（三）资产规模与信托收入增速背离，信托报酬率提升

2019 年，信托资产规模与信托收入增速呈现正负背离的走势（见图 6）。共有 27 家信托公司的信托资产规模下滑而信托收入上涨，数量远超过信托资产规模与信托收入同步增长的 16 家信托公司（见图 7）。通常而言，信托资产规模与信托收入增速背离背后的原因都是信托业务结构的切换。当信托公司压缩一定规模的被动管埋类业务，同时增加主动管理类业务时，信托业务的报酬率提升带来收入增长，但如果信托规模下滑过大而主动管理类业务的收入提升无法补足时，信托收入也会下滑，2019 年与 2018 年即分别属于以上两种情况。

图6　2015～2019 年各季度信托公司资产规模与业务收入增速关系

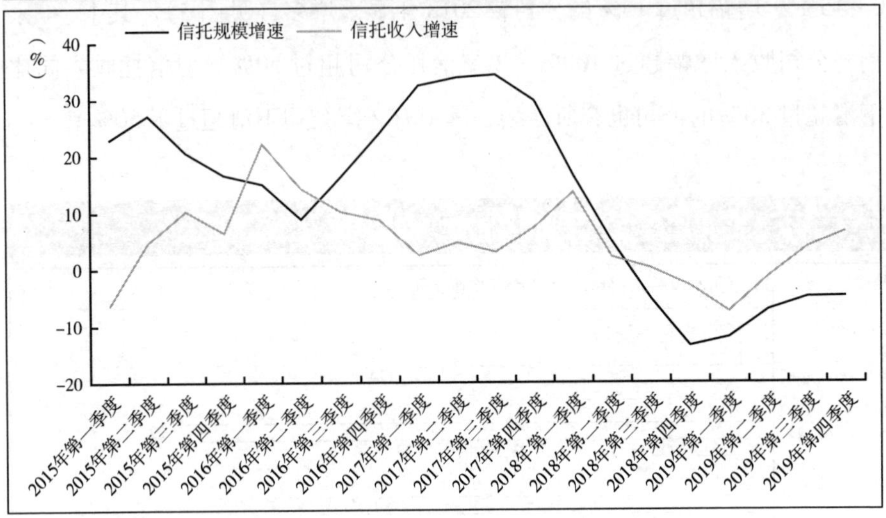

资料来源：中国信托业协会、中建投信托博士后工作站。

图7　2018～2019 年信托公司资产规模与信托收入增速状态分布

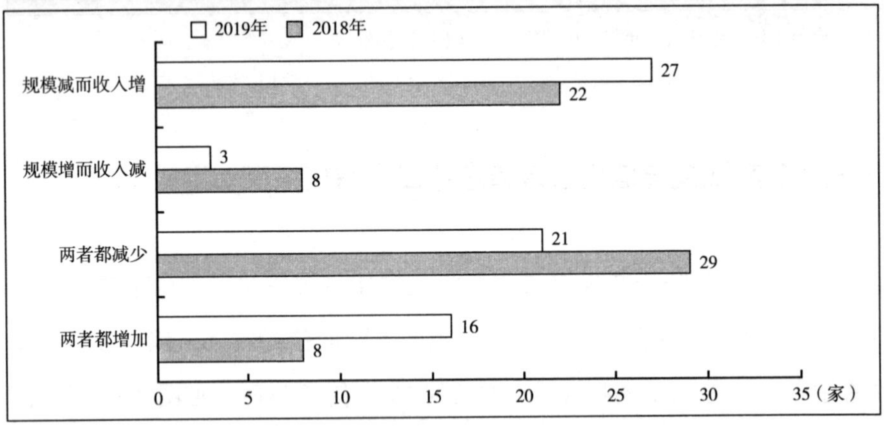

资料来源：信托公司年报、中建投信托博士后工作站。

从 53 家公布加权平均信托报酬率（见表 4）的信托公司来看，行业加权平均信托报酬率约为 0.54%，高于 2018 年同样本的 0.53%，其中共有 33 家公司的加权平均信托报酬率提高。信托报酬率从侧面反映出 2019 年信托行业调整业务结构，增加主动管理业务占比的成果。从公布信托报酬率的公司来看，排名靠前的多为资产规模处于行业中游或下游，但主动管理类业务占比较高的信托公司。

表4　2018～2019 年部分信托公司加权平均信托报酬率

单位：%

序号	信托公司	2019 年信托报酬率	2018 年信托报酬率	序号	信托公司	2019 年信托报酬率	2018 年信托报酬率
1	杭工商信托	2.51	1.71	28	兴业信托	0.39	0.26
2	东莞信托	2.22	2.33	29	渤海信托	0.38	0.35
3	华信信托	1.89	1.52	30	华鑫信托	0.38	0.25
4	长城新盛信托	1.49	1.66	31	中原信托	0.38	0.42
5	中建投信托	1.21	0.78	32	华宸信托	0.37	1.08
6	爱建信托	1.10	0.61	33	英大信托	0.34	0.34
7	国联信托	1.04	0.73	34	厦门信托	0.33	0.30
8	重庆信托	1.01	1.03	35	云南信托	0.33	0.22
9	百瑞信托	0.97	1.01	36	昆仑信托	0.32	0.27
10	民生信托	0.81	1.09	37	陕国投信托	0.31	0.25
11	浙商金汇信托	0.74	0.46	38	华澳信托	0.28	0.44
12	中航信托	0.72	0.59	39	上海信托	0.27	0.24
13	中泰信托	0.72	0.49	40	安信信托	0.26	0.65
14	紫金信托	0.71	0.47	41	中铁信托	0.26	0.49
15	光大兴陇信托	0.66	0.47	42	金谷信托	0.24	0.26
15	国通信托	0.66	0.40	43	国民信托	0.22	0.21
17	大业信托	0.63	0.49	44	吉林信托	0.22	0.24
18	北京信托	0.60	0.28	45	新华信托	0.22	0.31
19	陆家嘴信托	0.58	0.55	46	天津信托	0.21	0.25
20	苏州信托	0.55	0.55	47	西部信托	0.21	0.20
21	国投泰康信托	0.54	0.32	48	交银信托	0.20	0.17
22	五矿信托	0.54	0.48	49	西藏信托	0.20	0.13
23	山西信托	0.51	0.33	50	北方信托	0.20	0.18
24	平安信托	0.50	0.45	51	国元信托	0.13	0.17
25	长安信托	0.42	0.34	52	建信信托	0.10	0.10
26	江苏信托	0.41	0.29	53	新时代信托	0.10	0.13
27	外贸信托	0.40	0.51				

资料来源：信托公司年报、中建投信托博士后工作站。

二、业务结构显著变化，受托人主动管理责任进一步体现

（一）主动管理类业务占比大幅提升

据67家信托公司年报数据统计，2019年存量主动管理类信托资产规模为9.33万亿元，均值为1,414.75亿元，被动管理类信托资产规模降至12.17万亿元，均值为1,844.26亿元；主动管理类信托规模占比为43.38%（见图8），较2018年的32.85%显著上升。自2018年起，信托公司通道业务在“资管新规”的约束下呈压降趋势，被动管理类业务在2017年末达到峰值后连续两年出现下滑。2019年，随着通道业务的进一步压缩，被动管理类资产规模占比大幅下滑，反映出信托行业在“资管新规”和严监管的导向下加速调整业务结构，驱动行业增长的动能已发生明确切换。

图8　主动管理类信托与被动管理类信托占比变化趋势

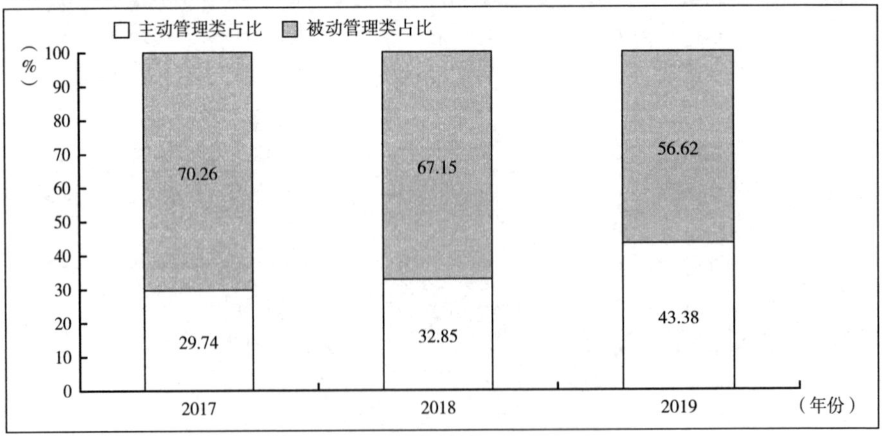

资料来源：信托公司年报、中建投信托博士后工作站。

截至2019年末，已有23家信托公司的主动管理类信托资产占比高于50%，比2018年的13家有了大幅提升；有5家公司主动管理类信托资产占比超过80%（见表5），而2018年仅有1家。在2019年新增的信托项目中，主动管理类信托项目占比达到了61.53%，有8家公司新增业务规模中主动管理类占比超过了90%（见表6），反映出信托公司转向主动管理类业务的速度加快。

表5 2019年主动管理类信托资产规模和占比排名前20的信托公司

序号	信托公司	主动管理类信托资产规模（万元）	信托公司	主动管理类信托资产占比*（%）
1	中信信托	72,596,174.86	杭工商信托	92.36
2	五矿信托	65,002,230.95	百瑞信托	86.09
3	中融信托	58,290,198.25	民生信托	85.96
4	中航信托	46,887,983.05	东莞信托	83.83
5	光大兴陇信托	44,068,317.93	安信信托	81.45
6	华润信托	33,688,121.52	中融信托	76.15
7	建信信托	32,446,038.69	五矿信托	73.45
8	外贸信托	30,602,125.24	中航信托	70.42
9	平安信托	25,747,680.95	昆仑信托	68.77
10	华能信托	24,788,221.29	外贸信托	68.65
11	渤海信托	24,200,600.60	重庆信托	68.07
12	百瑞信托	20,949,946.85	中建投信托	67.05
13	交银信托	19,918,295.52	北京信托	66.67
14	上海信托	19,811,994.76	华信信托	64.76
15	昆仑信托	18,693,549.01	粤财信托	61.45
16	长安信托	18,199,000.92	四川信托	60.53
17	粤财信托	17,131,564.97	光大兴陇信托	59.77
18	民生信托	16,883,297.34	长城新盛信托	59.47
19	中铁信托	16,276,287.00	平安信托	58.17
20	安信信托	15,805,995.95	陕国投信托	54.57

* 分母为存量信托资产合计额。

资料来源：信托公司年报、中建投信托博士后工作站。

表 6　新增主动管理类信托规模和占比排名前 20 的信托公司

序号	信托公司	新增主动管理类规模（万元）	信托公司	新增主动管理类占比（%）
1	五矿信托	51,204,730.43	安信信托	100.00
2	光大兴陇信托	36,786,203.09	民生信托	99.72
3	中信信托	36,129,693.87	五矿信托	97.94
4	中航信托	25,242,116.66	百瑞信托	97.82
5	民生信托	24,257,570.32	杭工商信托	96.64
6	渤海信托	20,422,551.67	华信信托	92.63
7	华能信托	19,438,939.62	东莞信托	92.10
8	中融信托	15,624,748.65	四川信托	91.53
9	百瑞信托	13,356,113.65	国投泰康信托	85.85
10	中铁信托	12,788,635.00	爱建信托	84.72
11	外贸信托	12,390,860.72	重庆信托	84.37
12	中建投信托	11,121,518.83	陕国投信托	83.54
13	天津信托	10,972,676.44	中航信托	83.32
14	陆家嘴信托	10,270,250.92	紫金信托	82.63
15	重庆信托	10,096,025.50	中诚信托	82.16
16	华润信托	9,036,896.00	中建投信托	80.51
17	平安信托	9,033,024.45	光大兴陇信托	76.69
18	四川信托	8,995,104.68	苏州信托	74.38
19	兴业信托	8,682,755.00	渤海信托	72.69
20	爱建信托	8,663,927.00	平安信托	71.52

资料来源：信托公司年报、中建投信托博士后工作站。

对于信托公司而言，主动管理类业务占比的提升是一把“双刃剑”，一方面代表着信托行业主动管理能力不断提高，作为资产管理机构的核心竞争力逐步培育，是信托公司回归本源的必备条件；另一方面也意味着受托人的管理责任更加重大，信托公司承受更大的风险压力。因此，主动管理类业务规模和占比扩张能否使信托公司持续健康地发展，取决于公司的资产筛选、风险管理和项目运营等能力是否与其主动管理的业务规模相匹配。

（二）事务管理类信托压缩，融资类业务显著扩张

与被动管理类信托规模的趋势相对应，信托行业的事务管理类规模从2017年末的峰值连续下滑。据中国信托业协会的统计，事务管理类信托规模从2018年末的13.25万亿元大幅下降至10.65万亿元（见图9），规模占比从58.36%下降至49.30%（见图10），表明信托公司通道业务的压降幅度远超2018年。

图9 信托资产运用类型变化趋势

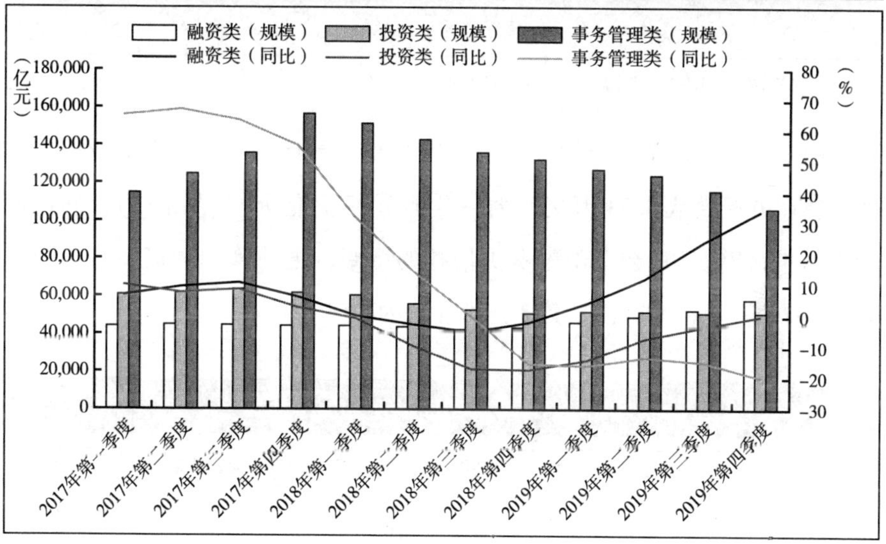

资料来源：中国信托业协会、中建投信托博士后工作站。

在行业整体规模继续下行的趋势下，投资类业务的降幅在2019年逐步收窄，并在第四季度末回正至同比0.31%的小幅增长，规模共计5.12万亿元，占比从22.49%增至23.71%。相较投资类业务的小幅增长，融资类信托业务出现大幅扩张是2019年信托业务结构最为显著的变化。融资类信托业务规模从2018年末的4.35万亿元迅速扩张至5.83万亿元，同比增长了34.02%，规模占比从19.15%升至26.99%。进一步细分，融资类业务

图10　近三年信托资产运用类型占比

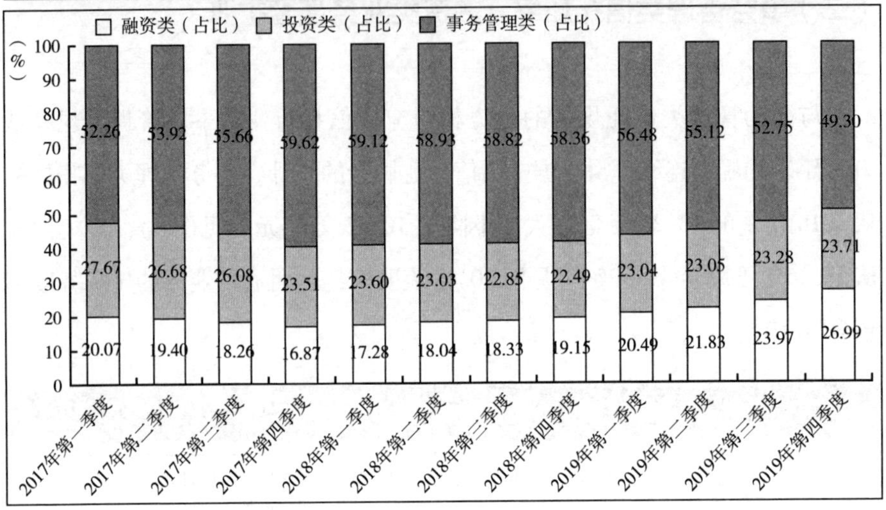

资料来源：中国信托业协会、中建投信托博士后工作站。

规模的增长主要由信托公司的主动管理类业务贡献。主动管理类业务中的融资类业务规模从3.54万亿元大幅升至5.27万亿元（见图11），同比增幅高达48.87%，远超全部融资类信托的增幅，主动管理融资类占比则升至56.54%（见图12），是其他几类业务的数倍。

图11　主动管理类信托的资产运用分类规模

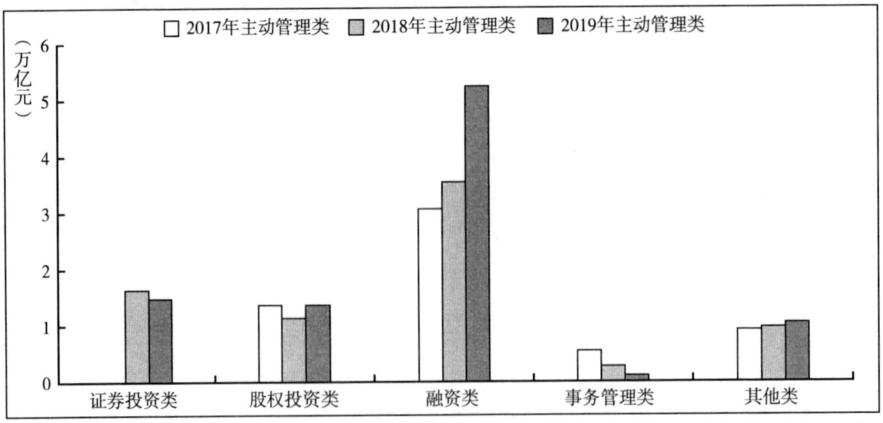

资料来源：信托公司年报、中建投信托博士后工作站。

图 12　主动管理类信托的资产运用分类占比

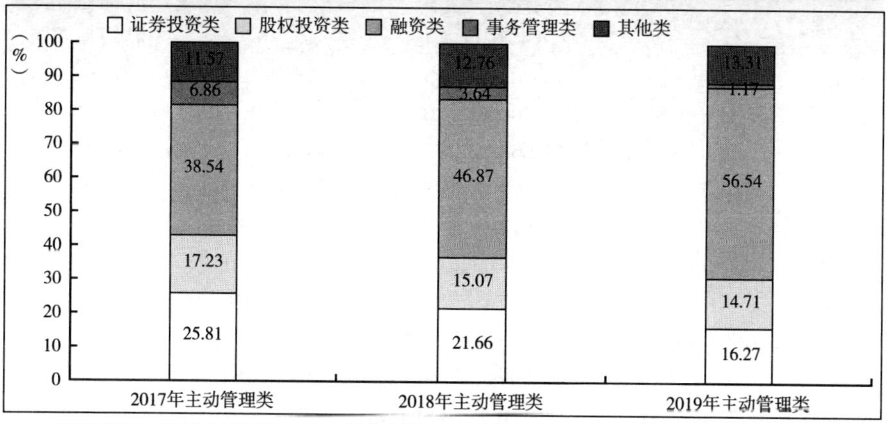

资料来源：信托公司年报、中建投信托博士后工作站。

从公司层面来看，67 家信托公司中没有一家信托公司的主动管理融资类项目为零，有 50 家公司该项业务的绝对规模高于 2018 年。共有 5 家公司的主动管理融资类业务超过 2,000 亿元（见表 7），4 家公司主动管理融资类信托占信托资产规模的比重超过 50%，而在 2018 年达到上述两个标准的均仅有 1 家信托公司。

表 7　主动管理融资类规模和占比排名前 20 的信托公司

序号	信托公司	主动管理融资类规模（万元）	信托公司	主动管理融资类占比（%）
1	五矿信托	50,091,265.52	昆仑信托	57.15
2	中信信托	36,762,661.98	重庆信托	56.80
3	光大兴陇信托	25,655,059.18	五矿信托	56.60
4	中融信托	24,935,808.40	长城新盛信托	51.16
5	渤海信托	22,506,460.40	百瑞信托	48.42
6	中航信托	19,859,161.28	中建投信托	46.07
7	交银信托	19,075,390.29	天津信托	45.62
8	平安信托	17,447,596.99	华融信托	43.95
9	昆仑信托	15,536,062.22	平安信托	39.42
10	华能信托	14,589,105.51	华信信托	38.95
11	重庆信托	12,070,552.60	苏州信托	38.41

续表

序号	信托公司	主动管理融资类规模（万元）	信托公司	主动管理融资类占比（%）
12	百瑞信托	11,782,553.35	渤海信托	37.72
13	长安信托	11,686,919.76	万向信托	37.02
14	建信信托	11,062,870.69	北京信托	36.35
15	江苏信托	10,670,373.92	陆家嘴信托	36.15
16	兴业信托	10,412,678.00	陕国投信托	35.30
17	陕国投信托	10,190,180.55	安信信托	34.18
18	天津信托	9,886,644.70	光大兴陇信托	34.18
19	外贸信托	9,884,545.68	财信信托	33.77
20	上海信托	8,696,434.44	爱建信托	33.72

资料来源：信托公司年报、中建投信托博士后工作站。

融资类业务一直以来都是主动管理类信托资金最主流的运用方式，该业务信托报酬率较高、信托收入较稳定，也是信托公司发展最成熟、信托业务人员最熟悉的一项业务。在信托公司压缩通道规模后，大部分信托公司的第一选择都是向主动管理融资类业务转型。一方面，主动管理融资类业务的大幅扩张使信托公司获得了更高的报酬，带来行业规模下降但收入增加的结果；另一方面，信托行业整体对该类业务的依赖程度提高，由此带来更大的信用风险以及隐性刚性兑付的压力，未来或给信托业务转型升级和行业的持续经营造成包袱。

中国银保监会于2020年5月下发的《信托公司资金信托管理暂行办法（征求意见稿）》规定，信托公司管理的全部集合资金信托计划向他人提供贷款或者投资于其他非标准化债权类资产的合计金额在任何时点均不得超过全部集合资金信托合计实收信托的50%。根据67家信托公司年报的数据，仅以主动管理融资类与除去事务管理类项后主动管理类业务的总规模的比值作近似测算，目前行业的融资类业务规模占比还有较大的压降空间，有45家公司该比值超过50%，17家公司该比值超过80%（见表8）。

表8　融资类业务占主动管理类信托（除事务管理类）业务的比重超过50%的信托公司

单位：%

序号	信托公司	融资类比值	序号	信托公司	融资类比值
1	北方信托	99.75	24	陆家嘴信托	72.64
2	万向信托	97.62	25	中粮信托	72.61
3	华融信托	96.26	26	英大信托	69.67
4	交银信托	95.77	27	中原信托	67.78
5	华澳信托	94.82	28	平安信托	67.76
6	财信信托	94.18	29	吉林信托	65.75
7	江苏信托	93.96	30	陕国投信托	64.97
8	渤海信托	93.81	31	紫金信托	64.69
9	浙商金汇信托	86.50	32	长安信托	64.23
10	中建投信托	86.22	33	西部信托	62.15
11	重庆信托	86.12	34	光大兴陇信托	58.22
12	长城新盛信托	86.02	35	国通信托	60.63
13	天津信托	84.90	36	华信信托	60.14
14	国元信托	83.95	37	华能信托	58.86
15	昆仑信托	83.11	38	百瑞信托	56.24
16	厦门信托	81.09	39	北京信托	54.75
17	华鑫信托	80.17	40	新时代信托	54.02
18	兴业信托	79.14	41	中泰信托	52.73
19	山西信托	77.29	42	华宸信托	51.85
20	五矿信托	77.06	43	中海信托	51.47
21	大业信托	75.91	44	国民信托	51.14
22	苏州信托	75.43	45	中信信托	50.64
23	爱建信托	72.80			

资料来源：信托公司年报、中建投信托博士后工作站。

（三）集合资金信托规模继续扩张

集合资金信托是三大信托资金来源分类的业务中唯一处于规模增长的业务类型。2019 年，集合资金信托规模同比增长 8.94% 至 9.92 万亿元，而单一资金信托则大幅下滑 18.52% 至 8.01 万亿元（见图 13），集合资金信托规模占比在 2019 年第二季度首度超过了单一资金信托占比，随后进一步拉开差距（见图 14）。共有 8 家信托公司集合资金信托规模超过 3,000 亿元，10 家公司集合资金信托占比超过了70%（见表9），两者分别比2018年多了1家和5家，从另一侧面反映出信托通道业务的压缩和主动管理能力的提升。

图13　信托资金来源类型

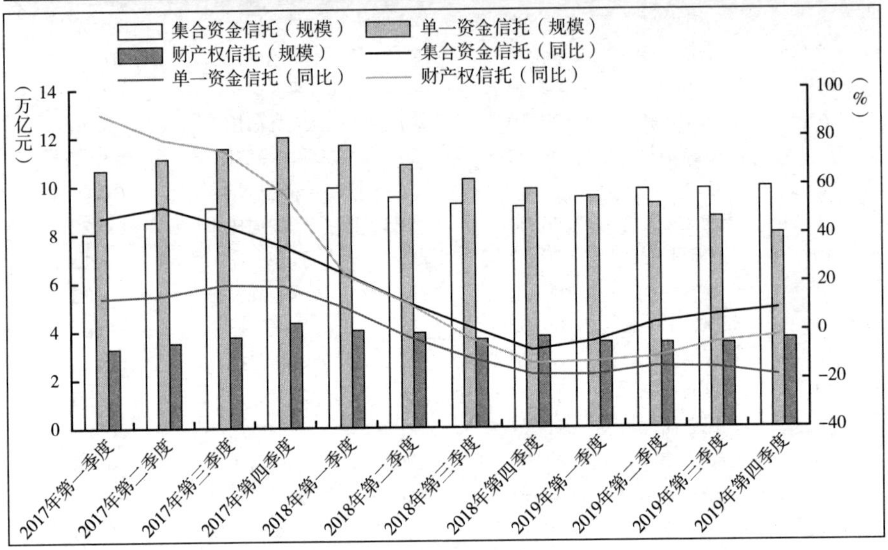

资料来源：中国信托业协会、中建投信托博士后工作站。

图14　信托资金来源类型占比

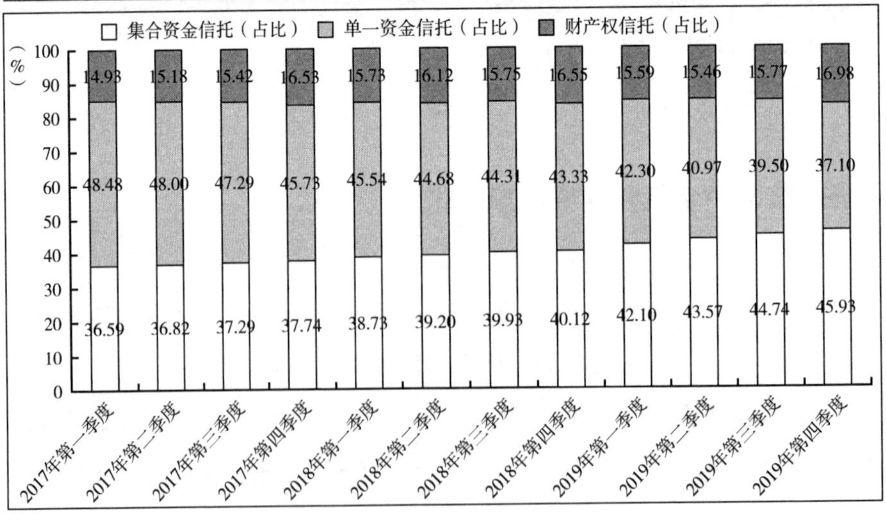

资料来源：中国信托业协会、中建投信托博士后工作站。

表 9　集合资金信托规模和占比排名前 20 的信托公司

序号	信托公司	集合资金信托（万元）	信托公司	集合资金信托占比*（%）
1	中信信托	79,777,730.41	杭工商信托	93.01
2	五矿信托	68,775,457.84	民生信托	83.21
3	中融信托	61,265,323.81	中融信托	80.04
4	交银信托	48,902,323.37	五矿信托	77.71
5	中航信托	44,371,336.73	重庆信托	77.10
6	光大兴陇信托	43,270,521.19	安信信托	73.34
7	建信信托	41,576,960.34	百瑞信托	72.05
8	外贸信托	31,384,926.24	东莞信托	71.06
9	平安信托	26,878,033.78	新时代信托	70.68
10	长安信托	25,517,962.29	外贸信托	70.41
11	华润信托	25,101,195.64	北京信托	67.19
12	上海信托	23,140,237.70	中航信托	66.64
13	新时代信托	22,789,289.16	华信信托	65.33
14	华能信托	20,591,349.90	交银信托	64.19
15	兴业信托	17,035,862.00	陆家嘴信托	63.66
16	重庆信托	16,382,789.01	紫金信托	62.22
17	民生信托	16,343,807.50	爱建信托	61.87
18	陕国投信托	15,447,618.38	平安信托	60.73
19	陆家嘴信托	14,862,543.27	光大兴陇信托	58.69
20	渤海信托	14,834,288.99	国投泰康信托	57.54

*分母为存量信托资产合计额。

资料来源：信托公司年报、中建投信托博士后工作站。

三、资金投向进一步突出服务实体经济目标

（一）工商企业稳居信托首要配置领域

服务支持实体经济是金融供给侧结构性改革的核心要求，也是信托业

转型发展的重要目标。2019 年，中国信托业协会数据显示，共计有 5.49 万亿元资金信托流入工商企业，同比降幅一路收窄至 -3.12%，规模占比微增至 30.60%（见图 15），近年来一直稳居信托资金的首要配置领域。根据信托公司年报数据，共有 7 家信托公司投向工商企业的资金同比增长超过 50%，9 家信托公司该投向的规模占比超过 50%（见表 10），充分体现出信托资金脱虚向实、服务实体经济的能力稳步提升。

图 15　信托资金投向工商企业的规模和占比

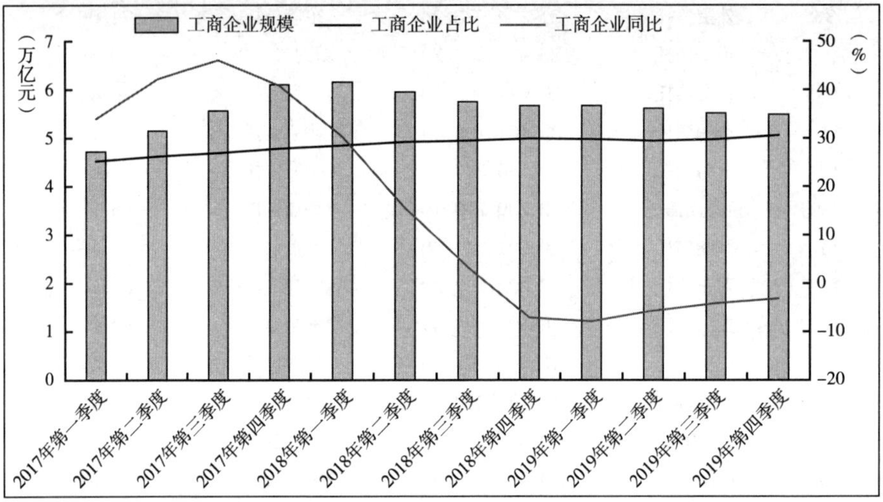

资料来源：中国信托业协会、中建投信托博士后工作站。

表 10　投向工商企业信托资金规模、占比和同比增速排名前 20 的信托公司

序号	信托公司	工商企业规模（万元）	信托公司	工商企业占比（%）	信托公司	工商企业同比（%）
1	中信信托	35,622,872.09	新时代信托	94.76	财信信托	129.11
2	渤海信托	33,830,480.99	天津信托	82.24	英大信托	107.27
3	新时代信托	30,553,156.10	山西信托	81.46	中信信托	66.58
4	中融信托	29,827,722.65	西部信托	70.22	东莞信托	60.32
5	光大兴陇信托	24,022,994.37	国民信托	67.11	百瑞信托	55.18
6	西部信托	22,376,587.88	吉林信托	64.64	天津信托	50.56

续表

序号	信托公司	工商企业规模（万元）	信托公司	工商企业占比（%）	信托公司	工商企业同比（%）
7	华润信托	22,137,336.47	渤海信托	56.71	民生信托	50.00
8	兴业信托	19,201,389.49	安信信托	53.66	金谷信托	38.36
9	长安信托	19,040,447.64	中泰信托	52.40	华澳信托	36.92
10	中航信托	18,447,705.94	华鑫信托	47.30	光大兴陇信托	31.68
11	天津信托	17,821,593.00	中诚信托	43.93	建信信托	28.14
12	国民信托	14,969,594.59	厦门信托	43.51	杭工商信托	27.76
13	平安信托	13,727,438.17	东莞信托	43.03	中航信托	21.64
14	上海信托	13,007,151.57	中粮信托	42.99	昆仑信托	16.64
15	五矿信托	12,650,210.37	重庆信托	42.90	渤海信托	15.13
16	华鑫信托	12,394,954.00	长安信托	40.89	西部信托	13.73
17	交银信托	12,356,665.02	紫金信托	40.81	五矿信托	11.37
18	华能信托	12,096,842.63	粤财信托	40.51	中泰信托	11.05
19	粤财信托	11,293,481.80	民生信托	40.20	华润信托	10.50
20	中诚信托	10,955,215.67	中融信托	38.97	厦门信托	9.60

资料来源：信托公司年报、中建投信托博士后工作站。

（二）基础产业信托规模回升

2019 年，在宏观经济增速下行压力下，逆周期政策的力度逐步加强，基建投资作为逆周期调控的重要工具，融资需求大幅上升。在地方政府债务承压、平台公司融资管控、融资渠道转向资本市场的背景下，信托投向基础产业领域的资金总额保持在 2.82 万亿元，同比增长 2.05%，占比升至 15.72%（见图 16），跃升回第二大资金配置领域。全行业有 6 家信托公司投向基础产业的资金规模占比超过 30%，6 家公司投向该领域资金的同比增速超过 50%（见表 11），反映出信托在政策调控中发挥的重要作用。

图 16　信托资金投向基础产业的规模和占比

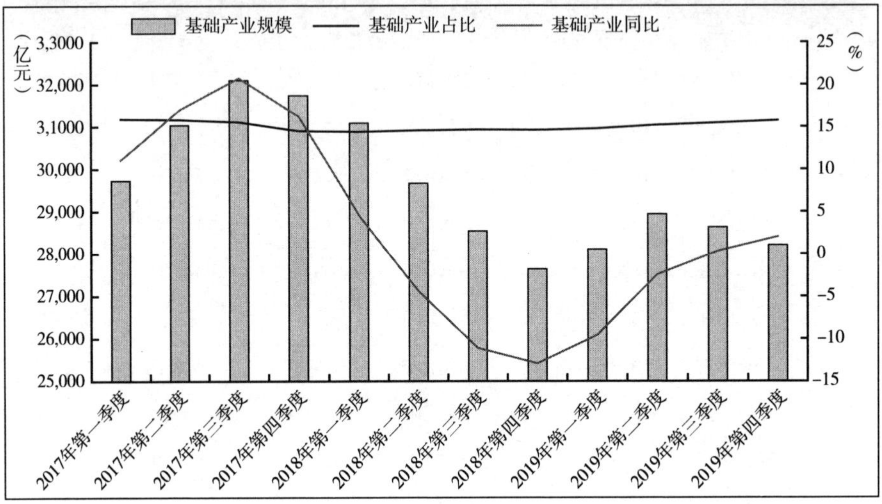

资料来源：中国信托业协会、中建投信托博士后工作站。

表 11　投向基础产业信托资金规模、占比和同比增速排名前 20 的信托公司

序号	信托公司	基础产业规模（万元）	信托公司	基础产业占比（%）	信托公司	基础产业同比（%）
1	中信信托	30,213,992.35	英大信托	72.46	杭工商信托	2,557.14
2	英大信托	28,847,932.95	国元信托	47.93	中融信托	103.27
3	上海信托	23,444,614.57	陆家嘴信托	35.18	华鑫信托	83.40
4	光大兴陇信托	21,330,884.76	华澳信托	34.42	浙商金汇信托	69.42
5	交银信托	21,293,144.56	财信信托	34.15	江苏信托	53.29
6	华宝信托	10,081,525.02	上海信托	33.85	外贸信托	51.59
7	五矿信托	9,792,671.82	陕国投信托	29.44	平安信托	37.02
8	国元信托	8,529,498.34	光大兴陇信托	28.42	紫金信托	36.97
9	陕国投信托	8,500,691.75	交银信托	27.95	重庆信托	36.90
10	陆家嘴信托	8,214,490.49	国投泰康信托	22.36	中建投信托	35.37
11	江苏信托	8,066,619.07	江苏信托	21.94	中海信托	32.45
12	中航信托	7,943,175.69	百瑞信托	21.52	英大信托	32.36
13	渤海信托	7,526,232.02	中原信托	20.85	五矿信托	28.33
14	长安信托	6,622,340.05	华宝信托	20.61	陆家嘴信托	27.56
15	中融信托	6,453,413.52	新华信托	20.28	华润信托	27.43
16	百瑞信托	5,237,279.45	中信信托	19.19	百瑞信托	25.18
17	建信信托	5,044,906.89	国联信托	18.80	中原信托	20.71

续表

序号	信托公司	基础产业规模（万元）	信托公司	基础产业占比（%）	信托公司	基础产业同比（%）
18	华鑫信托	4,909,170.00	紫金信托	18.77	民生信托	18.39
19	中海信托	4,716,500.00	华鑫信托	18.73	光大兴陇信托	16.87
20	华澳信托	4,551,096.39	爱建信托	18.19	东莞信托	16.72

资料来源：信托公司年报、中建投信托博士后工作站。

（三）房地产信托增速大幅下行

2019 年，金融监管部门对房地产信托的约束进一步强化，信托行业落实“房住不炒”和“不将房地产作为短期刺激经济的手段”的政策精神，严格落实监管部门关于控制房地产信托规模增量和增速的要求。全年投向房地产领域的信托资金规模为 2.70 万亿元，增速一路下行至 0.61%（见图 17），为近年来的最低值。头部信托公司主动压降房地产规模，已无信托公司投向房地产的存量超过 3,000 亿元，但值得关注的是，也有部分信托公司的房地产业务出现较快的逆势增长（见表 12）。

图 17　信托资金投向房地产的规模和占比

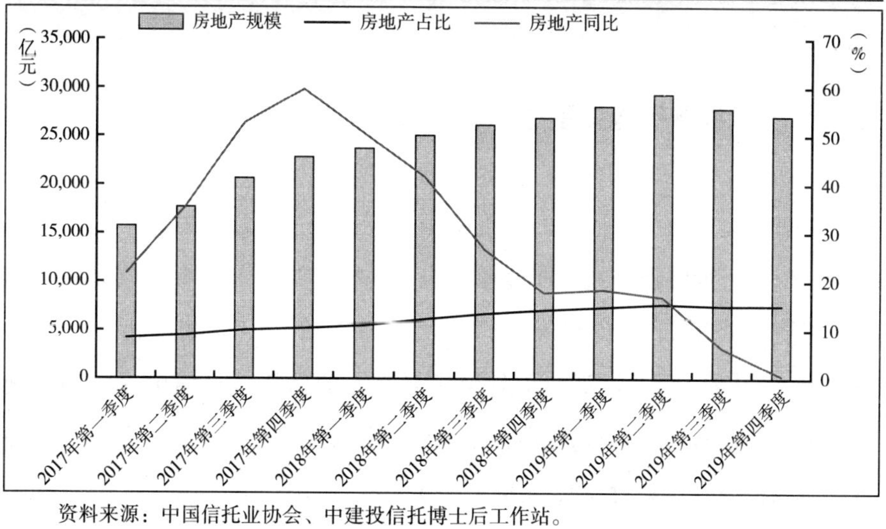

资料来源：中国信托业协会、中建投信托博士后工作站。

表12　投向房地产业信托资金规模、占比和同比增速排名前20的信托公司						
序号	信托公司	房地产业规模（万元）	信托公司	房地产业占比（%）	信托公司	房地产业同比（%）
1	中信信托	27,178,213.81	华宸信托	78.48	中泰信托	141.38
2	兴业信托	13,740,857.99	杭工商信托	75.98	中海信托	138.10
3	中融信托	13,509,999.27	万向信托	50.78	云南信托	131.23
4	平安信托	13,148,769.36	长城新盛信托	48.32	兴业信托	108.39
5	中航信托	11,485,329.24	中建投信托	46.71	中融信托	87.85
6	五矿信托	10,449,100.80	北京信托	35.23	东莞信托	86.26
7	长安信托	9,115,035.22	陆家嘴信托	30.81	江苏信托	70.86
8	光大兴陇信托	8,989,955.31	爱建信托	30.64	华澳信托	61.78
9	中建投信托	8,412,052.58	山东信托	30.58	国元信托	54.92
10	山东信托	8,091,998.94	平安信托	29.71	中航信托	48.48
11	中诚信托	7,280,549.39	华信信托	29.68	五矿信托	41.09
12	陆家嘴信托	7,192,977.29	中诚信托	29.20	华宝信托	37.20
13	北京信托	7,037,562.10	安信信托	28.60	长安信托	29.10
14	万向信托	6,794,874.81	浙商金汇信托	28.02	山东信托	27.80
15	渤海信托	6,699,486.13	中原信托	24.74	百瑞信托	27.69
16	中铁信托	6,389,293.00	大业信托	24.45	万向信托	19.36
17	交银信托	6,259,199.86	兴业信托	24.39	光大兴陇信托	18.47
18	爱建信托	5,610,846.37	华融信托	22.82	外贸信托	13.06
19	安信信托	5,549,598.95	国通信托	22.26	重庆信托	12.81
20	华能信托	5,389,908.00	百瑞信托	21.92	华宸信托	12.06

资料来源：信托公司年报、中建投信托博士后工作站。

（四）投向金融机构资金进一步下滑

在资管去通道、去嵌套的监管要求下，信托与金融同业的合作面临强监管，信托行业降压信托投向金融机构的规模。2019年末，流向金融机构的信托资金降至2.50万亿元，同比增速为-17.34%，规模占比下滑至13.96%（见图18）。该类业务规模排名靠前的信托公司均出现大幅降规模，全行业仅有14家公司投向该领域的信托保持正增长，无一信托公司在该领域的投向占比超过50%（见表13）。

图 18　信托资金投向金融机构的规模和占比

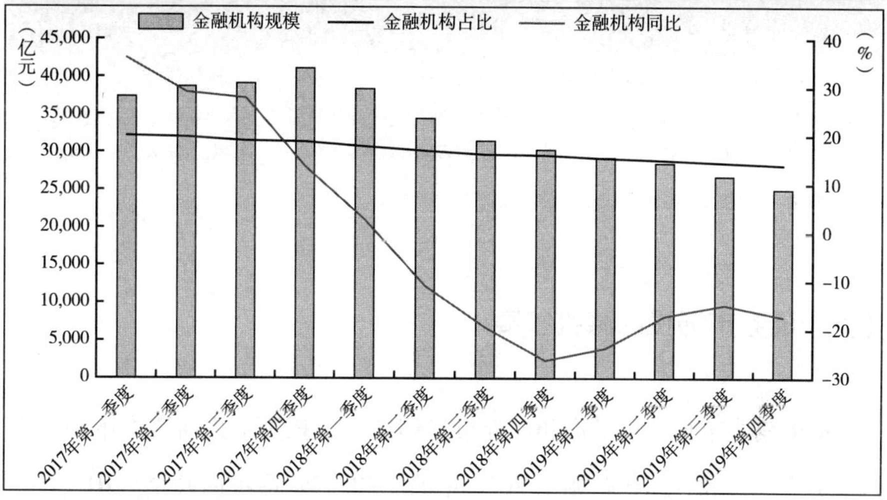

资料来源：中国信托业协会、中建投信托博士后工作站。

表 13　投向金融机构信托资金规模、占比和同比增速排名前 20 的信托公司

序号	信托公司	金融机构规模（万元）	信托公司	金融机构占比（%）	信托公司	金融机构同比（%）
1	中信信托	37,623,963.61	苏州信托	42.87	新时代信托	55,846.67
2	建信信托	31,674,180.99	中海信托	35.89	苏州信托	1,021.68
3	中融信托	22,740,056.55	民生信托	33.49	重庆信托	166.60
4	上海信托	20,070,890.63	西藏信托	32.21	国投泰康信托	160.20
5	交银信托	17,885,695.64	浙商金汇信托	30.83	山西信托	140.12
6	五矿信托	15,715,881.90	中融信托	29.71	五矿信托	63.85
7	兴业信托	12,076,667.35	上海信托	28.98	昆仑信托	29.82
8	中海信托	10,994,614.11	紫金信托	27.92	陕国投信托	27.47
9	外贸信托	7,985,998.10	昆仑信托	25.61	云南信托	27.16
10	中航信托	7,965,586.87	华信信托	24.60	中建投信托	25.97
11	华能信托	7,698,959.22	重庆信托	24.39	光大兴陇信托	13.34
12	平安信托	7,579,740.49	中信信托	23.90	中信信托	9.56
13	渤海信托	6,999,513.22	中粮信托	23.75	粤财信托	2.34
14	昆仑信托	6,961,394.61	交银信托	23.48	中航信托	1.54
15	民生信托	6,577,530.79	建信信托	22.77	交银信托	-1.36
16	中铁信托	6,569,266.00	四川信托	22.64	山东信托	-2.25
17	华润信托	6,358,088.16	国元信托	21.96	中融信托	-4.43

续表

序号	信托公司	金融机构规模（万元）	信托公司	金融机构占比（%）	信托公司	金融机构同比（%）
18	西藏信托	6,357,932.78	兴业信托	21.44	上海信托	-5.80
19	四川信托	5,283,804.60	吉林信托	20.69	天津信托	-6.42
20	重庆信托	5,182,653.04	国投泰康信托	18.38	中粮信托	-10.42

资料来源：信托公司年报、中建投信托博士后工作站。

（五）证券市场投向降幅收窄

随着资本市场改革推进和证券市场回暖，信托资金投向资本市场的下行趋势有所缓和，同比跌幅从 2018 年的 -29.17% 逐步回升至 -10.79%，规模 1.96 万亿元，规模占比 10.92%（见图 19）。从信托公司层面来看，该领域排名靠前的公司该类业务规模略有下降，但有部分原先在该领域不占优势的信托公司大幅扩张对证券市场的投资规模，反映出信托公司在非标监管趋严的背景下加大了对证券市场标准化产品的投入力度，信托作为

图 19　信托资金投向证券市场的规模和占比

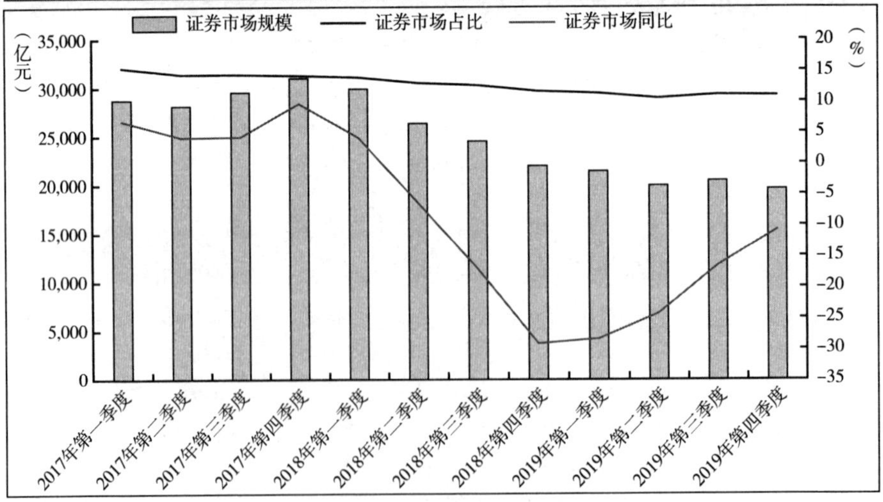

资料来源：中国信托业协会、中建投信托博士后工作站。

资管机构的资产配置能力得到有效提升。投向证券市场信托资金规模、占比和同比增速排名前20的信托公司见表14。

表14　投向证券市场信托资金规模、占比和同比增速排名前20的信托公司

序号	信托公司	证券市场规模（万元）	信托公司	证券市场占比（%）	信托公司	证券市场同比（%）
1	华润信托	37,649,363.33	外贸信托	51.77	百瑞信托	480.49
2	建信信托	26,846,449.49	江苏信托	41.58	民生信托	203.59
3	外贸信托	23,076,172.27	华润信托	39.43	中建投信托	130.71
4	江苏信托	15,291,398.87	中海信托	34.88	东莞信托	73.04
5	华宝信托	14,749,500.20	华宝信托	30.15	上海信托	51.31
6	中海信托	10,683,946.00	粤财信托	28.20	中泰信托	48.16
7	交银信托	8,047,956.08	建信信托	19.30	紫金信托	43.29
8	粤财信托	7,863,297.25	陕国投信托	18.23	吉林信托	40.97
9	中信信托	7,826,427.41	北方信托	16.58	山东信托	40.22
10	兴业信托	7,506,831.27	兴业信托	13.33	中信信托	29.56
11	光大兴陇信托	7,202,954.74	平安信托	13.00	财信信托	22.79
12	平安信托	5,754,664.06	北京信托	11.77	五矿信托	21.68
13	中航信托	5,525,696.50	华融信托	11.48	中航信托	19.96
14	陕国投信托	5,262,736.28	交银信托	10.56	国投泰康信托	18.57
15	上海信托	4,257,685.61	云南信托	10.29	平安信托	17.16
16	长安信托	3,269,786.19	光大兴陇信托	9.60	外贸信托	14.50
17	中融信托	2,841,417.22	华鑫信托	9.52	大业信托	13.46
18	北方信托	2,808,947.78	中航信托	8.30	粤财信托	13.05
19	华鑫信托	2,494,175.00	中诚信托	7.88	兴业信托	9.11
20	北京信托	2,350,648.35	国投泰康信托	7.28	重庆信托	7.76

资料来源：信托公司年报、中建投信托博士后工作站。

四、业务转型步伐加快，创新聚焦服务信托

在宏观经济形势变化和监管部门的积极引导下，信托公司进一步围绕信托本源探索业务创新转型方向，在资金信托、服务信托与公益（慈善）

信托等领域均取得较大进展。有 62 家信托公司在年报中披露了创新业务的开展与规划情况，创新业务类型涵盖资产证券化、公益（慈善）信托、家族信托、普惠/小微金融、REITs、绿色金融、消费金融、供应链金融、保险金信托、年金/养老金信托等（见图 20）。在热点创新业务中，超过 30 家信托公司开展了资产证券化、公益（慈善）信托与家族信托业务。此外，另有 12 家信托公司在年报中披露服务信托落地，但未说明具体业务类型。

图 20　年报中披露开展各类创新业务的公司数量

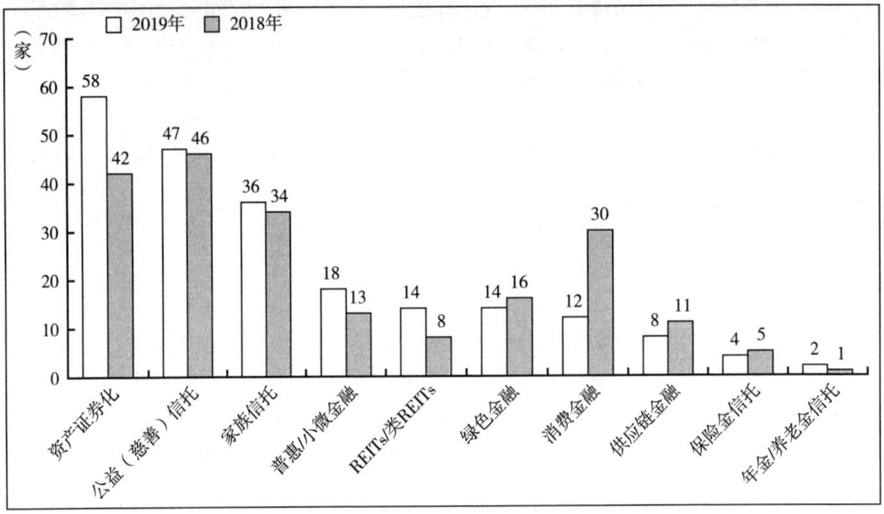

资料来源：信托公司年报、中建投信托博士后工作站。

2019 年，信托公司的创新热点发生了明显的结构性变化。过去，信托业的发展围绕企业的投融资需求开展，信托公司在转型创新的方向上同样优先考虑与投融资相关的资金信托业务，但随着经济形势和监管导向的变化，信托公司越来越关注信托制度在财产隔离、财富管理、账户托管等事务管理中发挥的作用，创新业务的开展更加聚焦于服务信托领域。2017 年，信托公司年报中披露的创新业务仍以消费金融、供应链金融、PPP 等资金信托业务为主，服务信托创新的占比仅为 30%。到了

2018 年，家族信托、资产证券化等服务信托的创新业务占比已经略超资金信托，2019 年服务信托占比则达到一半，成为主流的创新业务类型（见图 21）。

图 21 创新业务在三大信托业务领域的分布

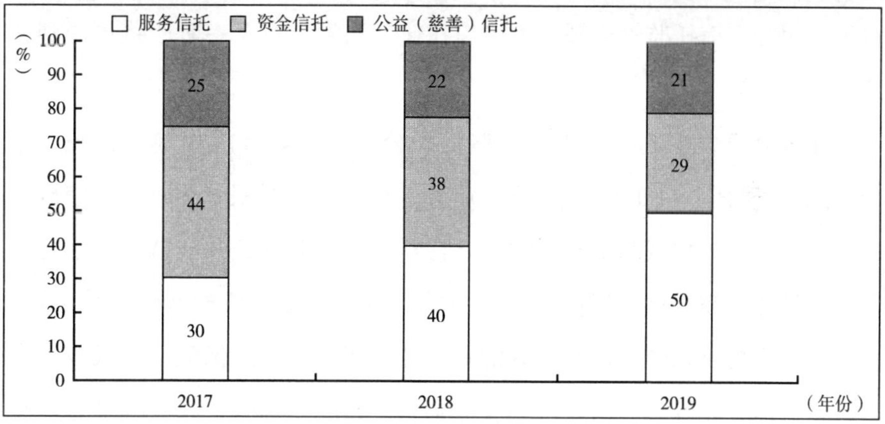

资料来源：信托公司年报、中建投信托博士后工作站。

（一）服务信托

资产证券化是近年来信托公司的重点创新业务。目前，绝大多数信托公司都已开展该业务，但参与的模式各有不同。部分信托公司在该业务中参与度较高，从资产筛选、产品设计到承销发行环节全流程主导业务开展，也有信托公司参与度较低，仅作为发行载体的管理人承担事务管理职能。中国银保监会有关部门负责人在就《信托公司资金信托管理暂行办法（征求意见稿）》答记者问中，将以受托服务为主要服务内容的资产证券化信托明确列入服务信托范畴，不受资金信托监管条例约束，未来资产证券化业务的发展对于信托公司而言具有更重要的战略意义。

家族信托是财富管理的高级形态，也是信托公司发展资金端业务的重要抓手。近年来，国内家族信托的市场认可度不断提高，高净值客户对家族信托功能的要求也越来越多元化，逐步从单一的资金管理过渡到财产隔离、遗嘱继承、税务筹划等领域。中国银保监会信托监督管理部（简称信托部）在《信托部关于加强规范资产管理业务过渡期内信托监管工作的通知》、中国银保监会有关部门负责人就《信托公司资金信托管理暂行办法（征求意见稿）》答记者问中明确说明，家族信托既不适用“资管新规”，也不适用资金信托监管规则，家族信托业务的发展在下一阶段将更受到信托公司的重视。

除以上两大主流业务外，一些信托公司已开始开展保险金信托、年金/养老金信托、员工持股信托等业务，也有个别信托公司就数字资产、另类资产等业务领域的服务功能展开探索。这些业务的共同特点是信托公司以信托法律为基础，以财产独立性为前提，以资产或权益账户为载体，主要为客户提供托管、运营、分配等服务，而非资产的保值增值或投融资服务。目前，监管部门已在《信托公司资金信托管理暂行办法（征求意见稿）》中明确界定了服务信托的范畴，未来服务信托业务领域势必会取得更大的突破。

（二）资金信托

普惠金融是2019年资金信托的重要创新领域之一，是信托支持实体经济发展与脱贫攻坚的重要方式。信托参与普惠金融的主要业务领域包括小微企业/个体工商户融资、农户融资、企业纾困等。由于客户端存在信息不对称等问题，运用金融科技创造“场景＋大数据”模式是该类业务的普遍特色。目前，行业内已形成一批以普惠金融为特色的信托公司，为制造业、农业、餐饮、教育等实体经济部门提供投融资服务。

与普惠金融关联度较高的业务类型是供应链金融，两者在实践中有一定的交叉。供应链融资模式往往运用于小微企业融资，在企业自身信用不足或抵押物匮乏的情况下，信托公司不再基于企业本身信用和资产负债情况评估风险，而是基于真实的交易，依靠业务上下游核心企业的信用，为供应链全链条提供资金服务。近年来，部分信托公司已开始采用区块链智能合约等领先手段开展供应链金融服务，取得了突破性进展。

消费金融也是金融科技运用于信托业务的典型案例。消费金融在资产端具有客户分散、单笔金额小、交易频次高等特点，依托金融科技手段支持贷款申请、信用评估、支付清算等全链条流程是开展此类业务的先决条件。但随着中国银保监会等部门对消费金融业务的监管趋严，单纯充当通道或由助贷机构兜底的模式都不被监管认可，而完全主动管理又不符合大部分信托公司的资源禀赋，因此，2019 年将消费金融作为主要创新业务领域的信托公司已大幅减少。

2019 年，信托公司对 REITs 业务的重视程度也有了明显的提升。历经多年的培育，我国 REITs 的相关制度日益成熟，REITs 成为盘活存量资产、发展直接融资、增强资本市场服务实体经济能力的重要模式。2020 年 4 月，中国证监会、国家发展改革委联合发布《关于推进基础设施领域不动产投资信托基金（REITs）试点相关工作的通知》，REITs 业务在基建领域率先试点。尽管目前来看试点工作与信托公司关联度不高，但势必会促使信托行业更加重视 REITs 业务能力的培育，谋求在未来进一步开拓 REITs 市场。

（三）公益（慈善）信托

公益（慈善）信托是信托行业最热门的创新业务之一，也是信托公司利用牌照优势发挥社会责任的重要形式。随着《中华人民共和国慈善法》、《慈善信托管理办法》和《慈善信托信息公开管理办法（征求意见稿）》的颁布施行，我国慈善信托规制体系基本建成，大部分信托公司都已加入慈善事业之中。2019 年，慈善信托数量大幅增加，信托目的和受托资产类别更加丰富，信托机构的运作能力也越来越成熟，有力地促进了我国公益慈善事业的发展。2020 年新冠肺炎疫情暴发后，慈善信托的热情高涨，根据“慈善中国”网站的备案统计数据，截至 2020 年 5 月底，共有备案慈善信托 398 单，比 2019 年同期增加了 200 余单，信托规模已达 31.99 亿元。

2019 年，信托公司以回归本源为核心，创新业务不断推陈出新。创新业务在服务信托方面更加体现出信托的制度优势，发挥受托管理能力，在资金信托方面更加充分体现专业的投融资优势，发挥差异化金融服务功能，在公益慈善信托领域展现了信托的社会责任。随着信托行业外部环境的改变，信托公司面临着更大的竞争压力，信托公司唯有真正发挥信托制度优越性，才能发展出符合信托逻辑的业务，推动行业持续发展。

2019年信托公司固有业务研究报告

黄婷儿

摘　要： 随着信托公司资本实力的逐步增强，2019 年全行业增资幅度稳中有降，但部分公司仍存增资压力。行业固有资产负债结构保持稳定，资产配置仍以投资类资产为主，相应的投资收益亦成为固有业务收入主要来源。得益于公允价值变动扭亏为盈，固有业务收入止跌回升，行业净资产回报率略有回升，但仍处低位，难改行业盈利能力下行趋势。各家信托公司的固有净资产回报率排名变动较大，表明固有业务的盈利能力不够稳定，受外部环境影响较大。

关键词： 固有业务　资本实力　资产结构　资产质量　固信交易

一、固有业务发展概述

截至 2019 年末，全行业信托公司注册资本[①]合计 2,842.40 亿元，同比增长 7.93%；按已披露年报的 67 家信托公司口径计算，行业净资产规模合计 6,251.31 亿元，同比增长 9.06%。固有资产规模合计 7,575.99 亿元，同比增长 4.80%，较以往年度增幅下降明显，负债规模合计 1,324.67 亿元，同比下降 11.49%，年末资产负债率为 17.49%，较上年下降 3.22 个百分点，为近 5 年来最低水平。

2019 年全行业实现营业总收入 1,203.88 亿元，同比增长 10.03%，回升到 2017 年水平，其中固有业务收入 383.44 亿元，同比大增 24.85%，结束了连续三年的跌势。从信托公司角度看，固有业务收入排名前 10 的信托公司保持稳定但发展趋势有所分化，近 3 年平均固有业务收入维持在 15 亿

① 67 家信托公司已披露年报，未披露年报的中江信托按注册资本金额不变计算。

元左右的水平，而排名后10的信托公司固有业务收入大多在1亿元以下，平均固有业务收入水平下降明显，与排名前10的信托公司差距不断拉开。

根据67家信托公司年报统计数据，2019年信托行业实现投资收益273.05亿元，利息收入59.36亿元，两项合计占固有业务收入的比重为86.69%，是固有业务收入的主要来源。2019年固有业务收入的止跌回升得益于公允价值变动转亏为盈，全年实现公允价值变动收益18.62亿元，同比大增139.96%。近年来信托行业固有业务收入的变动主要源自于此。2019年计入固有业务收入的其他业务收入（包括其他手续费收入）合计为22.04亿元，较2018年增长30.96%，但整体占比仍然较低。

二、注册资本变动和资本实力

（一）信托公司资本实力逐步夯实，增资幅度趋稳

2019年末信托行业注册资本2,842.40亿元，相比2018年末的2,633.45亿元，增加208.95亿元，增幅7.93%。披露年报的67家信托公司中，共有9家信托公司进行了增资扩股，比2018年的13家进一步减少4家，但平均增资金额增至历史最高水平，达到23.22亿元（见表1）。其中有7家信托公司增资超过或达到10亿元，外贸信托、兴业信托、光大兴陇信托的增资额分别达到52.59亿元、50亿元和30亿元，位列行业前三。

表1 2019年信托行业注册资本变动情况

单位：亿元

信托公司	年末注册资本	年初注册资本	增资金额	增资方式
外贸信托	80.00	27.41	52.59	所有者投入＋资本公积转增
兴业信托	100.00	50.00	50.00	未分配转增股本

续表

信托公司	年末注册资本	年初注册资本	增资金额	增资方式
光大兴陇信托	64.18	34.18	30.00	股东注资，白银市财政局将其持有1.02%股权无偿划转至甘肃金融控股集团有限公司
山东信托	46.59	25.88	20.71	资本公积转增股本
西藏信托	30.00	10.00	20.00	所有者投入，西藏财政厅增资
中信信托	112.76	100.00	12.76	所有者投入
华宝信托	47.44	37.44	10.00	所有者投入，股东增资
建信信托	24.67	15.27	9.40	股东投入
中原信托	40.00	36.50	3.50	未分配利润转增资本
合计	—	—	208.96	
平均	—	—	23.22	

资料来源：中建投信托博士后工作站。

自 2015 年以来，信托行业注册资本增长明显，5 年累计增资额达到 1,464亿元，使得 2019 年末注册资本超过 2015 年初的两倍有余，各家信托公司资本实力均得到不同程度的提升。从注册资本增长幅度来看，2015 ~ 2017 年三年增幅均在 20% 左右的高位，进入 2018 年之后，随着资本实力的普遍提升，各家信托公司增资步伐有所放缓，继续增资的信托公司数量逐年减少，行业同比增幅稳定在 10% 以下的水平（见图 1）。

图1　2015～2019 年注册资本走势

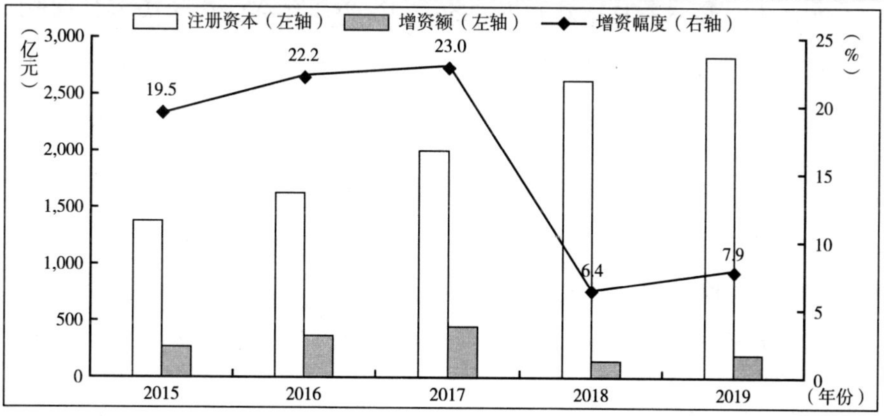

资料来源：中建投信托博士后工作站。

（二）部分公司受监管指标约束，仍存增资压力

信托公司大规模的增资能够确保公司的固有资金和充足的流动性，应对不可预期的损失，提高公司的抗风险能力，但究其根源还是来自行业监管的要求。2010 年公布的《信托公司净资本管理办法》将各类型的信托业务赋予一定的风险系数，并明确要求信托公司持续满足两个风控指标：一是净资本不得低于各项风险资本之和的 100%，二是净资本不得低于净资产的40%。加之2015 年底《信托公司行业评级指引（试行）》的发布，资本实力在评级体系中的分值为 28 分，占据重要地位。信托公司需要通过增资扩股的方式补充净资本，以满足监管净资本管理要求，提高行业评级类别，并进一步推动公司业务发展。

整体来看，资本充足率①高则信托公司能够承受违约资产风险的能力就强，其资本风险就小。当净资本管理指标排名靠后，资本充足率接近 100%，或净资本和净资产之比接近 40% 时，则会面临进一步增资的压力。因此，部分信托公司增资背后可能存有不得不为的苦衷，在资本充足率指标触及监管红线的情况下，必然需要通过增资以避免信托主业发展受净资本限制。资金信托管理办法出台后，约束指标进一步增多，预计未来会有更多信托公司增资。

2019 年，资本充足率在行业排名后 10 的信托公司依次为安信信托、五矿信托、中航信托、渤海信托、交银信托、国通信托、光大兴陇信托、陆家嘴信托、长安信托和中粮信托（见表 2），这些信托公司的资本充足率均在 140% 以下，预计未来将有较大可能进行增资，以满足行业资本约束要求，支持公司业务发展。其中，安信信托资本充足率仅为 33.67%，暴露较大经营风险敞口，是全行业唯一一家未满足监管对于净资本相关风险控制指标要求的信托公司；五矿信托资本充足率为 102.70%，逼近监管净

---

① 资本充足率指净资本和各项业务风险资本之和的比。

资本指标红线，增资迫在眉睫；光大兴陇信托在 2019 年已增资 9.4 亿元，但资本充足率仍排名靠后，在业务扩张的情形下未来仍存增资需求。

表 2　2019 年资本充足率排名后 10 的信托公司

单位：万元，%

信托公司	2019 年注册资本	2019 年净资本	风险资本	资本充足率
安信信托	546,913.79	170,310.04	505,788.62	33.67
五矿信托	600,000.00	1,215,400.00	1,183,500.00	102.70
中航信托	465,726.71	1,083,500.00	909,700.00	119.11
渤海信托	360,000.00	1,006,324.15	837,149.39	120.21
交银信托	576,470.59	1,106,400.00	868,300.00	127.42
国通信托	320,000.00	489,000.00	381,600.00	128.14
光大兴陇信托	641,819.05	971,210.92	740,787.20	131.11
陆家嘴信托	400,000.00	454,000.84	340,176.13	133.46
长安信托	333,000.00	508,006.56	371,742.42	136.66
中粮信托	230,000.00	336,934.79	246,403.34	136.74

注：资本充足率根据各家信托公司披露的净资本和风险资本之和的数据计算得到，部分信托公司年报披露的该项数据与计算所得数据存在差异。

资料来源：信托公司年报、中建投信托博士后工作站。

当然，从经营效率和盈利能力的角度来说，资本充足率也并非越高越好。由表 3 可见，资本充足率排名前 10 的信托公司，其净利润行业排名大多比较靠后。

表 3　2019 年资本充足率排名前 10 的信托公司

单位：万元，%

信托公司	注册资本	净资本	风险资本	资本充足率	净利润排名
长城新盛信托	30,000.00	100,706.86	15,768.92	638.64	53
华宸信托	80,000.00	74,341.15	12,421.14	598.51	64
华信信托	660,000.00	950,517.10	186,553.76	509.51	65
中泰信托	51,660.00	369,600.00	75,299.49	490.84	57
英大信托	402,900.60	777,300.00	166,089.74	468.00	21
财信信托	245,132.00	636,540.00	175,611.00	362.47	51
国民信托	100,000.00	250,950.16	81,356.30	308.46	55
西藏信托	300,000.00	406,259.97	132,103.26	307.53	44
苏州信托	120,000.00	339,938.00	121,090.00	280.73	45
重庆信托	1,500,000.00	2,142,328.49	804,857.10	266.18	4

资料来源：信托公司年报、中建投信托博士后工作站。

（三）注册资本排名前10信托公司基本保持稳定

2019 年，注册资本在 100 亿元及以上的信托公司共 7 家，分别是重庆信托（150 亿元）、平安信托（130 亿元）、中融信托（120 亿元）、中信信托（112.76 亿元）、华润信托（110 亿元）、昆仑信托（102.27 亿元）和兴业信托（100 亿元），兴业信托通过未分配利润转增资本 50 亿元，首次跻身行业注册资本百亿元行列（见表 4）。

2019 年，68 家信托公司注册资本排名与 2018 年相比变动较小，兴业信托和外贸信托通过增资，排名分别上升至第七位和第八位，重庆信托、平安信托、中融信托分别以 150 亿元、130 亿元、120 亿元的注册资本连续 3 年稳居前三。

表 4　2018 年和 2019 年注册资本排名前 10 信托公司对比

单位：亿元

	2019 年末			2018 年末	
序号	信托公司	注册资本	名次变动	信托公司	注册资本
1	重庆信托	150.00	→	重庆信托	150.00
2	平安信托	130.00	→	平安信托	130.00
3	中融信托	120.00	→	中融信托	120.00
4	中信信托	112.76	↑2	华润信托	110.00
5	华润信托	110.00	↓1	昆仑信托	102.27
6	昆仑信托	102.27	↓1	中信信托	100.00
7	兴业信托	100.00	↑7	民生信托	70.00
8	外贸信托	80.00	↑32	华信信托	66.00
9	民生信托	70.00	↓2	华能信托	61.95
10	华信信托	66.00	↓2	五矿信托	60.00

资料来源：信托公司年报、中建投信托博士后工作站。

三、所有者权益与利润分配

自 2013 年以来，信托公司所有者权益（即净资产）持续增长，但是增幅逐渐放缓。净利润的积累、股东的增资贡献了所有者权益的增长，而随着信托行业高速增长时代的一去不复返，以及逐渐庞大的基数，所有者权益的增速将稳定在一个相对合理的低水平。2019 年信托公司所有者权益合计 6,251.31 亿元，同比增加 519.09 亿元，增幅为 9.06%（见图 2）。所有者权益中，主要为注册资本和未分配利润。其中行业注册资本合计 2,842.40亿元，占比为 45.47%，资本公积 683.96 亿元，占比为 10.94%，两者合计占比为 56.41%，这两项主要来自股东注资增值，净利润的积累，部分通过计提盈余共计、计提风险准备留存，部分计入未分配利润。

图2　2016～2019 年信托公司净资产规模

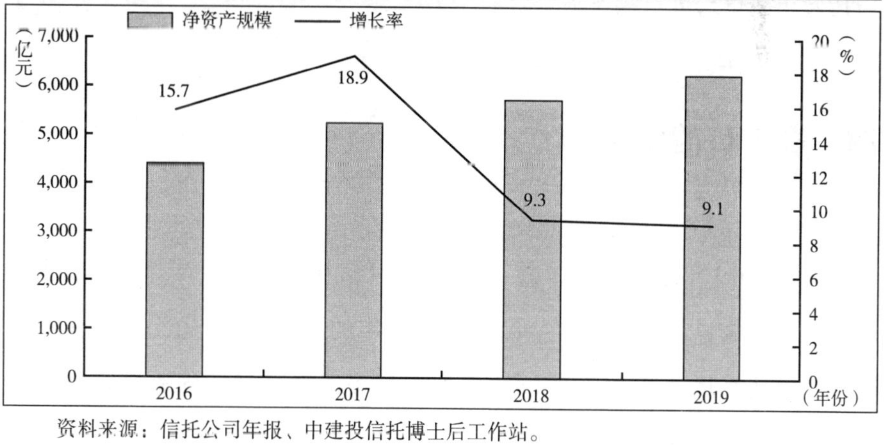

资料来源：信托公司年报、中建投信托博士后工作站。

信托公司计提的风险准备包括信托赔偿准备和一般风险准备。信托赔偿准备一般以净利润的 5% 或 10% 计提，各家信托公司会计政策有所区别，不同计提方式下，预留的拨备有差别。由于各家信托公司计提信托赔偿准备的比重基本保持不变，因此行业该项风险准备余额逐年稳步上升。而一般风险准备则以风险资产期末余额的 1.5% 计提，随着行业风险资产规模的不断扩大，该项风险准备余额也开始增加。

2019 年全行业实现净利润总额 537.14 亿元，当年提取风险准备合计 38.15 亿元，包含信托赔偿准备 24.48 亿元和一般风险准备 13.67 亿元①。年末行业风险准备余额合计 419.08 亿元，占所有者权益的比重为 6.70%。

所有者权益变动显示，2019 年共有 41 家信托公司向所有者进行分配，共计分红 169.79 亿元，占全行业净利润总额的比重为 31.61%。2018 年共有 37 家信托公司向所有者分配，共计金额 262.68 亿元，占当年净利润总额的比重达 48.90%。虽然选择分红的信托公司数量有所增加，但平均分配额由 7.10 亿元下降至 4.14 亿元，且分配总额占全行业当年实现净利润总额的比重也出现较大幅度的提高。说明随着行业经营风险的逐步暴露和行业监管的持续加强，更多的信托公司选择将净利润留存，通过计提风险准备或未分配利润转增资本，不断提升公司资本实力和抗风险能力，支持信托公司获得长远持续发展。

四、资产负债结构

截至 2019 年末，按已披露年报的 67 家信托公司口径计算，全行业固有资产规模合计 7,575.99 亿元，比 2018 年的 7,228.88 亿元增加 347.11 亿元，同比小增 4.80%，较以往年度增长率下降明显，固有资产规模自 2016 年以来增长率持续下降（见图 3）。

① 部分信托公司合并披露信托赔偿准备和一般风险准备，列示为一般风险准备。涉及 13 家信托公司 3.46 亿元，因此实际计提的一般风险准备预计为 10 亿元左右。

图3　2009～2019 年信托行业固有资产规模及增长率走势

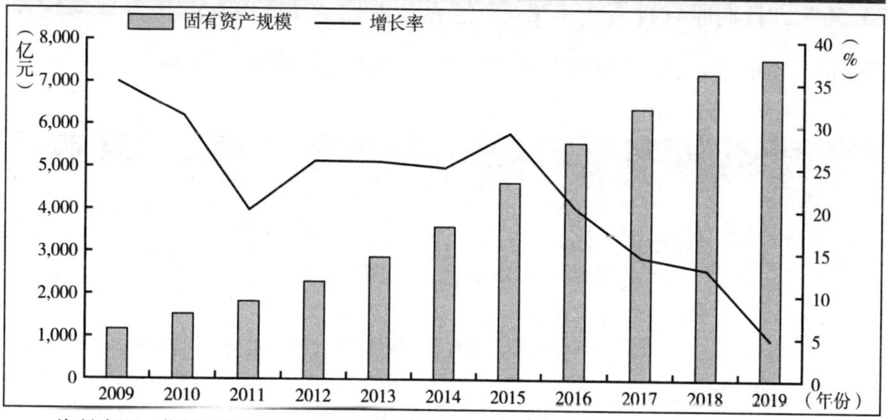

资料来源：信托公司年报、中建投信托博士后工作站。

2019 年，信托行业负债规模合计 1,324.67 亿元，同比下降 11.49%，年末资产负债率为 17.49%，较上年下降 3.22 个百分点，为近 5 年来最低水平，整体资产负债率稳中有降。

理论上，信托公司能够产生负债的业务，除同业拆借外，只有向信托业保障基金借款。由于同业拆借期限不得超过 7 天，年末银行间拆借市场较为紧张，拆借难度较大，且信托行业的负债率陡增起始于 2015 年，因此可以认为负债率的上升基本上是由于向信托业保障基金借款。

（一）固有资产配置以投资为主

信托公司的固有资产一直以投资类资产为主。2019 年，货币资产保持低位，贷款和应收账款的占比下降，交易性金融资产和长期股权投资的占比明显上升。

2019 年末，扣除未披露资产配置情况的安信信托，66 家信托公司固有资产规模 7,486.05 亿元，同比上年的 7,031.44 亿元稳步增长 6.47%。其中，可供出售金融资产规模为 2,081.22 亿元，占比为 27.80%，在所有固有资产配置中占比最高；其次为交易性金融资产 1,763.73 亿元，占比为 23.56%；长期股权投资 1,070.67 亿元，占比为 14.30%；其余规模均在 500 亿~750 亿元，占比均在 10%以下，配置较为均匀（见表 5）。

表 5　2019 年末信托行业固有资产配置

单位：亿元，%

类别	货币	贷款及应收款	交易性金融资产	可供出售金融资产	持有到期投资	长期股权投资	其他	总计*
规模	631.16	722.43	1,763.73	2,081.22	517.92	1,070.67	698.93	7,486.05
占比	8.43	9.65	23.56	27.80	6.92	14.30	9.34	100.00

注：* 安信信托数据缺失，未统计。

资料来源：信托公司年报、中建投信托博士后工作站。

对比 2018 年和 2019 年资产配置结构，2019 年交易性金融资产规模占比上升的同时可供出售金融资产规模占比下降，但从两者合计规模来看变化不大（见图 4），持有至到期投资 517.92 亿元，同比增长 69.68%。由于交易性金融资产、可供出售金融资产、持有至到期投资的划分与企业会计政策选择有变，而且随着管理层意图的变化归类会出现调整，因此合并来看，信托公司固有资产结构较为稳定。

图 4　2018 年和 2019 年固有资产配置结构对比

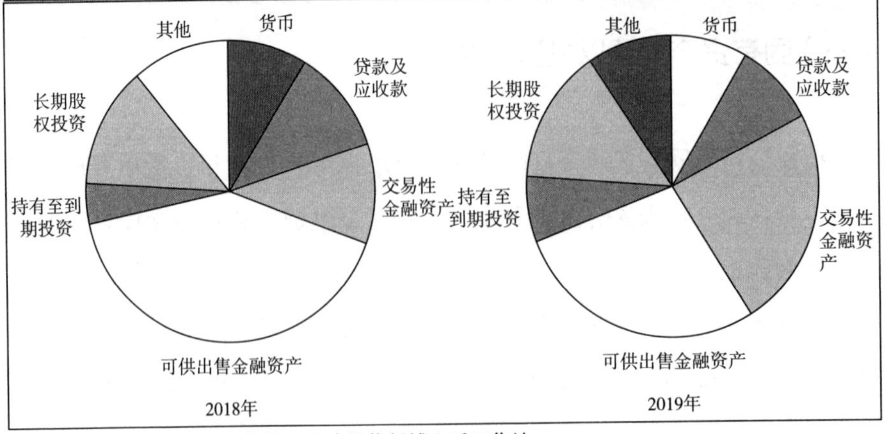

资料来源：信托公司年报、中建投信托博士后工作站。

从趋势来看，行业投资资产规模持续上升，规模占比自2011年以来稳步上升。交易性金融资产、可供出售金融资产、持有至到期投资三者合计规模占比，在2011～2013年位于30%～40%区间，2014年为44.94%，2015～2017年为50%左右，2018年上升至56.02%，2019年进一步上升至58.28%。长期股权投资占比先下降后上升。而贷款及应收账款类资产在波动中下降趋势明显，2019年在固有资产总规模小幅上升的情况下，该类资产规模同比减少59.25亿元，占比下降1.47个百分点。货币资产占比则稳步下降，2019年继续保持在低位，占比仅为8.43%（见表6）。

表6　2011～2019年信托行业固有资产配置变化

单位：%

年份	货币资产	贷款及应收款	交易性金融资产	可供出售金融资产	持有至到期投资	长期股权投资	其他资产运用	合计
2011	21.22	16.61	3.61	23.43	3.53	24.39	7.20	100
2012	21.15	17.30	4.65	23.55	4.39	21.23	7.73	100
2013	18.26	15.80	3.40	29.91	4.90	19.08	8.64	100
2014	14.08	17.31	6.01	36.05	2.88	14.39	9.27	100
2015	15.34	12.68	6.81	39.89	5.22	13.87	6.19	100
2016	12.37	13.22	4.83	44.25	1.80	12.88	10.59	100
2017	10.52	14.24	4.51	43.37	2.63	13.43	11.31	100
2018	8.92	11.12	10.72	40.96	4.34	12.95	11.00	100
2019	8.43	9.65	23.56	27.8	6.92	14.3	9.34	100

资料来源：信托公司年报、中建投信托博士后工作站。

（二）长期股权投资保持稳定

根据已披露年报的67家信托公司数据，共有49家信托公司配置有长期股权投资，合计配置长期股权投资金额 1,070.67 亿元，同比增加 160 亿元，该项资产配置占固有资产的比重也由 2018 年的 12.95% 上升至 14.30%。从投向的行业类别来看，大多投向银行、保险、基金、资产管理、投资管理等领域，各年变化不大。

2019 年末，49 家信托公司的长期股权投资实现投资收益共计 78.71 亿元，占固有业务收入的比重达 20.53%。从投资效果来看，信托公司长期股权投资较为稳定，出现亏损的较少，仅有 7 笔，累计亏损总额仅为 0.18 亿元。如表 7 所示，信托公司长期股权投资实现投资收益排名前 10 的投资项目以银行、基金为主，这些投资项目为相关信托公司的固有业务收入做出了重大贡献。可以看到，表 7 中信托公司的固有业务收入排名均位列行业中游以上水平，其中江苏信托、华润信托、重庆信托的固有业务收入位列行业前五。说明这些信托公司的投资管理能力较强，大大支撑了其固有业务的发展和公司整体经营。

表 7　长期股权投资实现投资收益排名前 10 的投资项目

单位：%，万元

序号	信托公司	被投资单位	类型	持股比例	投资收益	固有业务收入排名
1	华润信托	国信证券股份有限公司	证券	25.15	123,823.99	3
2	江苏信托	利安人寿保险股份有限公司	保险	22.79	94,762.81	1
3	江苏信托	江苏银行股份有限公司	银行	8.04	81,967.81	1
4	国联信托	无锡农村商业银行股份有限公司	银行	9.00	60,664.00	17
5	中诚信托	嘉实基金管理有限公司	基金	40.00	44,452.29	9
6	粤财信托	易方达基金管理有限公司	基金	22.65	43,351.58	20
7	建信信托	海南建银建信专项基金一号合伙企业	投资	49.96	37,811.20	18
8	天津信托	天弘基金管理有限公司	基金	16.80	37,193.09	32
9	重庆信托	合肥科技农村商业银行股份有限公司	银行	24.99	20,793.03	4
10	中海信托	四川信托有限公司	信托	30.25	16,069.87	35

资料来源：信托公司年报、中建投信托博士后工作站。

（三）固有资产投向领域

根据银保监会的分类标准，信托公司固有资产投向分别为基础产业、房地产业、证券市场、实业、金融机构和其他资产。2019 年，披露年报的 67 家信托公司中，除安信信托和山东信托外，其余 65 家信托公司披露了固有资产的投向情况。

2019 年末，金融机构的投向规模继续稳居第一，年末资产规模 3,518.56亿元，同比增长 6.68%，在所有固有资产投向中占比最高，达 47.72%；其次是其他资产，规模为 1,873.85 亿元，与 2018 年基本持平，因而占比下降 1.54 个百分点，但仍超过 1/4；其余资产投向占比均低于 10%，2019 年投向基础产业类的固有资产同比增加 94.42 亿元，规模增长仅次于金融机构类，因此其占比提升 1.15 个百分点至 3.43%，但仍为所有资产投向中占比最低者（见表 8）。

表 8　2019 年末信托行业固有资产投向

单位：亿元，%

类别	基础产业	房地产业	证券市场	实业	金融机构	其他资产	资产总计
规模	252.8	489.7	687.94	551.18	3,518.56	1,873.85	7,374.04
占比	3.43	6.64	9.33	7.47	47.72	25.41	100.00

注：安信信托和山东信托相关数据缺失。

资料来源：信托公司年报、中建投信托博士后工作站。

从近几年的固有资产投向分布可以发现（见表 9），2011 年以来，金融机构作为信托公司固有资金投向的主要部分，占比呈上升趋势，从 2011 年的 39.85% 上升至 2017 年的 50.88%，增长十分迅猛，2018 年增速回落至 47.56%，稳中有降。2019 年为 47.72%，基本保持 2018 年水平。从资产投向行业领域可见，金融机构是各信托公司主要合作对象，资产主要用于认购各类金融产品，如信托计划、资管计划、银行理财产品等。而信托公司投向基础产业和房地产业的占比一直处于低位，原因主要有二：一是信托业务大部分还是基础产业和房地产业，这些领域的业务基本通过信托产品对接；二是这两类投向大多采取发放贷款的方式开展，属于债权投资范畴，而固有资金贷款等债权类业务在计算风险资本时风险系数较高，对净资本占用大。

表9　2011年末至2019年末信托行业固有资产投向对比

单位：%

年份	基础产业	房地产业	证券市场	实业	金融机构	其他资产	总计
2011	2.64	6.21	14.60	8.20	39.85	28.50	100.00
2012	3.19	7.63	16.60	7.73	37.01	27.84	100.00
2013	2.42	7.73	12.23	7.06	40.09	30.47	100.00
2014	2.06	7.51	15.07	7.53	42.59	25.25	100.00
2015	1.81	5.30	17.31	4.25	45.35	25.97	100.00
2016	1.27	4.62	13.79	5.30	47.55	27.47	100.00
2017	2.09	5.67	10.33	6.55	50.88	24.48	100.00
2018	2.28	6.57	9.40	7.23	47.56	26.95	100.00
2019	3.43	6.64	9.33	7.47	47.72	25.41	100.00

资料来源：信托公司年报、中建投信托博士后工作站。

五、固有资产质量与风险

（一）行业不良资产余额翻倍增加，不良率持续上行

2019年，披露年报的67家信托公司中，除华信信托、山东信托、新时代信托和中原信托外，其余63家年报数据均披露了不良资产情况，2019年末全行业信用风险资产余额合计6,280.92亿元，相比2018年的

5,552.97亿元上涨13.11%；不良资产余额合计355.26亿元，相比2018年的151.06亿元上涨135.18%，涨幅与上年相比基本保持稳定，信托公司不良资产持续上升。

2019年全行业不良率为5.66%，同比2018年的3.03%上升2.63个百分点，上升较快。根据年报披露的数据，2019年有18家信托公司当年不良资产规模为0，不良率为0（见表10），较2018年的26家减少8家；不良率超过10%的信托公司有16家，比2018年增加12家。可见，不良资产规模上升为行业普遍现象，基于此，行业资产减值损失额近年来亦随之上升。不良率超过10%的16家信托公司的信用风险资产合计985.45亿元，占全行业信用风险资产的比重为15.69%，不良资产规模合计237.22亿元，占全行业不良资产规模的66.77%。

表10　2019年信托公司不良率情况

单位：万元，%

序号	信托公司	信用风险资产合计	不良资产规模	不良率
1	安信信托	964,763.53	795,001.02	82.40
2	华宸信托	163,360.95	64,134.79	30.36
3	大业信托	283,729.70	102,628.67	36.17
4	中粮信托	552,265.05	195,947.47	35.48
5	浙商金汇信托	265,099.04	68,082.83	25.68
6	四川信托	1,009,751.85	224,234.14	22.21
7	昆仑信托	889,148.40	159,076.42	17.89
8	国民信托	372,649.26	65,681.23	17.63
9	华澳信托	563,958.53	96,370.66	17.09
10	中建投信托	1,068,388.40	160,857.04	15.06
11	山西信托	249,900.21	36,533.90	14.62
12	中泰信托	408,339.95	59,182.95	14.49
13	新华信托	710,784.38	85,272.15	12.00
14	吉林信托	326,209.46	37,863.12	11.61
15	长安信托	1,136,582.35	124,993.55	11.00

续表

序号	信托公司	信用风险资产合计	不良资产规模	不良率
16	华宝信托	889,570.73	96,311.52	10.83
17	天津信托	854,707.31	84,193.66	9.85
18	万向信托	366,385.26	33,395.87	9.11
19	陕国投信托	1,377,027.63	103,366.46	7.51
20	中诚信托	2,335,459.81	174,692.15	7.48
21	渤海信托	1,632,691.00	108,780.00	6.66
22	兴业信托	1,853,373.00	122,065.00	6.59
23	国通信托	949，488.68	46，902.01	4.94
24	西藏信托	527,176.32	25,838.56	4.90
25	陆家嘴信托	659,080.00	31,679.00	4.81
26	华润信托	2,625,796.55	117,639.10	4.48
27	五矿信托	1,819,214.33	72,679.94	4.00
28	中信信托	2,083,604.32	81,250.95	3.90
29	西部信托	643,826.41	21,450.26	3.33
30	北方信托	562,115.22	16,434.81	2.92
31	英大信托	1,014,721.92	21,756.67	2.14
32	国元信托	708,628.37	14,913.55	2.10
33	金谷信托	129,039.03	2,342.97	1.82
34	北京信托	1,343,991.00	23,334.00	1.74
35	百瑞信托	1,003,234.26	10,963.30	1.09
35	华融信托	234,703.93	2,542.13	1.08
36	中航信托	1,620,837.09	16,328.00	1.01
37	国联信托	560,114.00	4,775.00	0.85
38	平安信托	2,893,939.60	21,825.67	0.75
39	上海信托	1,826,543.76	7,818.78	0.43
40	爱建信托	1,005,439.60	3,632.63	0.36
41	光大兴陇信托	1,327,251.58	4,364.05	0.33
42	外贸信托	1,805,111.64	2,483.81	0.14
43	厦门信托	713,951.00	734.00	0.10
44	华能信托	2,421,493.07	2,234.43	0.09

续表

序号	信托公司	信用风险资产合计	不良资产规模	不良率
45	民生信托	688,705.50	0.00	0.00
46	长城新盛信托	150,923.73	0.00	0.00
47	财信信托	420,152.00	0.00	0.00
48	苏州信托	545,184.00	0.00	0.00
49	重庆信托	3,149,291.10	0.00	0.00
50	东莞信托	577,684.90	0.00	0.00
51	中铁信托	1,506,765.00	0.00	0.00
52	中海信托	701,911.58	0.00	0.00
53	云南信托	344,248.21	0.00	0.00
54	江苏信托	722,871.79	0.00	0.00
55	粤财信托	90,010.28	0.00	0.00
56	紫金信托	474,223.13	0.00	0.00
57	国投泰康信托	787,079.00	0.00	0.00
58	建信信托	2,176,112.26	0.00	0.00
59	杭工商信托	489,464.00	0.00	0.00
60	中融信托	1,176,808.00	0.00	0.00
61	华鑫信托	774,873.95	0.00	0.00
62	交银信托	1,279,489.15	0.00	0.00

注：不良率根据年报披露的不良资产数据计算得到。
资料来源：信托公司年报、中建投信托博士后工作站。

（二）信托公司主动计提减值准备，应对不良资产风险

2019 年，全行业资产减值损失（含信用资产减值和其他资产减值，下同）合计 143.29 亿元，同比 2018 年的 73.30 亿元大增 95.48%。已经超过历史高点 2015 年的水平（见图 5）。这一方面体现了行业风险暴露持续增加，另一方面也反映了信托公司经营的谨慎，主动计提减值以应对可能产生的风险。

图5　2014～2019 年行业资产减值损失走势

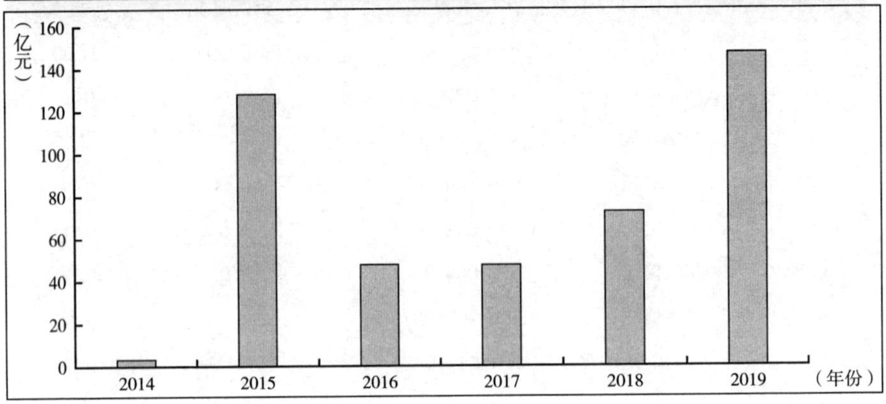

资料来源：中建投信托博士后工作站。

2019 年有 29 家信托公司计提资产减值损失超过 1 亿元，资产减值损失排名前 10 的信托公司依次为安信信托、长安信托、华信信托、兴业信托、山东信托、四川信托、渤海信托、中建投信托、中信信托和陕国投信托（见表 11），这 10 家信托公司计提总额为 104.07 亿元，占行业总计提额的 72.63%。其中，安信信托连续两年发生资产减值损失超过 20 亿元，单家资产减值损失额的占比超过三成，受资本市场波动影响，其自营证券和参与的各类定向增发类资产发生减值，截至 2019 年末，资产减值准备累计额已达 68.73 亿元，占其净资产的比重高达 89.3%；另有长安信托和四川信托 2019 年末资产减值准备总额占净资产比超过 10%，占比分别达 14.14% 和 12.16%。

表 11　2018～2019 年信托公司计提资产减值损失情况

单位：万元

序号	信托公司	2019 年	2018 年	2018 年排名
1	安信信托	436,166.85	209,126.14	1
2	长安信托	124,682.36	67,896.74	3
3	华信信托	72,393.34	0.00	44
4	兴业信托	71,671.32	39,084.34	5

续表

序号	信托公司	2019 年	2018 年	2018 年排名
5	山东信托	70,178.90	25,391.50	12
6	四川信托	65,988.34	15,538.61	17
7	渤海信托	57,779.16	27,064.78	10
8	中建投信托	53,212.37	14,677.00	18
9	中信信托	45,300.43	116.21	38
10	陕国投信托	43,295.27	23,974.34	14
11	中诚信托	42,138.24	24,884.81	13
12	财信信托	37,378.56	2,460.99	30
13	昆仑信托	36,534.11	0.00	44
14	华澳信托	34,314.07	2.59	42
15	金谷信托	29,517.15	13,530.91	19
16	华融信托	26,595.30	-40,295.67	68
17	平安信托	22,823.34	0.00	44
18	国民信托	22,630.05	31,022.35	8
19	大业信托	19,974.64	42,606.03	4
20	光大兴陇信托	18,811.32	-560.16	59
21	中原信托	17,832.06	32,442.23	7
22	华宝信托	15,093.18	0.00	44
23	紫金信托	14,714.60	789.50	33
24	北方信托	11,917.93	-19,750.06	14
25	中铁信托	11,707.31	71,740.58	2
26	北京信托	11,188.63	4,993.51	28
27	天津信托	10,500.04	439.34	35
28	吉林信托	10,186.08	-7,352.29	65
29	国通信托	10,162.81	4,058.58	44
30	华鑫信托	9,352.47	-874.71	60
31	新时代信托	9,295.41	3,268.68	29
32	华能信托	9,154.33	6,288.33	25
33	中粮信托	8,843.83	34,321.90	6
34	厦门信托	7,407.00	155.00	37
35	陆家嘴信托	5,433.10	13,027.11	21
36	江苏信托	5,291.37	90.87	39
37	华宸信托	4,735.41	18,029.59	15

续表

序号	信托公司	2019 年	2018 年	2018 年排名
38	建信信托	3,776.62	1.15	43
39	浙商金汇信托	3,238.40	10,751.59	22
40	西藏信托	3,034.12	-1,189.32	61
41	民生信托	2,992.04	26,033.44	11
42	中泰信托	2,746.17	-33.14	57
43	国联信托	2,725.00	239.00	36
44	西部信托	2,381.00	0.00	44
45	国元信托	1,758.30	1,573.44	32
46	五矿信托	1,733.86	5,463.45	27
47	重庆信托	1,124.40	-2,211.49	63
48	爱建信托	1,055.83	668.07	34
49	交银信托	898.57	-1,372.83	62
50	杭工商信托	732.00	0.00	44
51	上海信托	398.12	16,965.95	16
52	国投泰康信托	372.40	5.97	41
53	英大信托	258.62	13,300.22	20
54	中航信托	136.99	2,244.55	31
55	苏州信托	34.34	-8,050.93	66
56	云南信托	26.37	0.00	44
57	东莞信托	6.82	51.32	40
58	粤财信托	3.74	0.00	44
59	中海信托	0.00	-77.83	58
60	万向信托	0.00	0.00	44
61	长城新盛信托	0.00	0.00	44
62	中融信托	0.00	8,338.84	23
63	新华信托	-47.78	29,822.71	9
64	山西信托	-567.11	7,026.62	24
65	百瑞信托	-2,848.04	5,899.65	26
66	外贸信托	-16,682.42	-7,038.29	64
67	华润信托	-80,545.95	-29,574.56	67

资料来源：信托公司年报、中建投信托博士后工作站。

全行业有 19 家信托公司计提减值在 1,000 万元以下，其中有 4 家计提为 0，5 家发生净转回，分别为华润信托（－80,545.95 万元）、外贸信托（－16,682.42 万元）、百瑞信托（－2,848.04 万元）、山西信托（－567.11 万元）、新华信托（－47.78 万元）。其中华润信托在 2015～2017 年各项资产减值损失准备分别为增加 4.51 亿元、4.27 亿元（当年计提 7.80 亿元转回 3.53 亿元）、减值 4.97 亿元，最近两年资产减值损失连续净转回 2.96 亿元和 8.05 亿元，期末资产减值准备从最高点的 21.97 亿元下降至当前的 10.79 亿元。

六、固有业务收入

（一）固有业务收入止跌回升，占收入比重相应上升

2019 年全行业实现营业总收入 1,203.88 亿元，同比增长 10.03%，回升到 2017 年水平。其中信托业务收入 820.44 亿元，同比增长 4.24%，固有业务收入 383.44 亿元，同比大增 24.85%，结束了连续三年的跌势。

2019 年固有业务收入 383.44 亿元，占营业总收入的 31.85%，同比上升 3.78 个百分点。信托主业收入的占比为 68.15%，略有下降，但基本保持在七成左右的水平，主业贡献突出。信托行业固有业务自 2011 年以来经历了一段明显的起伏，2013～2015 年，由于资本市场的大幅上涨，固有业务收入的占比大幅上升，并且于 2015 年达到了峰值 41.62%。2016 年起，随着资本市场的回调，固有业务收入占比下降，保持在 30% 左右的水平（见图 6）。

图6　2011～2019年行业固有业务收入占比走势

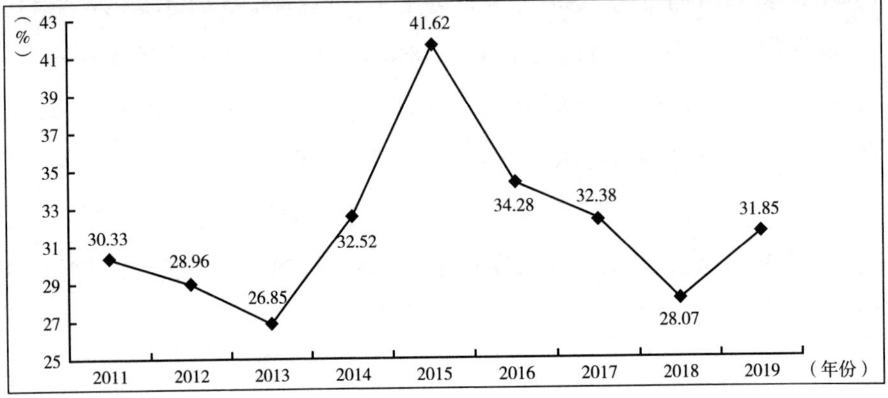

资料来源：信托公司年报、中建投信托博士后工作站。

（二）信托公司固有业务收入排名稳定中有分化

固有业务收入排名前10和后10的信托公司基本保持稳定，两者差距不断扩大固化，排名前10的信托公司近3年平均固有业务收入维持在15亿元左右的水平，而排名后10的信托公司平均固有业务收入已连续两年为负值。个别信托公司排名变动幅度较大，主要受股权处置、资本市场波动影响，导致营业外收入、公允价值变动损益波动。

2019年固有业务收入排名前10的公司分别是江苏信托、华能信托、华润信托、重庆信托、中信信托、中融信托、平安信托、外贸信托、中诚信托和昆仑信托。其中，排名前七的信托公司已经连续4年排在行业前10，可以看到这些信托公司的信托业务收入和净利润排名大多也靠前（见表12），固有业务发展表现突出，对这些信托公司的整体经营起到很好的支撑作用。外贸信托和昆仑信托均为2019年新晋前10，外贸信托2019年实现投资收益11.98亿元（2018年仅为6.29亿元），全年固有业务收入同比大增77.17%，排名跃升至行业第八，提升 12 个位次；昆仑信托由于公允价值变动从 2018 年的亏损 22.20 万元提升至 2019 年的实现收益 4.35 亿元，成功跻身固有业务收入行业前 10。

表 12　固有业务收入排名前 10 信托公司及其净利润排名

序号	信托公司	固有业务收入（万元）	信托业务收入排名	净利润排名
1	江苏信托	217,821.78	24	6
2	华能信托	211,306.60	7	2
3	华润信托	189,547.96	20	3
4	重庆信托	185,320.70	13	4
5	中信信托	158,949.07	1	1
6	中融信托	141,218.00	2	13
7	平安信托	132,380.01	3	5
8	外贸信托	121,515.12	17	11
9	中诚信托	105,099.95	21	22
10	昆仑信托	98,976.43	31	20

资料来源：信托公司年报、中建投信托博士后工作站。

从发展趋势来看，各家信托公司的表现不一。由表 13 可见，2016 年以来，重庆信托、华润信托的固有业务收入始终稳居行业前五，固有业务的强劲表现使其三大盈利指标排名始终稳居行业第一梯队。华能信托和江苏信托的固有业务收入逐年稳步增长，4 年复合增长率分别达到 46.29% 和 32.18%，带动其各项指标排名提升明显，进入行业第一梯队。往年的领头羊平安信托和中融信托，2019 年的固有业务收入排名有所下降，尤其是中融信托，前两年固有业务收入在 20 亿元以上，2019 年大幅下挫 44.63%，仅实现 14.12 亿元。中信信托和中诚信托各年固有业务收入额有所波动，相应排名也有所上下，但基本保持稳定。

此外，各年总有一两家信托公司由于一些特殊事项，突然出现在固有业务收入行业排名前 10 之列，但该排名多不能持续。2018 年中海信托大额的营业外收入10.42亿元使得其固有业务收入排名突升至行业第五，而进入2019年，全年实现固有业务收入仅为4.50亿元，行业排名重新回落至行业中游水平。2017年，粤财信托由于股权投资收入实现6.7亿元，超过通常的4.5亿元左右，以及实现营业外收入1亿元，提升其固有业务收入排名。2016年中江信托由于转让控股子公司国盛证券有限责任公司的股权，实现了26.13亿元的股权投资收益，但其余年份其营收水平均位于行业下游。2016年开始，华信信托固有业务收入逐年大幅下降，从2016年之前的行业前10、2017年的第21位，跌至2019年的第50位。

表13　2016～2019年固有业务收入排名前10的信托公司情况

单位：亿元

序号	2016年	金额	2017年	金额	2018年	金额	2019年	金额
1	平安信托	31.88	中融信托	26.7	中融信托	25.5	江苏信托	21.78
2	中江信托	27.32	平安信托	23.36	重庆信托	16.68	华能信托	21.13
3	华润信托	23.33	重庆信托	21.09	华润信托	16.13	华润信托	18.95
4	重庆信托	20.34	华润信托	16.13	平安信托	15.92	重庆信托	18.53
5	中融信托	19.43	中诚信托	13.21	中海信托	15.77	中信信托	15.89
6	中信信托	15.27	中信信托	13.02	华能信托	13.32	中融信托	14.12
7	华信信托	14.65	民生信托	11.71	江苏信托	12.39	平安信托	13.24
8	中诚信托	10.68	江苏信托	10.07	中诚信托	10.76	外贸信托	12.15
9	江苏信托	9.43	华能信托	9.64	中信信托	8.14	中诚信托	10.51
10	西部信托	8.86	粤财信托	8.85	山东信托	8.06	昆仑信托	9.9
平均		18.73		15.38		14.27		15.62

资料来源：信托公司年报、中建投信托博士后工作站。

固有业务收入排名后10的信托公司2018年平均固有业务收入为-2.78亿元，为历史最低（见表14）。2019年状况略有好转，排名后10的信托公司中有3家信托公司实现固有业务收入超过1亿元。其中，中航信托 2019 年由于出现公允价值损失 4.64 亿元，整体拉低其固有业务水平，排名由往年的中游水平跌至行业第 60 名。

表 14　2016～2019 年固有业务收入排名后 10 的信托公司情况

单位：万元

序号	2016 年	金额	2017 年	金额	2018 年	金额	2019 年	金额
59	万向信托	14,323.73	浙商金汇信托	10,767.95	人业信托	8,887.46	西部信托	12,954.40
60	云南信托	12,196.98	新时代信托	10,258.36	国民信托	8,337.05	中航信托	12,341.83
61	华澳信托	10,355.00	大业信托	9,746.91	国联信托	7,840.00	新时代信托	10,504.70
62	大业信托	8,973.30	国民信托	9,641.74	陕国投信托	4,881.34	浙商金汇信托	8,350.12
63	山西信托	7,824.69	云南信托	9,383.93	华宸信托	4,307.24	山西信托	7,681.84
64	西藏信托	7,597.39	西藏信托	7,752.65	长城新盛信托	2,402.74	大业信托	5,719.00
65	长安信托	6,715.47	东莞信托	6,333.68	西藏信托	-2.18	长城新盛信托	3,457.42
66	国民信托	6,646.86	国通信托	6,111.12	中江信托	-17,026.21	华宸信托	-7.47
67	浙商金汇信托	3,241.68	长城新盛信托	2,310.71	华融信托	-50,867.47	新华信托	-34.48
68	华宸信托	2,648.65	华宸信托	1,806.55	安信信托	-246,500.84	安信信托	-83,740.75
平均		8,052.38		7,411.36		-27,774.09		-2,277.34

资料来源：信托公司年报、中建投信托博士后工作站。

（三）各信托公司间固有收入与信托收入比值差异大

2019 年，行业固有业务收入和信托业务收入的比值为 0.47，较 2018

年有所回升，达到常规的0.5左右的水平。从趋势来看，随着信托行业的转型升级和业务结构的变化，以2015年为分水岭，固有业务收入和信托业务收入的比值在波动中有所提升，如图7所示，2011~2014年四年的比值的平均值为0.43，而2016~2019年四年的比值的平均值为0.47，上升了0.04。

图7 2011~2019年固有业务收入和信托业务收入关系走势

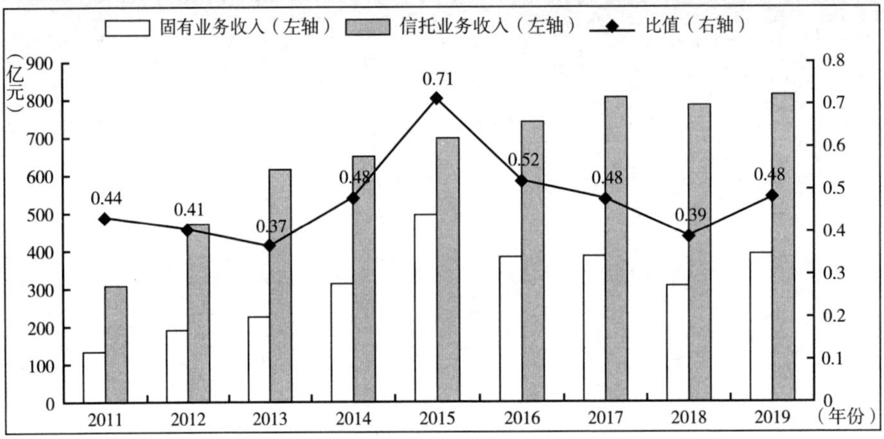

资料来源：信托公司年报、中建投信托博士后工作站。

行业内各公司的固有业务收入和信托业务收入比值具有较大的差异。根据已披露年报的67家信托公司数据，全行业有10家信托公司的固有业务收入超过信托业务收入，两者比值超过1，分别为中泰信托（3.67）、国联信托（3.54）、江苏信托（1.89）、吉林信托（1.84）、中粮信托（1.69）、天津信托（1.52）、华澳信托（1.45）、华润信托（1.41）、粤财信托（1.29）和金谷信托（1.29），这些信托公司的经营成果对固有业务依赖较大。另有21家信托公司固有业务收入和信托业务收入的比值超过或达到行业平均水平（0.47）。其余半数以上信托公司均在行业平均水平之下，其中新华信托、华宸信托、安信信托固有业务收入为负（见表15）。

表 15　信托公司固有业务收入和信托业务收入的比值情况

序号	信托公司	固有业务收入（万元）	信托业务收入（万元）	差值（万元）	比值
1	中泰信托	21,996.59	6,000.62	15,995.97	3.67
2	国联信托	84,542.00	23,881.00	60,661.00	3.54
3	江苏信托	217,821.78	115,297.54	102,524.24	1.89
4	吉林信托	36,516.38	19,807.00	16,709.38	1.84
5	中粮信托	58,827.80	34,749.61	24,078.19	1.69
6	天津信托	50,801.03	33,476.95	17,324.08	1.52
7	华澳信托	65,340.73	45,063.47	20,277.26	1.45
8	华润信托	189,547.96	134,453.52	55,094.44	1.41
9	粤财信托	69,360.33	53,583.77	15,776.56	1.29
10	金谷信托	31,702.45	24,635.89	7,066.56	1.29
11	昆仑信托	98,976.43	102,293.48	-3,317.05	0.97
12	重庆信托	185,320.70	193,998.11	-8,677.41	0.96
13	国元信托	31,291.09	37,618.36	-6,327.27	0.83
14	陕国投信托	76,681.43	92,760.35	-16,078.91	0.83
15	山东信托	84,685.00	103,081.60	10,206.60	0.01
16	中诚信托	105,099.95	130,430.12	-25,330.17	0.81
17	华信信托	24,948.01	32,328.64	-7,380.63	0.77
18	北京信托	86,355.00	111,924.00	-25,569.00	0.77
19	外贸信托	121,515.12	160,328.23	-38,813.11	0.76
20	厦门信托	40,468.00	58,113.00	-17,645.00	0.70
21	民生信托	93,156.00	138,325.82	-45,169.82	0.67
22	中海信托	44,989.05	67,142.84	-22,153.79	0.67
23	华能信托	211,306.60	317,543.02	-106,236.42	0.67
24	百瑞信托	60,064.21	104,296.12	-44,231.91	0.58
25	华宝信托	55,954.02	100,112.93	-44,158.91	0.56
26	西藏信托	28,466.57	51,157.78	-22,691.21	0.56
27	国投泰康信托	52,398.00	103,374.00	-50,976.00	0.51

续表

序号	信托公司	固有业务收入（万元）	信托业务收入（万元）	差值（万元）	比值
28	苏州信托	27,021.00	54,909.00	-27,888.00	0.49
29	杭工商信托	35,216.00	72,577.00	-37,361.00	0.49
30	上海信托	88,092.28	181,975.56	-93,883.28	0.48
31	紫金信托	36,497.10	76,852.01	-40,354.91	0.47
32	中铁信托	52,972.43	117,185.57	-64,213.14	0.45
33	云南信托	27,422.38	60,989.67	-33,567.29	0.45
34	华融信托	25,337.81	58,624.07	-33,286.26	0.43
35	山西信托	7,681.84	18,237.01	-10,555.17	0.42
36	中原信托	27,645.02	69,200.41	-41,555.39	0.40
37	交银信托	51,604.12	136,104.63	-84,500.51	0.38
38	渤海信托	89,705.19	238,259.57	-148,554.38	0.38
39	北方信托	21,324.77	57,987.44	-36,662.67	0.37
40	华鑫信托	35,455.14	96,572.24	-61,117.10	0.37
41	国民信托	19,841.07	54,871.80	-35,030.73	0.36
42	英大信托	40,545.43	112,260.41	-71,714.98	0.36
43	平安信托	132,380.01	369,310.74	-236,930.73	0.36
44	陆家嘴信托	39,052.00	109,687.00	-70,635.00	0.36
45	中融信托	141,218.00	402,145.00	-260,927.00	0.35
46	建信信托	82,461.15	237,380.96	-154,919.81	0.35
47	财信信托	22,383.00	65,031.00	-42,648.00	0.34
48	新时代信托	10,504.70	31,506.93	-21,002.23	0.33
49	中信信托	158,949.07	478,847.88	-319,898.81	0.33
50	爱建信托	64,182.36	207,141.64	-142,959.28	0.31
51	四川信托	50,275.01	191,935.77	-141,660.76	0.26
52	长安信托	55,527.14	213,874.62	-158,347.48	0.26
53	东莞信托	22,419.59	87,499.56	-65,079.97	0.26
54	中建投信托	48,400.55	191,147.59	-142,747.04	0.25
55	五矿信托	87,215.88	348,698.39	-261,482.51	0.25
56	兴业信托	51,991.00	246,879.00	-194,888.00	0.21
57	西部信托	12,954.40	65,097.23	-52,142.83	0.20
58	国通信托	18,636.48	97,907.37	-79,270.89	0.19

续表

序号	信托公司	固有业务收入（万元）	信托业务收入（万元）	差值（万元）	比值
59	光大兴陇信托	59,703.93	358,913.63	-299,209.70	0.17
60	万向信托	15,576.60	127,983.68	-112,407.08	0.12
61	大业信托	5,719.00	47,380.00	-41,661.00	0.12
62	浙商金汇信托	8,350.12	69,975.83	-61,625.71	0.12
63	长城新盛信托	3,457.42	35,562.07	-32,104.65	0.10
64	中航信托	12,341.83	358,912.36	-346,570.53	0.03
65	新华信托	-34.48	22,079.30	-22,113.78	-0.00
66	华宸信托	-7.47	431.21	-438.68	-0.02
67	安信信托	-83,740.75	35,808.50	-119,549.25	-2.34

资料来源：信托公司年报、中建投信托博士后工作站。

各家信托公司的信托业务结构各有特色，固有业务定位和发展战略显然也存在较大差异。从净利润排名前 10 的信托公司固有业务收入和信托业务收入的比值来看，与行业平均水平基本相当，这些信托公司中，大力发展信托业务做强主业者有之，依靠固有业务夯实经营基础并推动信托稳步前进者亦有之，如华润信托、江苏信托、重庆信托的固有业务收入和信托业务收入的比值分别达 1.41、1.89 和 0.96，而光大兴陇信托、中航信托的比值仅为 0.17 和 0.03（见表 16）。可见，信托公司的盈利来源没有明显偏好，各家信托公司唯有立足自身特点，发挥资源禀赋优势，才能收获长远持续的发展。

表 16　净利润排名前 10 的信托公司的固有业务收入和信托业务收入比值

净利润排名	信托公司	固有业务收入（万元）	信托业务收入（万元）	差值（万元）	比值
1	中信信托	158,949.07	478,847.88	-319,898.81	0.33
2	华能信托	211,306.60	317,543.02	-106,236.42	0.67
3	华润信托	189,547.96	134,453.52	55,094.44	1.41
4	重庆信托	185,320.70	193,998.11	-8,677.41	0.96
5	平安信托	132,380.01	369,310.74	-236,930.73	0.36

续表

净利润排名	信托公司	固有业务收入（万元）	信托业务收入（万元）	差值（万元）	比值
6	江苏信托	217,821.78	115,297.54	102,524.24	1.89
7	五矿信托	87,215.88	348,698.39	-261,482.51	0.25
8	光大兴陇信托	59,703.93	358,913.63	-299,209.70	0.17
9	中航信托	12,341.83	358,912.36	-346,570.53	0.03
10	建信信托	82,461.15	237,380.96	-154,919.81	0.35
平均		133,704.89	291,335.62	-157,630.72	0.46

资料来源：信托公司年报、中建投信托博士后工作站。

（四）固有业务收入归因分析

1. 2019年固有业务收入止跌回升得益于公允价值变动扭亏为盈

67家信托公司年报统计数据显示，2019年信托公司总收入1,203.88亿元，其中固有业务收入383.44亿元，同比增加76.32亿元，重回2017年水平。信托公司固有业务收入的增加额八成以上来自公允价值变动损益项目。

2019年信托行业固有业务收入来源仍以投资收益和利息收入为主，两项合计占固有业务收入的比重为86.69%，全年实现投资收益273.05亿元，同比增长8.75%，实现利息收入59.36亿元，同比小幅下降5.82%。其余各项在固有业务收入中的占比均在5%以下。其中，全年实现公允价值变动收益18.62亿元，同比大增139.95%，收入占比提升至4.86%；其他业务手续费及佣金收入13.86亿元，同比增长15.12%，占比稳中略降；其他业务收入中计入固有业务收入部分金额相对较小，但增幅明显，从2018年的4.79亿元大增至8.18亿元，主要是由于平安信托2019年实现其他业务收入5.09亿元，在固有业务收入中的占比提升0.57个百分点。2019年全行业营业外收入为12.06亿元，相比2018年有所回落（见表17）。

表 17　2015 ~2019 年固有业务收入分解

单位：亿元，%

固有业务收入主要项目	2015 年		2016 年		2017 年		2018 年		2019 年	
	金额	占比	金额	占比	金额	占比	金额	占比	金额	占比
其他手续费及佣金收入	22.31	4.48	28.01	7.3	9.18	2.38	12.04	3.92	13.86	3.61
利息收入	57.39	11.53	54.05	14.09	59.82	15.52	63.03	20.52	59.36	15.48
其他业务收入中计入固有业务收入部分	17.15	3.45	6.27	1.63	5.49	1.42	4.79	1.56	8.18	2.13
投资收益	395.44	79.46	290.49	74.96	319.77	82.94	251.09	81.76	273.05	71.21
公允价值变动损益	−0.21	−0.04	−7.46	−1.95	−6.8	−1.76	−46.61	−15.18	18.62	4.86
营业外收入	5.24	1.05	14.68	3.83	6.24	1.62	20.37	6.63	12.06	3.15
固有业务收入合计	497.63	100	386.51	100	385.53	100	307.12	100	383.44	100

资料来源：信托公司年报、中建投信托博士后工作站。

2. 2019 年股权投资收益增幅明显，固有资产投向结构有所变化

从固有业务收入贡献角度分析，2015 年以来投资收益一直是固有业务收入中最重要的来源，占比持续稳定在 70% 以上。2019 年共有 64 家信托公司①披露了投资收益明细，披露的投资收益总额占全行业的比重为 95.19%，基本能够反映行业整体情况。

信托公司的投资收益主要由股权投资收益、证券投资收益和其他投资收益构成，2019 年投资收益中占比最高的仍然为其他投资收益，全年实现收益 145.69 亿元，同比小幅上升 4.10%。但当年投资收益的增长主要来自股权投资收益，2019 年全行业实现股权投资收益 96.66 亿元，比 2018 年增加 20.17 亿元，增幅高达 26.36%。而证券投资收益同比增长 7.79%，全年实现收益 17.57 亿元，占比继续稳定在 6% 的低位。

① 中江信托未披露年报，中粮信托、华澳信托、新时代信托未披露投资收益明细。

从趋势来看，2014 年和 2015 年，三类投资收益的占比比较接近，股权投资收益略胜一筹。2016 年信托公司证券投资收益出现断崖式下跌，在投资收益中的占比由 27% 直接下降至 10% 以下，并一直保持低位下行趋势。与此同时，其他投资收益占比持续大幅攀升，在投资收益中的占比从 2017 年起一直保持在 50% 以上的高位。而作为 2016 年投资收益主要来源的股权投资收益，则在 2017 年大幅下挫后占比下降至 30% 左右（见图 8）。

图 8　2014 ~2019 年三类投资收益占比走势

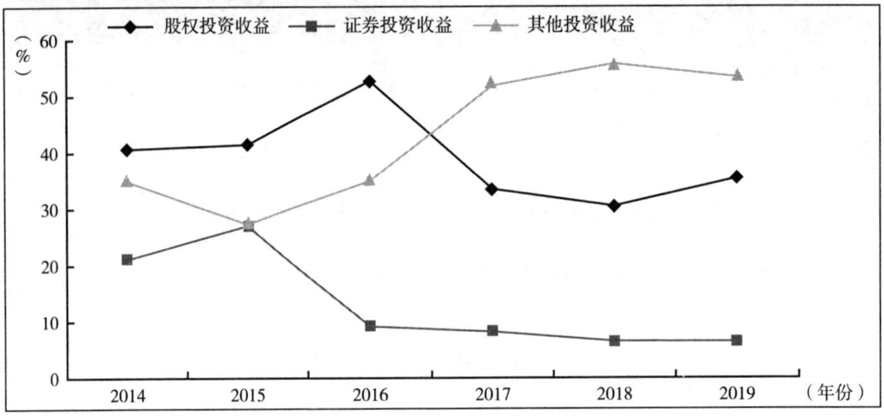

资料来源：信托公司年报、中建投信托博士后工作站。

结合固有投资类资产投向明细可见，固有投资类资产投向以其他投资为主，占比高达 61.67%（见表 18），说明信托公司投向资管产品和信托计划的占比较高。由于近几年资本市场波动较大，波及一级股权市场，信托产品和其他投资的产品成为提高固有业务收入实现突破的投资方式。但

表 18　2019 年末信托行业固有投资类资产投向

单位：亿元，%

类别	自营股票	基金	债券	长期股权投资	其他投资	资产总计
规模	188.75	351.40	74.99	1,105.48	2,768.33	4,488.95
占比	4.20	7.83	1.67	24.63	61.67	100.00

资料来源：信托公司年报、中建投信托博士后工作站。

随着“资管新规”的推出，其他投资类产品规模或有缩减，使得 2019 年股权投资收益和其他投资收益剪刀差有所缩小。

投资收益中的证券投资收益受资本市场波动影响较大。2015 年该项收益达到 103.75 亿元，同比大幅提高 140.55%，但 2016 年又断崖式下跌至 26.60 亿元，降幅达 74.36%，2017 年收益较为稳定，而 2018 年又再次下降至 16.30 亿元，2019 年 A 股在年初跌至低点后出现一波上涨行情，随后又有所下跌，由此全年实现证券投资收益 17.57 亿元，小幅上升 7.79%。基于此，信托公司对证券投资并不热衷，在资本市场的配置始终秉承“控制总量”的原则，因此全行业固有投资资产的投向中，自营股票、基金和债券的占比并不高。

综上，信托公司的投资资产配置立足自身专业禀赋，发掘资管行业投资机会开展其他投资，并利用固有资金较长投资期限的特点积极开展股权投资业务，获取企业真实业绩增长的收益，避免估值大幅变动带来的不利影响。

七、固有业务盈利能力

（一）行业固有净资产回报率小幅回升难改盈利能力下行趋势

2019 年，信托行业整体固有净资产回报率①为 6.40%，较 2018 年的 5.60% 上升 0.8 个百分点，但仍明显低于 2017 年的 7.66%。固有净资产回报率平均值和中位数的整体走势较为一致，呈下降趋势；中位数自 2014 年以来一直低于行业平均值，2019 年首次反超平均值，说明去除极值影响

① 固有净资产回报率 = 固有业务收入/（年初净资产 + 年末净资产）；行业固有净资产回报率 = 行业固有业务收入/（行业年初净资产总额 + 行业年末净资产总额）。

后，行业整体盈利水平较往年略有提升。而不同信托公司间固有净资产回报率的标准差波动较大，但基本保持在3.5%～7%的区间（见图9）。同时，我们发现该项指标变异系数波动较大，2017年以前变异系数较平稳，2018年突破1，表现出强变异，而2019年又降回0.61（见表19），行业间不同信托公司的固有净资产回报率差异性有所降低。

图9　2014～2019年信托公司固有净资产回报率均值、中位数与标准差走势

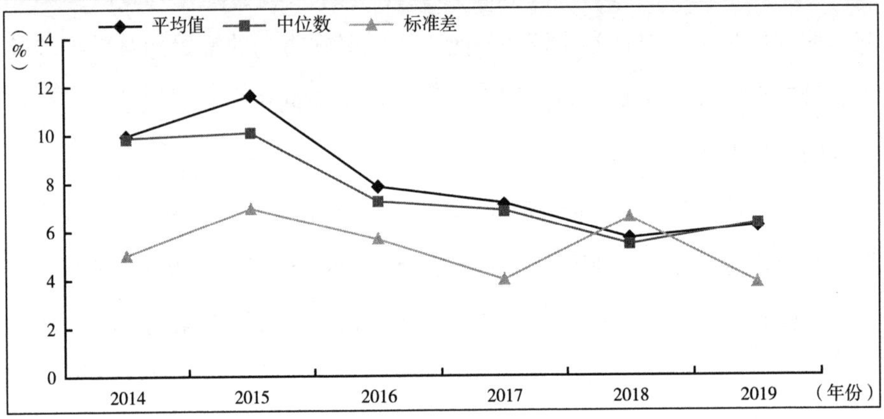

资料来源：信托公司年报、中建投信托博士后工作站。

表19　2016～2019年固有净资产回报率对比

指标	2016年	2017年	2018年	2019年
平均值（%）	7.84	7.16	5.69	6.25
中位数（%）	7.23	6.86	5.43	6.31
标准差（%）	5.65	3.98	6.55	3.79
变异系数	0.72	0.56	1.15	0.61

注：变异系数＝平均值/标准差。
资料来源：信托公司年报、中建投信托博士后工作站。

从信托公司层面来看，2019年，68家信托公司的固有净资产回报率的平均值为6.25%，中位数为6.31%，与2018年相比上升明显，但仍低于2017年的水平，相比2015年平均值11.61%的高位更是下降近半。从历年走势可见，自2016年以来，信托公司固有净资产回报率指标一直处于低位

波动下行区间。主要原因包括：一是近年来的增资潮让各家信托公司净资产总额大幅上升，2019 年末全行业净资产 6,251.31 亿元，是 2015 年末的 1.64 倍；二是资本市场大幅波动及“资管新规”下一级、二级权益市场同步下滑；三是个别公司出现大幅亏损拉低平均水平。同时，由于信托公司原则上不允许负债经营，尽管近年来通过向保障基金借款等渠道扩大资金来源，但杠杆率和资产周转率水平提高有限。

（二）信托公司固有净资产回报率下降是行业普遍现象

从行业内各家信托公司固有净资产回报率的所处区间来看，集中于 5% ~10% 区间，这一区间信托公司数量的占比一直超过 50%。而从各年趋势来看，固有净资产回报率水平整体向下偏移。2017 年及之前，行业 68 家信托公司全部实现盈利，固有净资产回报率均为正，2017 年有 14 家信托公司固有净资产回报率超过 10%（见图 10）。而 2018 年开始，行业中有部分信托公司固有净资产回报率出现负值，且固有净资产回报率在 0 ~5% 区间的信托公司数量增加到 20 家以上，可见，固有净资产回报率下降是行业普遍现象。

图 10　信托公司固有净资产回报率状态分布

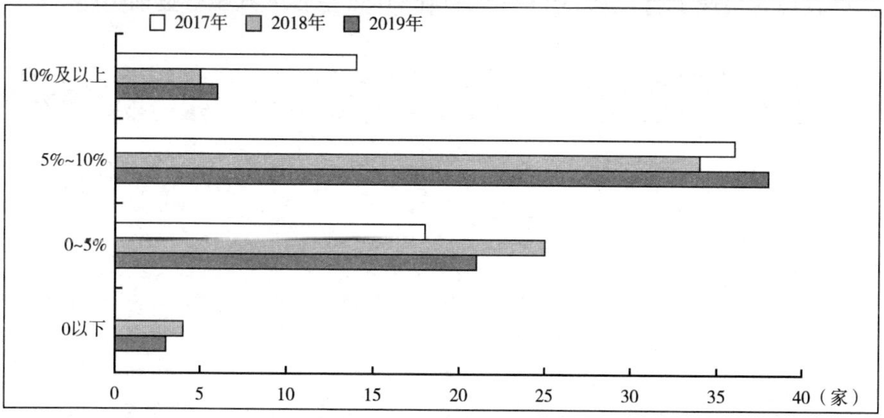

资料来源：信托公司年报、中建投信托博士后工作站。

2019 年，全行业固有净资产回报率为 10% 及以上的信托公司有 6 家，比 2018 年增加 1 家，但从该区间内信托公司的平均固有净资产回报率来看，却呈下降趋势。2018 年固有净资产回报率为 10% 及以上的 5 家信托公司的固有净资产回报率平均值达 16.4%，而 2019 年 6 家信托公司的平均固有净资产回报率为 13.3%，同比下降 3.1 个百分点。2019 年固有净资产回报率在 5%（含）~10% 的信托公司有 38 家，比 2018 年增加 4 家，固有净资产回报率在 0~5% 的信托公司有 21 家，比 2018 年减少 4 家，整体来看保持稳定。

（三）信托公司固有净资产回报率表现各年间波动较大

2016~2019 年固有净资产回报率排名前 10 的信托公司如表 20 所示，没有一家信托公司 4 年均位居前 10，其中，华澳信托和北京信托在 2017 年以来连续 3 年进入行业前 10。而本年新晋行业前 10 的信托公司中，除粤财信托排名相对稳定外，其余几家变动都较大：位居榜首的国联信托 2017 年和 2018 年固有净资产回报率均在行业 60 名之外；中粮信托则出现剧烈波动，2017 年和 2019 年分别位列行业第四和行业第三，但 2018 年行业排名跌落至第 61 位；云南信托 2017 年位于行业下游，2018 年升至行业中游的第 38 名，2019 年一跃至行业第七；华能信托、江苏信托、吉林信托也表现为快速上行，从 2017 年的行业 20 名左右上升至行业前 10 名。

表 20　2016~2019 年固有净资产回报率排名前 10 的信托公司

单位：%

序号	2016 年		2017 年		2018 年		2019 年	
	信托公司	固有净资产回报率	信托公司	固有净资产回报率	信托公司	固有净资产回报率	信托公司	固有净资产回报率
1	中江信托	39.90	中融信托	18.62	中海信托	28.62	国联信托	17.23
2	中融信托	16.11	粤财信托	17.14	中融信托	15.42	华澳信托	16.42
3	华信信托	15.19	天津信托	14.90	天津信托	14.39	中粮信托	13.62
4	中海信托	14.68	中粮信托	14.87	华澳信托	13.04	江苏信托	11.38

续表

序号	2016 年		2017 年		2018 年		2019 年	
	信托公司	固有净资产回报率	信托公司	固有净资产回报率	信托公司	固有净资产回报率	信托公司	固有净资产回报率
5	平安信托	14.08	华澳信托	13.85	吉林信托	10.55	华能信托	10.87
6	华润信托	14.02	中海信托	12.15	财信信托	9.97	粤财信托	10.28
7	中铁信托	13.76	财信信托	11.71	百瑞信托	9.51	云南信托	9.72
8	粤财信托	13.32	民生信托	11.17	中铁信托	9.49	吉林信托	9.54
9	天津信托	13.23	重庆信托	10.78	北京信托	9.05	北京信托	9.50
10	重庆信托	11.67	北京信托	10.73	万向信托	9.03	天津信托	9.35

资料来源：信托公司年报、中建投信托博士后工作站。

2018 年位列行业前 10 的其他几家信托公司中，除中融信托 2019 年固有净资产回报率为 7.95% 位列行业第 19，仍处于行业中上游水平外，其余均跌出前 1/3。万向信托和财信信托更是跌至行业下游水平，万向信托 2019 年固有净资产回报率为 4.74%，同比 2018 年的 9.03%，下降 4.29 个百分点，行业排名从第 10 位跌至第 46 位；财信信托 2019 年固有净资产回报率为 3.09%，同比 2018 年的 9.97%，下降 6.88 个百分点，行业排名从第六位跌至第 57 位。

综上，信托公司各年的固有净资产回报率波动较大，体现出固有业务的盈利能力稳定性不足，受宏观经济环境、资本市场表现情况和政策监管变化等影响较大。

八、信托固有资金与信托财产的交易

信托固有资金与信托财产之间可以进行正常的关联交易，主要包括以下几种方式：一是固有资金运用于公司管理的信托项目，二是固有资金受让信托计划项下相关财产，三是信托计划受让固有资金持有的相关资产。

在实践中，方式一最为常见。主要原因有两个：一是为满足一定额度的成立要求，通过固有资金认购，补足缺口，确保项目成立；二是有些优质的信托计划存在多个竞争对手，同等条件下，资金到账时间成为关键因素。这种情况下固有资金先行认购信托计划锁定客户，再通过后续的转让信托受益权实现退出，不失为一种重要方式。方式二是在信托计划到期兑付时，若基础资产流动性不足，或出现重大风险事项，固有资金通过与信托计划项下财产交易的方式，为信托计划提供流动性，保障信托计划到期顺利退出。方式三则较为少见，主要是因为目前对固有资金与信托财产之间的交易（以下简称“固信交易”）监管较为严格，信托计划受让固有资金持有资产很难在交易的公平性、公允性和合规性之间达到要求。

（一）固信交易概况

根据67家信托公司披露的年报数据，2019年共有61家信托公司存在期末固信交易余额，比2018年增加2家，分别是华澳信托和华信信托；6家信托公司不存在固信交易，分别是财信信托、吉林信托、金谷信托、天津信托、新时代信托、中铁信托。

该61家信托公司2018年初的固信交易发生额为2,283.52亿元，当年发生额净值348.41亿元，2019年末余额为2,631.93亿元。期末余额相对于期初增加15.26%。表21显示了2019年度60家①固信交易信托公司中固信交易发生额（净额）② 排名前10的情况。排名前10的信托公司期末余额比期初余额增幅高，3家保持了三位数以上的增长速度，超过信托行业净资产的同比增速，说明这些信托公司对信托项目的资金支持力度加大。

① 存在固信交易余额的61家信托公司中，中泰信托期初期末余额不变，2019年固信交易发生额为0。

② 固信交易发生额（净额）＝固信交易期末余额－固信交易期初余额。

表21　2019 年信托行业固信交易发生额（净额）排名前 10 的信托公司						
						单位：万元，%
序号	信托公司	期初余额	本期发生额	期末余额	期末同比期初增长幅度	期末固信交易余额/期末集合信托计划
1	建信信托	143,938.14	751,735.42	895,673.56	522.3	0.64
2	外贸信托	863,627.40	405,560.76	1,269,188.16	47.0	2.85
3	华能信托	1,390,772.59	370,469.53	1,761,242.12	26.6	2.43
4	平安信托	256,015.64	265,401.35	521,416.99	103.7	1.18
5	华润信托	558,253.60	222,121.78	780,375.38	39.8	0.82
6	西藏信托	116,815.70	205,682.99	322,498.69	176.1	1.63
7	华信信托	—	195,232.83	195,232.83	—	3.17
8	中融信托	228,462.00	191,923.00	420,385.00	84.0	0.55
9	华宝信托	353,720.00	158,251.00	511,971.00	44.7	1.05
10	安信信托	488,900.00	154,300.00	643,200.00	31.6	3.31

资料来源：信托公司年报、中建投信托博士后工作站。

以披露固信交易发生额的 60 家公司来看，相比 2018 年，2019 年信托固有资金对信托业务支持的力度有一定程度的加大，但增幅有所下降。其中，有 40 家信托公司当年固信交易发生额净增加 462.68 亿元，同时有 20 家信托公司当年固信交易发生净减少 114.27 亿元，因此固信交易年末余额同比出现减少的信托公司也不在少数，说明这些信托公司 2019 年末与往年相比固信交易额较大。

然而作为一种交易行为，作为时点值的固信交易余额其实并不能反映经营过程，事实上，当年的借方发生额更能反映固信业务之间的依赖关系。比如，信托公司的固有资金在年度内提供过桥资金支持信托计划成立，随后通过其他方式实现了固有资金退出，则固有交易的年初年末余额均不能体现该笔交易，但固有资金对信托业务的支持作用不容忽视。

根据各家信托公司的年报数据，仅有 11 家信托公司披露了当年固信交易借方发生额，可以发现，披露的借方发生额远高于净发生额。这 11

家信托公司 2019 年末固信交易余额为 316.80 亿元，较 2019 年初的 238.85 亿元净增加 77.94 亿元（见表 22），增幅 32.63%。同时，2019 年这 11 家信托公司的借方发生额则高达 550.89 亿元，是净发生额的 7 倍还多。

表 22　2019 年部分信托公司固信交易借方发生额

单位：万元，%

序号	信托公司	期初余额	期末余额	2019 年净发生额	2019 年借方发生额	借方发生额/净发生额
1	江苏信托	393,487.25	513,903.55	120,416.30	2,295,179.21	19.06
2	陆家嘴信托	477,084.68	526,322.91	49,238.23	1,013,709.00	20.59
3	华宝信托	353,720.00	511,971.00	158,251.00	553,501.00	3.50
4	国投泰康信托	274,915.00	381,693.00	106,778.00	426,867.00	4.00
5	华信信托	—	195,232.83	195,232.83	359,978.83	1.84
6	粤财信托	131,411.67	235,053.64	103,641.97	345,342.00	3.33
7	云南信托	195,499.44	208,569.58	13,070.14	239,053.41	18.29
8	苏州信托	135,900.00	165,127.00	29,227.00	94,227.00	3.22
9	西部信托	99,189.00	100,718.00	1,529.00	80,000.00	52.32
10	中海信托	128,290.00	115,900.00	-12,390.00	60,330.00	-4.87
11	中粮信托	199,051.51	213,489.78	14,438.27	40,710.00	2.82
	合计	2,388,548.55	3,167,981.29	779,432.74	5,508,897.45	7.07

资料来源：信托公司年报、中建投信托博士后工作站。

（二）信托业务对固有资金的依赖性

资金的获取能力是制约信托公司快速发展的重要缘由。资金主要有两个来源，一是对外募集，二是公司固有资金。募资能力强的公司，对公司固有资金的依赖性就相对较弱，固有资金有充分的自由投资于其他类别的资产。募资能力差的公司，对固有资金的依赖性就相对较强，固有资金以支持信托计划为主要目标，对外投额度受限。

我们使用“期末固信交易余额/期末主动管理类信托余额”作为衡量信托业务对固有资金的依赖性，排名前 10 的信托公司情况详见表 23，其中有 5 家信托公司连续 3 年均在列，分别是华宸信托、新华信托、重庆信托、山西信托和中原信托。与 2018 年相比，期末固信交易余额占期末主动管理类信托余额的比重进一步提高的有 4 家，分别是华宸信托、华融信托、新华信托和重庆信托；而山西信托、爱建信托和中原信托的比重则同比有不同程度下降。但整体来看，行业各信托公司的信托业务对固有业务的依赖性各年变化不大，呈现较强的稳定性。

表 23　2019 年末信托业务对固有业务依赖性最大的 10 家信托

单位：万元，%

序号	信托公司	2019 年固信交易余额	2019 年主动管理类信托余额	期末固信交易余额/期末主动管理类信托余额
1	华宸信托	30,801.96	62,895.77	48.97
2	华融信托	1,265,441.85	6,505,300.68	19.45
3	新华信托	271,555.03	2,352,901.82	11.54
4	重庆信托	1,662,961.86	14,465,541.55	11.50
5	大业信托	234,168.67	2,051,083.03	11.42
6	西藏信托	322,498.69	3,195,684.71	10.09
7	山西信托	109,568.69	1,181,949.85	9.27
8	爱建信托	746,829.58	8,479,365.49	8.80
9	中原信托	639,648.89	7,608,890.54	8.41
10	国通信托	538,719.90	6,896,216.09	7.81

资料来源：信托公司年报、中建投信托博士后工作站。

（三）固有业务对信托业务的依赖性

信托公司的主业是信托业务，前文也已提到，固有业务对信托业务的依赖性往往是由信托公司的募资能力决定的。本文用“期末固信交易余额/期末信托公司总资产”作为衡量固有业务对信托业务的依赖性。该比重越高，说明越多的固有资金配置了公司发行的信托，可以自由配置的资金越少，独立性越弱。2019 年固有业务依赖信托业务最高的 10 家信托公司如表 24 所示。

表 24　2019 年末固有业务依赖度最高的 10 家信托

单位：万元，%

序号	信托公司	2019 年固信交易余额	2019 年信托公司总资产	期末固信交易余额/期末信托公司总资产
1	大业信托	234,168.67	245,522.76	95.38
2	陆家嘴信托	526,322.91	657,810.88	80.01
3	浙商金汇信托	190,127.50	250,108.89	76.02
4	东莞信托	461,457.56	609,402.33	75.72
5	华融信托	1,265,441.85	1,716,154.48	73.74
6	爱建信托	745,829.58	1,012,368.42	73.67
7	华能信托	1,761,242.12	2,441,961.43	72.12
8	万向信托	305,974.90	437,000.31	70.02
9	外贸信托	1,269,188.16	1,841,343.25	68.93
10	杭工商信托	335,696.00	499,967.00	67.14

资料来源：信托公司年报、中建投信托博士后工作站。

披露数据的 60 家信托公司中，有 22 家信托公司的固信交易余额超过了信托公司总资产的 50%，比 2018 年的 19 家增加了 3 家。这些信托公司的固有资金运用相对被动，资金资源均以支持信托主业为主，同时也反映了固信合作的紧密性。信托公司的固有业务和信托业务关联紧密，固有业务清晰的定位将直接影响信托公司的可持续发展。信托公司应立足回归本源，努力提升自身包括资金募集、财富管理、资产配置等综合资产管理能力的同时，充分重视固有业务和信托业务的协同联动，推动公司整体经营朝着更健康的方向发展。

2019年信托公司风险管理研究报告

聂雅雯

摘　要：2019 年信托行业信用风险持续上升，金融领域风险隐患加速显现，中国信托业协会统计数据显示，2019 年信托行业风险项目数量达 1,547个，规模约为 0.577 万亿元，占信托资产规模 21.60 万亿元的 2.67%。信托行业整体不良资产及不良率大幅增加，远高于同期金融机构不良率水平。信托公司存量风险处置压力较大，资产风险状况较历年来尤其严峻。信托行业应牢固树立合规经营意识，提高对行业及公司风险形势的认知，高度重视金融风险防控，积极完成监管巡视、定期排查及专项自查，切实摸清风险现状及风险底线，增强存量风险处置能力，进一步推进信托业务结构转型，完善全面风险合规管理体系，坚决守住不发生系统性风险的底线。

本文主要分析 2019 年信托行业的风险管理现状、不良资产分布、诉讼以及风险事件案例和处置化解重点工作，进一步加强信托公司风险防范意识和风险管理理念，实现稳增长与防风险的双重任务。

关键词：风险管理　不良资产　诉讼案件　风险事件　风险处置

一、信托公司风险管理情况分析

（一）净资本管理及风险控制情况

2019 年，68 家信托公司中 66 家信托公司披露净资本相关数据，其中 65 家信托公司的净资本均高于 2 亿元，净资本占净资产的比例均高于 40%，净资本占各项风险资本之和的比例均高于 100%，符合

《信托公司净资本管理办法》（银监会令〔2010〕第5号）净资本相关风险控制指标的要求。此外，安信信托的净资本为17.03亿元，净资本占净资产的比例为22.13%，净资本占各项风险资本之和的比例为33.67%，为唯一一家未满足监管对于净资本相关风险控制指标要求的信托公司。

各信托公司持续对净资本实施管理，采取措施调整业务和资产结构或补充资本，确保固有资产充足并保持必要的流动性。2019年行业整体资本实力持续提升，持续增强风险防控能力，但信托公司之间资本实力差距进一步扩大。

2019年，52家信托公司净资本较2018年有所增加，平均增幅约为14.68%，其中外贸信托、建信信托、国通信托、百瑞信托及西藏信托的净资本增幅超过30%，主要来自股东增资及当年资本公积和未分配利润转增。14家信托公司净资本较2018年下降，平均降幅约为11.41%。其中安信信托、华澳信托2019年净资本降幅较大，较2018年分别减少49.95亿元及6.47亿元，降幅均超过20%，削弱了公司整体抵御业务风险及不可预期损失的能力。

2019年，重庆信托、中信信托及平安信托净资本列行业前三位，分别为214.23亿元、198亿元和180.46亿元，整体抗风险能力较强（见表1）；山西信托、长城新盛信托及华宸信托的净资本列行业后三位，分别为14.44亿元、10.07亿元和7.43亿元。信托公司净资本最大值与最小值差值达206.8亿元。

根据2019年各信托公司年报，五矿信托、中信信托及中融信托各项风险资本分别为118.35亿元、114亿元和97.4亿元，位于行业前三位。五矿信托、中航信托及渤海信托的净资本占各项风险资本之和的比例分别为102.7%、119.1%和120.21%，仅略高于监管要求，净资本对于各项风险资本之和的覆盖倍数较低。

表1　2019 年信托公司净资本管理情况统计

单位：亿元，%

信托公司	净资本（≥2亿元）	排名	2019年净资本较2018年增加比例	各项风险资本之和	排名	2019年各项风险资本之和较2018年增加比例	2019年净资本/净资产（≥40）	排名	2019年净资本/各项风险资本之和（≥100）	排名
重庆信托	214.23	1	12.31	80.49	11	9.32	86.19	17	266.18	10
中信信托	198.00	2	17.86	114.00	2	29.55	66.71	57	173.00	40
平安信托	180.46	3	5.26	84.97	8	-4.75	77.44	40	212.40	23
华能信托	178.12	4	10.74	84.16	9	12.12	87.18	13	211.63	24
江苏信托	166.27	5	10.85	89.26	5	50.30	81.16	33	186.26	31
中融信托	161.44	6	2.79	97.40	3	51.16	88.14	7	165.74	45
外贸信托	153.52	7	46.45	62.79	14	14.07	86.65	15	244.51	11
建信信托	151.20	8	86.64	87.64	6	34.55	76.45	45	172.53	42
兴业信托	139.48	9	6.91	71.79	13	-6.56	83.58	25	194.00	28
上海信托	131.13	10	11.60	59.48	15	-0.23	86.12	18	220.45	19
华润信托	121.56	11	11.79	52.84	17	2.94	55.00	63	230.05	17
五矿信托	121.54	12	15.61	118.35	1	53.70	87.73	10	102.70	64
中诚信托	114.89	13	-0.24	57.04	16	-0.33	65.34	59	201.41	26
交银信托	110.64	14	10.30	86.83	7	11.46	91.44	1	127.40	61
昆仑信托	108.90	15	0.53	51.62	18	-18.69	82.49	28	210.99	25
中航信托	108.35	16	6.77	90.97	4	22.26	84.85	22	119.10	63
渤海信托	100.63	17	24.66	83.71	10	78.54	76.62	44	120.21	62
光大兴陇信托	97.12	18	17.11	74.08	12	52.80	90.67	4	131.11	60
华信信托	95.05	19	15.40	18.66	47	-12.03	77.35	41	509.51	3
陕国投信托	80.86	20	7.55	46.82	20	30.37	73.66	49	172.72	41
20 家平均	136.67	—	13.71	75.64	—	15.35	80.24	—	198.60	—
68 家平均	72.74	—	10.06	39.63	—	11.20	77.91	—	212.94	—

资料来源：信托公司年报、中建投信托博士后工作站。

受监管政策及信托业务规模稳步下降等因素影响，行业整体固有业务风险资本占比水平持续上升。68 家信托公司中有 20 家披露了各自风险资本的分布情况，其中 16 家信托公司风险资本主要来自信托业务，4 家主要来自固有业务，信托业务风险资本、固有业务风险资本及其他风险资本平均占比分别为64.55%、35.38%及0.07%。其中光大兴陇信托、中融信托及长城新盛信托的信托业务风险资本在各项风险资本之和中的占比分别为91.59%、83.96%和82.30%，华宸信托、安信信托和东莞信托的固有业务风险资本的占比分别为89.36%、53.44%和52.44%（见表2）。

表2　2019年信托公司风险资本分布情况统计

单位：亿元，%

信托公司	风险资本	排名	固有业务风险资本	占比	信托业务风险资本	占比	其他风险资本	占比
中融信托	97.40	1	15.63	16.04	81.78	83.96	0.00	0.00
平安信托	84.97	2	35.77	42.10	49.19	57.90	0.00	0.00
光大兴陇信托	74.08	3	6.23	8.41	67.85	91.59	0.00	0.00
外贸信托	62.79	4	30.39	48.41	32.39	51.59	0.00	0.00
华润信托	52.84	5	26.90	50.91	25.94	49.09	0.00	0.00
昆仑信托	51.62	6	22.76	44.09	28.86	55.91	0.00	0.00
安信信托	50.58	7	27.03	53.44	23.55	46.56	0.00	0.00
陕国投信托	46.82	8	14.45	30.87	32.36	69.13	0.00	0.00
百瑞信托	42.88	9	14.26	33.25	28.62	66.75	0.00	0.00
北京信托	41.32	10	18.47	44.70	22.85	55.30	0.00	0.00
粤财信托	32.95	11	8.90	27.01	23.47	71.23	0.58	1.76
四川信托	31.95	12	12.71	39.78	19.24	60.22	0.00	0.00
中铁信托	30.32	13	11.79	38.90	18.52	61.10	0.00	0.00
东莞信托	19.98	14	10.48	52.44	9.50	47.56	0.00	0.00
紫金信托	19.86	15	6.54	32.93	13.32	67.07	0.00	0.00
北方信托	17.69	16	5.65	31.92	12.04	68.08	0.00	0.00
浙商金汇信托	11.19	17	3.84	34.30	7.35	65.70	0.00	0.00
国民信托	8.14	18	2.82	34.64	5.32	65.36	0.00	0.00
长城新盛信托	1.58	19	0.28	17.70	1.30	82.30	0.00	0.00
华宸信托	1.24	20	1.11	89.36	0.13	10.47	0.00	0.00
20家合计	780.17	—	276.00	35.38	503.59	64.55	0.58	0.07
68家合计	2615.65	—	—	—	—	—	—	—

资料来源：信托公司年报、中建投信托博士后工作站。

（二）信用风险资产五级分类及自有资金不良资产情况

2019 年，信托公司展业持续探索转型方向，监管加大对重点领域的排查力度和深度，行业严格执行风险分类工作机制的要求，使得信托公司风险项目加速显现，进一步体现了公司固有资产的风险状况。根据 2019 年各信托公司年报，68 家信托公司中有 63 家披露固有不良资产相关数据，规模合计 355.26 亿元，较 2018 年末不良资产规模增加 204.2 亿元，增幅达 135.18%。其中次级、可疑和损失类资产分别为 116.43 亿元、119.55 亿元和 119.27 亿元，占不良资产合计规模的比例分别为 32.77%、33.65% 和 33.57%。信托公司不良资产规模明显大幅增加，同时各类别风险资产的规模及比例相当。

2019 年，有 12 家信托公司的不良资产规模大于 10 亿元，合计占比达 67.25%，不良资产行业集中的特征愈加明显。安信信托、四川信托和中粮信托不良资产规模增量明显，较 2018 年分别增加 79.5 亿元、17.76 亿元和 15.21 亿元（见表 3）。有 28 家信托公司存在次级类不良资产，四川信托、安信信托及中建投信托的次级类资产规模达 19.61 亿元、19.18 亿元和 14.60 亿元，位列行业前三；有 32 家信托公司存在可疑类不良资产，安信信托、中诚信托和华润信托的可疑类资产规模达 13.52 亿元、12.18 亿元和 11.56 亿元；有 37 家信托公司存在损失类不良资产，安信信托、渤海信托和长安信托的损失类资产规模达 46.8 亿元、8.58 亿元和 7.72 亿元。

2019 年，68 家信托公司平均不良率约为 5.66%，较 2018 年平均不良率 3.18% 大幅上升。63 家信托公司已披露不良资产相关数据，其中 18 家信托公司均无不良资产，剩余 45 家存在不良资产的信托公司中，8 家不良率低于 1%，22 家不良率高于 5%，不良率超过 10% 的信托公司有 16 家，超过 20% 的信托公司有 6 家，包括安信信托（不良率为 82.4%）、华宸信托（不良率为39.26%）、中粮信托（不良率为35.48%）、大业信托（不良率为36.17%）、浙商金汇信托（不良率为25.68%）和四川信托（不良率为22.21%），远高于同期金融机构不良率水平。信托公司存量风险处置压力大幅增加，资产风险状况较历年来尤其严峻。

表3　2019年信托公司不良资产及不良率情况统计

信托公司	2019年不良资产（亿元）	排名	较2018年增量变化（亿元）	2019年不良率（%）	排名	不良率较2018年增长幅度（个百分点）
安信信托	79.50	1	79.50	82.40	1	82.40
四川信托	22.42	2	17.76	22.21	6	17.39
中粮信托	19.59	3	15.21	35.48	4	13.44
中诚信托	17.47	4	0.84	7.48	20	-0.21
中建投信托	16.09	5	12.54	15.06	10	10.92
昆仑信托	15.91	6	5.27	17.89	7	7.25
长安信托	12.50	7	9.30	11.00	15	7.50
兴业信托	12.21	8	4.13	6.59	22	1.01
华润信托	11.76	9	-0.04	4.48	25	-0.34
渤海信托	10.88	10	6.66	6.66	21	3.80
陕国投信托	10.34	11	6.85	7.51	19	4.55
大业信托	10.26	12	9.96	36.17	3	34.97
华澳信托	9.64	13	9.63	17.09	9	17.07
华宝信托	9.63	14	2.16	10.83	16	2.40
新华信托	8.53	15	-3.18	12.00	13	-3.11
天津信托	8.42	16	1.57	9.85	17	1.14
中信信托	8.13	17	-3.92	3.90	27	-2.39
五矿信托	7.27	18	-1.01	4.00	26	-0.90
浙商金汇信托	6.81	19	5.76	25.68	5	21.84
国民信托	6.57	20	5.36	17.63	8	14.32
20家合计	303.93	—	184.35	13.05	—	3.75
68家合计	355.26	—	204.20	5.66	—	2.48

资料来源：信托公司年报、中建投信托博士后工作站。

（三）一般风险准备及信托赔偿准备情况

信托公司风险准备包括一般风险准备及信托赔偿准备两部分。2019年，已披露的66家信托公司合计提取风险准备419.08亿元，其中信托赔偿准备合计225.11亿元，占比约53.72%，一般风险准备合计193.97亿元，占比约46.28%。目前信托公司一般按照税后利润的5%~10%计提信托赔偿准备金，2019年风险准备基本与2018年持平，但信托赔偿准备的规模及占比大幅增加，信托赔偿准备在净资产中的占比也逐年提升，准备金覆盖程度及行业整体抗风险能力提升。中信信托、平安信托和外贸信托的风险准备规模合计分别为20.2亿元、17.34亿元和16.58亿元，中信信托、平安信托和交银信托的信托赔偿准备规模分别为15.25亿元、13.53亿元和11.53亿元，位列行业前三（见表4）。

表4　2019 年信托公司风险准备情况统计

单位：亿元，%

信托公司	风险准备（合计）	排名	一般风险准备规模	般风险准备占比	信托赔偿准备规模	信托赔偿准备占比
中信信托	20.20	1	4.95	25	15.25	75
平安信托	17.34	2	3.81	22	13.53	78
外贸信托	16.58	3	9.67	58	6.90	42
四川信托	15.82	4	10.19	64	5.63	36
中铁信托	14.69	5	14.69	100	0.00	0
江苏信托	13.99	6	3.48	25	10.51	75
华润信托	13.51	7	3.76	28	9.75	72
交银信托	13.45	8	1.92	14	11.53	86
中融信托	12.66	9	3.15	25	9.51	75
新华信托	12.25	10	1.23	10	11.02	90
北京信托	11.94	11	1.94	16	10.00	84
重庆信托	11.19	12	4.74	42	6.45	58

续表

信托公司	风险准备（合计）	排名	一般风险准备规模	一般风险准备占比	信托赔偿准备规模	信托赔偿准备占比
华宝信托	10.91	13	10.91	100	0.00	0
华能信托	10.60	14	3.50	33	7.10	67
上海信托	9.87	15	1.92	19	7.95	81
五矿信托	9.24	16	2.73	30	6.51	70
中航信托	8.41	17	3.18	38	5.23	62
粤财信托	7.80	18	4.39	56	3.41	44
安信信托	7.20	19	7.20	100	0.00	0
华信信托	6.67	20	6.67	100	0.00	0
20 家合计/平均	244.32	—	104.03	—	140.28	—
68 家合计/平均	419.08	—	193.97	—	225.11	—

资料来源：信托公司年报、中建投信托博士后工作站。

（四）2019年信托公司诉讼案件情况

根据2019年各信托公司年报，约有66家信托公司披露涉诉情况，其中31家信托公司无重大诉讼事项，35家信托公司存在且具体披露诉讼事项，和2018年基本持平，行业68家信托公司中超过半数信托公司存在涉诉事项。2019年，5家信托公司新增披露重大诉讼相关事项，分别为云南信托、紫金信托、华宸信托、吉林信托及江苏信托。2家信托公司历史重大诉讼事项已全数解决，包括山东信托和长城新盛信托，目前年报披露信息中已无相关诉讼案件。

2019年，信托公司诉讼案件数量及规模均呈现大幅增加。信托公司已披露的诉讼案件数量合计245个，较2018年增加83个，规模合计441.38亿元（见表5），较2018年增加74.6%。其中涉诉案件数位列前三的信托公司分别为安信信托（28个）、百瑞信托（26个）及财信信托（25个），涉诉规模位列前三的信托公司分别为安信信托（129.11亿元）、长安信托

（68.43 亿元）和百瑞信托（66.93 亿元）。因部分诉讼案件在 2019 年得以处置化解，山东信托、国投泰康信托和山西信托披露诉讼规模降幅均超过 50%；信托行业整体涉诉案件及规模较 2018 年明显增加，披露情况增幅明显的信托公司包括安信信托、百瑞信托、国联信托、昆仑信托及长安信托，涉诉规模增幅均超过 100%。

表 5　2017～2019 年信托公司重大诉讼事项情况统计

单位：个，亿元

信托公司	2017 年		2018 年		2019 年			
	案件数	规模	案件数	规模	案件数	排名	规模	排名
安信信托	0	0.00	5	17.52	28	1	129.11	1
百瑞信托	1	4.00	2	10.00	26	2	66.93	3
财信信托	17	13.45	23	20.84	25	3	24.43	6
长安信托	6	19.62	11	32.30	17	4	68.43	2
中粮信托	1	0.40	12	24.47	16	5	48.90	4
金谷信托	7	0.00	4	—	11	6	—	19
东莞信托	7	7.21	5	7.60	10	7	10.79	10
万向信托	6	—	6	—	10	7	—	19
中建投信托	6	0.00	2	—	9	8	17.09	7
五矿信托	18	59.30	13	38.98	9	8	—	19
华宸信托	1	0.00	—	—	8	9	—	19
新华信托	5	3.68	4	5.50	8	9	—	19
昆仑信托	4	12.23	4	12.20	7	10	26.73	5
中泰信托	2	3.38	3	—	7	10	—	19
云南信托	—	—	—	—	6	11	11.63	9
吉林信托	—	—	—	—	6	11	—	19
国通信托	4	5.55	5	2.20	6	11	—	19
中原信托	2	—	4	—	5	12	—	19
重庆信托	1	3.19	3	9.20	3	13	9.20	11
国联信托	5	36.45	2	1.30	3	13	4.57	13
新时代信托	2	1.67	2	1.67	3	13	2.22	15
光大兴陇信托	12	0.81	5	0.62	3	13	—	19
爱建信托	2	9.49	3	11.24	2	14	—	19
厦门信托	5	—	2	—	2	14	—	19
陕国投信托	2	1.61	3	9.30	2	14	—	19

续表

信托公司	2017 年				2018 年		2019 年	
	案件数	规模	案件数	规模	案件数	排名	规模	排名
苏州信托	3	2.28	3	2.80	2	14	—	19
西部信托	2	1.33	2	1.33	2	14	—	19
兴业信托	1	2.70	3	—	2	14	—	19
陆家嘴信托	2	—	2	—	1	15	12.40	8
山西信托	4	11.60	3	11.20	1	15	4.74	12
紫金信托	—	—	—	—	1	15	2.90	14
渤海信托	1	1.24	1	1.24	1	15	1.24	16
国投泰康信托	2	2.03	2	2.03	1	15	0.07	17
江苏信托	1	1.95	—	—	1	15	—	19
交银信托	—	—	1	—	1	15	—	19
35 家合计/平均	132	205.19	140	223.54	245	—	441.38	—
68 家合计/平均	141	206.51	162	252.79	245	—	441.38	—

资料来源：信托公司年报、中建投信托博士后工作站。

从诉讼类型来看，信托公司仍以原告案件为主，规模占比超过 59%，较 2018 年 89% 的占比有明显下降。33% 的诉讼规模为被告案件，较 2018 年 8% 的占比增幅明显。7% 的诉讼规模为第三方案件。涉诉规模排名前五的信托公司诉讼规模合计 340.1 亿元，诉讼案件合计 94 个，诉讼分布的集中度较高。涉诉案件的类型包括合同纠纷、财产保全、破产清算、资产冻结以及强制执行债权偿还等。2019 年信托公司诉讼案件情况统计见表 6。

表 6　2019 年信托公司诉讼案件情况统计

单位：亿元，个

信托公司	2019 年诉讼规模	2019 年诉讼案件数	被告案件规模	被告案件数	原告案件规模	原告案件数	第三方案件规模	第三方案件数
安信信托	129.11	28	129.11	28	0.00	0	0.00	0
长安信托	68.43	17	8.22	—	60.21	17	0.00	0
百瑞信托	66.93	26	7.04	2	34.01	13	25.88	11

续表

信托公司	2019 年诉讼规模	2019 年诉讼案件数	被告案件规模	被告案件数	原告案件规模	原告案件数	第三方案件规模	第三方案件数
中粮信托	48.90	16	1.18	1	47.72	15	0.00	0
昆仑信托	26.73	7	0.00	0	26.73	7	0.00	0
财信信托	24.43	25	0.00	0	20.37	22	4.06	3
中建投信托	17.09	9	0.00	0	17.09	9	0.00	0
陆家嘴信托	12.40	1	0.00	0	12.40	1	0.00	0
云南信托	11.63	6	0.00	0	11.63	6	0.00	0
东莞信托	10.79	10	0.00	0	10.79	10	0.00	0
重庆信托	9.20	3	0.00	0	6.20	2	3.00	1
山西信托	4.74	1	0.00	0	4.74	1	0.00	0
国联信托	4.57	3	—	—	4.57	3	—	—
紫金信托	2.90	1	0.00	0	2.90	1	0.00	0
新时代信托	2.22	3	1.67	2	0.55	1	—	—
渤海信托	1.24	1	0.00	0	1.24	1	0.00	0
国投泰康信托	0.07	1	0.07	1	0.00	0	0.00	0
北方信托	0.00	0	0.00	0	0.00	0	0.00	0
北京信托	0.00	0	0.00	0	0.00	0	0.00	0
大业信托	0.00	0	0.00	0	0.00	0	0.00	0
20 家合计	441.38	158	147.29	34	261.15	109	32.94	15
68 家合计	441.38	245	147.29	60	261.15	164	32.94	15

注：一指信托年报中未披露相关信息。

资料来源：信托公司年报、中建投信托博士后工作站。

二、2019年信托行业风险事件统计及分析

2019 年信托行业风险项目的数量及规模较往年增幅大，主动管理类项目的风险事件占比提升。据统计，截至 2019 年末，信托行业风险项目数量

合计 1,547 个，较 2018 年 872 个增加 77.41%；风险项目规模合计 5,770.47亿元，较 2018 年的 2,221.89 亿元增加 159.71%（见图 1）。

图1 2014～2019 年风险项目个数及规模情况统计

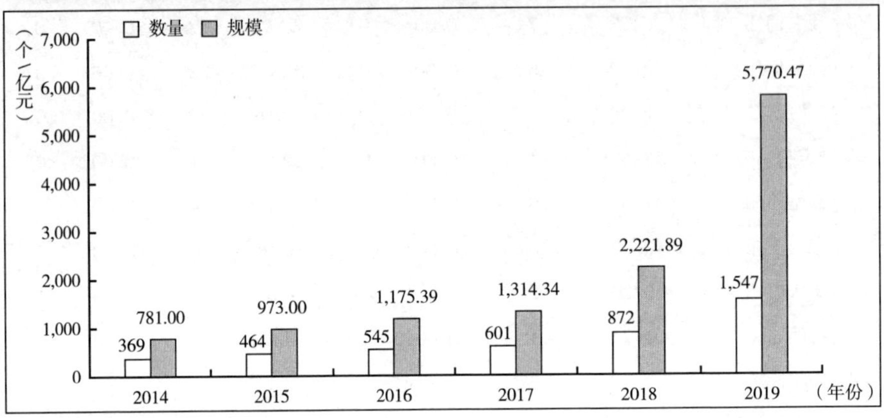

资料来源：中国信托业协会、中建投信托博士后工作站。

从企业类型来看，2019 年信托公司风险项目集中在非上市民营企业及部分区域政府平台，与 2018 年相比，企业资质相对较好的民营企业也存在流动性紧张或债务违约的情况。在经济下行、金融去杠杆、严控地方债务风险的背景下，部分地方政府出现区域财政紧张及城投平台债务偿还危机，尤其是部分经济欠发达区域，财政入不敷出，城投平台债务高企，担保方和增信措施相对薄弱，区域流动性风险愈加明显。此外，青海省投及河北融投等国有企业也出现资金紧张及金融债务违约情况，公司主营业务盈利能力大幅下降，债务高企且融资渠道受限，存在主体评级下调或公开债券市场同步发生违约的现象。

从资金投向看，2019 年违约或涉诉事件主要集中在工商企业类信托计划，行业覆盖化工及化学制品制造、有色金属等能源行业、批发业、珠宝及商务服务业，相关行业政策趋严或市场低迷加剧企业陷入流动性危机。部分多元化大型民企集团或行业龙头在公开市场债券或短融券出现违约，如上海华信国际集团、雨润控股、丰盛集团、宏图高科及东方金钰等企业集团；化工、煤炭、有色金属等能源行业频发风险，包括汉能集团、宝塔石化、方大炭素、云南金平县红河矿业等地方民企。工商企业类信托计划风险主要来源于交易对手主体的信用风险，涉及的金额高、范围广且处置难度较大。

从区域分布看，部分信托公司展业具有区域集中度明显的特征，因此涉诉项目或违约情况也较多涉及展业集中的区域，如财信信托涉诉项目主要集中在湖南省内非上市民企，百瑞信托相关涉诉主体主要分布在河南及湖北区域。此外，政信项目违约的区域集中度明显，2019 年政信项目中，以中西部地方政府为融资方尤其是贵州区域的信托计划出现集中违约情况，湖南、陕西及江苏的部分区域平台也出现债务逾期偿付现象。

从违约主体信用特征来看，交易对手资金链紧张或流动性危机可能存在一定征兆或潜伏期，包括主体征信中不良类贷款或逾期的历史纪录，大量对外债务担保，短期债务占比高且兑付集中，重大组织架构调整，关键管理层频繁变动或流失，主体评级下调，公开债券市场发生违约，或者触发交叉违约条款等，导致项目信用风险进一步增加。

在融资环境持续收紧及房企监管力度加大的背景下，房地产企业因资金链紧张造成的违约情况增加。2019 年，数百家中小房企倒闭，银亿、泰禾等上市房企因资金链紧张出现债务违约，三盛宏业、福晟、协信均出现一定的流动性危机，呈现经营杠杆和融资杠杆不匹配带来的高杠杆低收益情况，房地产企业实力分化加剧。

从违约集中情况来看，同一交易对手违约导致多家信托公司的信托项目集中爆发风险或出现交叉违约的现象仍较明显。例如黔南州投、宏图高科及丰盛集团等，单个主体可能涉及两到三家信托公司项目违约或法律诉讼。此外，上市公司仍是信托计划违约的集中区域，包括银亿、凯迪生态、宏图高科、龙力生物、赫美集团及泰禾集团等，可能涉及多家信托公司，该类违约事件通过诉讼或资产保全等司法途径化解风险的周期较长。

2019 年涉及违约诉讼的交易对手及信托公司情况汇总见表 7。

表7　2019 年涉及违约或诉讼的交易对手及信托公司情况汇总

交易对手	企业性质	是否上市	所在区域	所在行业	涉及的信托公司
安徽宝迪肉类食品有限责任公司/银川恒润置业有限责任公司	民营企业	否	安徽	农副食品加工	昆仑信托
宝塔石化集团有限公司	民营企业	否	宁夏	能源	百瑞信托、渤海信托
北京邦文当代艺术投资有限公司	民营企业	否	北京	商务服务	国通信托
北京华亿安顺企业管理有限公司/北京光耀东方商业管理有限公司	民营企业	否	北京	商务服务	昆仑信托
北京黄金交易中心有限公司/中国青旅实业发展有限责任公司/上海中青世邦商业保理有限公司	民营企业	否	北京	贵金属批发	中粮信托
北京京奥港置业有限公司/北京京奥港集团有限公司	民营企业	否	北京	房地产	长安信托
北京中科时代资产管理有限公司/中国科学院长春应用化学科技总公司	国有企业	否	湖南	商务服务	财信信托
常州华光房地产开发有限公司	民营企业	否	江苏	房地产	国通信托
东辰控股集团有限公司	民营企业	否	山东	专用设备制造	华融信托
东方金钰股份有限公司	民营企业	是	湖北	珠宝	百瑞信托、陆家嘴信托、中粮信托、中建投信托
东方金钰股份有限公司	民营企业	否	湖北	珠宝	华融信托
方大炭素新材料科技股份有限公司	民营企业	是	甘肃	有色金属	爱建信托
福建泰宁南方林业发展有限公司/江西泰联林业发展有限公司	民营企业	否	福建	林业	陕国投信托
福建同孚实业有限公司/上海五天实业有限公司	民营企业	否	福建	商务服务	财信信托
灌云县交通运输局/江苏全台交通工程有限公司	政府平台	否	江苏	公共事业	中泰信托
广东康安贸易有限公司/广东中诚实业控股有限公司	民营企业	否	广东	批发业	云南国际信托
广州银怡企业集团有限公司	民营企业	否	广州	商务服务	长安信托
广州粤泰集团股份有限公司	民营企业	是	广州	房地产	财信信托

续表

交易对手	企业性质	是否上市	所在区域	所在行业	涉及的信托公司
贵州清水江城投集团有限公司/黔南东升发展有限公司	政府平台	否	贵州	公共事业	中泰信托、中建投信托
海航实业集团有限公司	民营企业	否	海南	商务服务	财信信托
海阳富达置业有限公司	民营企业	否	山东	房地产	中信信托
汉能水力发电集团有限公司	民营企业	否	北京	商务服务	四川信托
和昌（湖北）置业有限公司/北京和昌投资有限公司	民营企业	否	湖北	房地产	百瑞信托
河北融投	国有企业	否	河北	其他金融	昆仑信托
河南财鑫集团有限责任公司	民营企业	否	河南	黑色金属	百瑞信托
河南平原控股集团股份有限公司	民营企业	否	河南	商务服务	百瑞信托
河南上上集团有限公司/河南上上置业有限公司	民营企业	否	河南	房地产	百瑞信托
河南省宋河酒业股份有限公司/辅仁药业集团有限公司	民营企业	否	河南	酒	中粮信托
河南省裕丰复合肥有限公司	民营企业	否	河南	化学原料和化学制品制造	陕国投信托
鹤壁市四季青农产品批发市场	民营企业	否	河南	零售业	百瑞信托
弘高融资租赁有限公司/湖南津湘投资有限责任公司/湖南多力物业经营管理有限公司/中安南方控股有限公司	民营企业	否	湖南	租赁	财信信托
湖北赤壁印象酒店管理有限公司/广西瑞通运输集团有限公司	民营企业	否	湖北	商务服务	百瑞信托
湖南博兴创业投资有限公司/湖南博雅眼科医院有限公司	民营企业	否	湖南	商务服务	财信信托
湖南洞庭珍珠开发有限公司	民营企业	否	湖南	文教用品制造	财信信托
湖南欧珀投资置业有限公司	民营企业	否	湖南	商务服务	财信信托
湖南蟠桃宴酒业有限公司/湖南天运生物技术集团有限公司	民营企业	否	湖南	酒	财信信托
湖南千山制药机械股份有限公司	民营企业	是	湖南	机械设备	财信信托
湖南山江技术开发有限公司/世银联控股有限公司	国有企业	否	湖南	批发业	财信信托
湖南省德胜房地产开发有限公司	民营企业	否	湖南	房地产	财信信托
湖南省科农林业科技开发有限公司	民营企业	否	湖南	林业	财信信托

续表

交易对手	企业性质	是否上市	所在区域	所在行业	涉及的信托公司
湖南湘渝电力投资有限责任公司/湖南金垣电力集团股份有限公司	民营企业	否	湖南	商务服务	财信信托
华门控股有限公司	民营企业	否	浙江	房地产	国通信托
华泰汽车集团有限公司	民营企业	否	北京	汽车制造	中粮信托
淮南志高动漫文化科技发展有限责任公司/志高实业（龙岩）有限公司/泰安志高实业集团有限责任公司	民营企业	否	湖南	房地产	财信信托
江苏赤山湖生态产业有限公司	民营企业	否	江苏	建筑装饰	国通信托
江苏大红鹰恒顺药业有限公司	民营企业	否	江苏	医药制造	财信信托
江苏宏图高科技股份有限公司/三胞集团有限公司	民营企业	是	江苏	零售连锁	厦门信托、浙金信托
金湖汇丰房地产有限公司/常熟国服房地产开发有限公司	民营企业	否	江苏	房地产	百瑞信托
精功集团有限公司	民营企业	否	浙江	非金属矿物制品	中粮信托
凯迪生态环境科技股份有限公司/阳光凯迪新能源集团有限公司	民营企业	是	湖北	公共事业	财信信托、中粮信托、浙金信托
凯里开元城市投资开发有限责任公司	政府平台	否	贵州	公共事业	中泰信托
南京丰盛产业集团/南京建工产业集团	民营企业	否	江苏	建筑材料	长安信托、浙金信托、四川信托
濮阳市恒润石油化工有限责任公司	民营企业	否	河南	化工	昆仑信托
黔南州投资有限公司/贵州剑江控股集团有限公司	政府平台	否	贵州	公共事业	中泰信托、中建投信托
青海省投资集团有限公司	国有企业	否	青海	能源	中泰信托
庆阳能源化工集团有限公司	民营企业	否	甘肃	能源	中泰信托
山东龙力生物科技股份有限公司	民营企业	是	山东	农林牧渔	中粮信托
山西楼俊矿业集团有限公司	民营企业	否	山西	能源	长安信托
山西路鑫能源集团有限公司	民营企业	否	山西	化工	华融信托
山西梅园华盛能源开发有限公司	民营企业	否	山东	煤炭开采	华融信托
山西太原双塔商城有限公司	民营企业	否	山西	零售业	山西信托
陕西中登投资有限责任公司/中登地产	民营企业	否	陕西	商务服务	昆仑信托

续表

交易对手	企业性质	是否上市	所在区域	所在行业	涉及的信托公司
上海华信国际集团有限公司	民营企业	否	上海	商务服务	财信信托、昆仑信托、中粮信托
上海华信国际集团有限公司	民营企业	否	上海	商务服务	建信信托
上海静安协和房地产有限公司/中国地产集团有限公司	民营企业	否	上海	房地产	陆家嘴信托、平安信托、中建投信托
深圳赫美集团股份有限公司	民营企业	是	广东	可选消费	陕国投信托、西藏信托
神州长城股份有限公司	民营企业	退市	四川	建筑材料	百瑞信托、陕国投信托
泰禾集团股份有限公司	民营企业	是	福建	房地产	西藏信托
天津九策实业集团有限公司/天津市九策高科技产业园有限公司	民营企业	否	天津	设备制造	百瑞信托
无锡新康桥房地产开发有限责任公司/康桥集团	民营企业	否	江苏	房地产	长安信托
武汉大隆天然气投资有限公司/广东大隆企业集团有限公司	民营企业	否	湖北	批发业	中融信托
西安渭北投资开发建设集团有限公司	政府平台	否	陕西	公共事业	中泰信托
湘潭九华经济建设投资有限公司/湘潭九华水利建设投资有限公司	政府平台	否	湖南	公共事业	厦门信托
雨润控股集团有限公司	民营企业	否	江苏	商务服务	百瑞信托、重庆信托
云南金平县红河矿业有限公司/奥威矿产科技有限公司	民营企业	否	云南	有色金属	中融信托
长沙三瑞环保科技实业有限公司/湖南天福泉酒业有限公司	民营企业	否	湖南	批发业	财信信托
浙江三联集团有限公司	民营企业	否	浙江	房地产	浙金信托
中广建设集团有限公司	民营企业	否	浙江	建筑材料	国通信托
中国华阳经贸集团有限公司	国有企业	否	北京	批发业	建信信托
中弘卓业集团有限公司/中弘控股股份有限公司	民营企业	否	新疆	商务服务	重庆信托、吉林信托
中科建飞投资控股集团有限公司/中科建设开发总公司	民营企业	否	上海	商务服务	中粮信托
中信国安集团有限公司	国有企业	否	北京	商务服务	中粮信托
重庆华辰物业发展有限公司	民营企业	否	重庆	房地产	重庆信托

资料来源：信托公司年报、工商登记信息，中建投信托博士后工作站。

三、信托公司风险处置化解重点工作

2019年信托行业信用风险持续上升，金融领域风险隐患加速显现。在宏观经济下行压力加大、风险形势日趋严峻的背景下，各信托公司应牢固树立合规经营意识，提高对行业及公司风险形势的认知，高度重视金融风险防控，积极完成监管巡视定期排查及专项自查，切实摸清风险现状及风险底线，增强存量风险处置能力，进一步推进信托业务结构转型，完善全面风险合规管理体系，坚决守住不发生系统性风险的底线。

第一，各信托公司应深入剖析风险产生的内外成因，切实落实风险防控一把手责任制，层层细化分解落实，把防范化解风险的责任落到实处。

第二，持续做好风险监测排查工作，切实摸清风险底线。行业中一些信托公司建立具有行业特色的常态化风险排查机制，进一步加大对薄弱环节和专项重点领域的排查深度和力度，全面覆盖信托资产及固有资金的风险监测。逐项目分析查找风险迹象，加大贷后管理力度，充分识别主体信用及项目风险。

第三，各信托公司应多措并举压降存量风险规模，并严格控制新增风险。部分信托公司根据工作部署制订年度风险防控处置方案，建立风险化解责任制，通过债务展期、司法诉讼、资产保全、资产转让、债务置换、融资方兼并重组、抵押物处置、资产核销等风险资产处置策略，一事一策、多措并举地推进存量风险实质化解。

第四，信托公司应严格执行风险分类要求，切实夯实资产质量。根据2019年年报，各信托公司根据自身经营情况，按照监管要求与风险资产的实际现状，计提各项资产减值损失准备，并按照预计承担的义务确认预计负债，计入当期投资损失，同时对符合核销条件的不良资产，推进核销处理，并持续开展清收处置工作。

第五，加强监管政策跟踪研究，把握业务发展与风险防控的关系，积极推进业务结构转型。结合监管意见和行业展业及转型方向，推动创新业务转型机制，立足信托本源业务，优化业务结构。如对房地产企业潜在信用风险及流动性风险，应采取头部战略客户、核心优势区域、抵押物足值、落实销售现金流管控及增强贷后管理等展业策略。

第六，强化消费者权益保护，及时充分地进行信息披露和风险提示。各信托公司应严格规范信托计划推介和销售环节，筛选合格投资者并做好充分沟通，依规进行信息披露和风险提示，优化客户投诉应对处置的工作机制，进一步提升信托公司消费者权益保护水平。

2019年信托行业法律法规与监管环境研究报告

高　斌

摘　要： 2019年以来，在“资管新规”框架下各资管子行业管理细则继续完善，信托行业顶层制度架构在完善中改革，信托行业定位及展业逻辑发生重大变化。房地产信托和信托通道业务在监管之下持续压降，信托的影子银行特征慢慢淡出，转向加强直接融资类业务的发展；信托文化逐渐渗透信托行业的方方面面，基于金融消费者保护的目标监管对受托人的适当性义务标准要求提高。监管政策的完善和改革使得信托行业站在了新一轮发展的起点上，传统业务将更加规范化发展，股权投资、标品投资以及服务信托等业务或将给信托行业带来新一轮的繁荣。

关键词： 金融监管　信托监管　“资管新规”　信托展业逻辑

2018年出台《关于规范金融机构资产管理业务的指导意见》（银发〔2018〕106号，以下简称“资管新规”）可以说是金融资产管理行业新纪元的开端，2019年则是“资管新规”发布后的政策落地和业务整改大年。2019年以来，在“资管新规”确立的资管行业统一监管框架之下，各类资管子行业“大刀阔斧”地进行资管细分行业的制度建设，统一监管制度逐步完善，各类资管主体的管理和运作行为日益规范，资管行业焕然新生。[①] 信托行业作为资管行业第二大子行业，是金融监管的重心。2019年至今，信托行业的监管政策层出，从行业监管、主体治理、业务指导等多个维度规范信托行业的发展。“制度如田中渠，业务似渠中水”，在信托制度逐步完善、信托文化落地生根的过程中，信托行业的转型方向和展业格局逐步明晰。2019年以来，监管的导向和信托行业制度的完善使得信托

① 2019年至2020年5月我国资产管理行业主要监管政策见附表。

行业慢慢走出短暂的迷茫，在对传统信托业务进行精细化、专业化经营的同时，也尝试开辟新的疆场。

一、监管政策密集出台，信托展业方向转变

（一）“资管新规”的要求正在落实，资管行业的规范逐步细化

2018年4月27日，中国人民银行（以下简称“央行”）联合中国银行保险监督管理委员会（以下简称“银保监会”）、中国证券监督管理委员会（以下简称“证监会”）、国家外汇管理局共同发布了《关于规范金融机构资产管理业务的指导意见》。这标志着我国金融行业新的资管时代的开启，也为我国资管行业的监管方向奠定了基调。“资管新规”旨在实现银行、信托、证券、基金、期货、保险等金融机构在开展资产管理业务时监管原则及标准的统一；消除多层嵌套、减少通道业务、避免监管套利行为，以促进资管业务回归服务实体经济；破除资管机构的刚性兑付，对资管产品实行净值化管理；以及规范资金池、降低期限错配、减少流动性风险。“资管新规”确立了资管行业的顶层管理框架，之后“一行两会”配套制度密集出台，不同资管子行业的执行细则相继确立。

（1）央行层面。2018年7月，央行发布《关于进一步明确规范金融机构资产管理业务指导意见有关事项的通知》（以下简称“‘资管新规’补充规定”），进一步明确公募资产管理产品的投资范围、过渡期内相关产品的估值方法以及宏观审慎政策安排。2019年10月21日，央行会同银保监会、证监会、国家外汇管理局发布《标准化债权类资产认定规则（征求意见稿）》，对“标准化债权类资产”的认定规则进行了系统性阐述，并介绍了“非标转标”的方式和渠道。另据公开媒体报道，央行正

会同相关部委起草资产管理产品综合统计制度。待《标准化债权类资产认定规则》以及资产管理产品综合统计制度文件正式出台，央行层面对资管行业的监管规则体系将构建完成。这些规章体系的上位法是《信托法》《证券法》和《证券投资基金法》，实际上，它们在一定程度上起到了“资管行业法”的功能，与其上位法一起共同构成了我国资管制度的顶层架构。

（2）银保监会层面。首先在银行子公司方面，在“资管新规”的精神要求下，2018 年 9 月，银保监会发布《商业银行理财业务监督管理办法》（以下简称“银行理财新规”）；同年 12 月，银保监会发布《商业银行理财子公司管理办法》。这两部规章的出台标志着银行理财业务进入子公司时代；《商业银行理财子公司管理办法》与“资管新规”和银行理财新规共同构成银行理财子公司开展理财业务需要遵循的监管要求和业务开展指引。2019 年，银保监会分别于 10 月和 12 月出台《关于进一步规范商业银行结构性存款业务的通知》和《商业银行理财子公司净资本管理办法（试行）》，对理财子公司业务规则做了进一步完善。其次在信托行业方面，2018 年 8 月，银保监会发布《信托部关于加强规范资产管理业务过渡期内信托监管工作的通知》；2020 年 5 月 8 日，银保监会就《信托公司资金信托管理暂行办法》公开征求意见。另外根据银保监会所公布的 2020 年规章立法工作计划，《信托公司净资本管理办法》有待进一步修订，届时信托行业的相关制度将基本完善。最后在保险资管方面，2020 年 3 月 25 日银保监会发布了《保险资产管理产品管理暂行办法》。

（3）证监会层面。“资管新规”发布之后，证监会在 2018 年 10 月发布《证券期货经营机构私募资产管理业务管理办法》和《证券期货经营机构私募资产管理计划运作管理规定》，《私募投资基金监督管理暂行办法》已开始修订，《私募投资基金管理暂行条例》已经完成征求意见，《证券期货经营机构管理人中管理人（MOM）产品指引（试行）》也于 2019 年 12 月发布，证券基金资管行业的监管制度即将建设完成。

（二）信托行业规范完善，顶层制度体系化

长久以来，信托行业所依据的法律性文件为“一法两规”，即2001年出台的《信托法》和2007年3月中国银监会重新制定并颁发实施的《信托公司管理办法》和《集合资金信托计划管理办法》。信托制度体系的不完善，在一定程度上制约了我国信托行业的发展。“资管新规”颁布以来，在一切资管行业回归本源的大背景下，信托行业制度体系日益完善。概言之，信托行业制度完善可以分为从三个方面进行：一是信托受益权相关制度的建设；二是信托计划运作相关制度的建设；三是信托公司管理能力和治理机制相关制度的建设。“资管新规”出台以来，信托行业相关制度“三管齐下”，制度总体框架逐步建立，信托行业未来的展业方向也逐渐明晰。

（1）信托受益权方面。2017年8月，中国银监会发布《信托登记管理办法》，明确信托机构的信托产品及其受益权信息登记、信托受益权账户的设立和管理等在中国信托登记有限责任公司集中办理。随后，中国信托登记有限责任公司宣布信托登记系统于2017年9月1日上线运行。这意味着全国统一的信托登记制度的来临。2018年8月7日，中国信托登记有限责任公司发布《信托登记管理细则》；2019年7月，中国信托登记有限公司在《信托登记管理办法》和《信托登记管理细则》的制度基础上，继续完善信托登记制度体系，发布了《信托受益权账户管理细则》。这两部细则，在《信托登记管理办法》的基础上，分别对信托登记管理以及受益权账户等两方面的内容进行了细化，明确了相应的操作流程。至此，信托受益权登记制度和系统建设基本完备。

（2）信托计划运作方面。2019年，在“资管新规”的框架下监管部门加强对信托产品的管理，出台多部文件对信托计划的运行进行精细化监督和指导。在监管内容上涉及从信托计划本身的管理运营到与其他资管产

品的衔接等各个方面。2019 年 7 月，银保监会发布《关于保险资金投资集合资金信托有关事项的通知》，扩大“保信”合作范围，明确保险资金去通道、去嵌套的监管导向以及保险资金投资信托的信用增级安排不得由金融机构提供，同时也明确了保信合作中基础资产的投资范围，有利于进一步发挥信托公司在非标资产方面积累的行业优势。2019 年 10 月，国家发改委牵头央行、财政部、银保监会、证监会、国家外汇管理局出台《关于进一步明确规范金融机构资产管理产品投资创业投资基金和政府出资产业投资基金有关事项的通知》，明确符合规定的两类基金在接受资产管理产品及其他私募投资基金投资时，不视为一层资产管理产品，为信托产品投资创投基金和政府产业基金扫清了障碍。2020 年 5 月，银保监会就《信托公司资金信托管理暂行办法》公开征求意见，该办法对照“资管新规”要求，根据从紧从严的监管导向，控制具有影子银行特征的信托融资规模，严格限制通道类业务，推动资金信托业务回归本源，鼓励发展有直接融资特点的资金信托，加强投资者权益保护。

（3）信托公司监管方面。2020 年 2 月，银保监会发布《信托公司股权管理暂行办法》，对信托公司股权管理进行规范；另外根据公开媒体消息，当前银保监会已经起草完成《信托公司资本管理办法》，以强化信托公司的资本管控，该文件将进入征求意见阶段，预计相关配套规定也会陆续出台，为信托公司完善治理结构、合法合规展业、管理及运营提供支持。在“资管新规”的统一指导下，信托公司监管制度渐趋精细，信托资产管理逐步规范。未来几年内，《信托法》有望修订，《信托公司条例》等配套法规也将陆续推出，信托行业的基础制度将更加完善。

（三）信托严监管态势持续，窗口指导已成常态

2019 年以来，银保监会对信托行业的严监管态势持续。2019 年 5 月 17 日，银保监会发布《关于开展“巩固治乱象成果　促进合规建设”工

作的通知》（以下简称“23号文”），该文件是对过去两年资管行业整治乱象成果的巩固，多数内容要求和2017年的“三三四十”及2018年4号文差异不大。针对信托公司的业务开展，23号文强调不得向四证不全、开发商/股东资质不达标、资本金未足额到位的房地产开发项目直接提供融资，或通过股权投资+股东借款、股权投资+债权认购劣后、应收账款、特定资产收益权等方式变相提供融资。23号文的出台导致开展传统房地产信托融资业务的空间被大幅压缩。

23号文之后，监管机构对信托行业的窗口指导也成为常态。2019年7月4日，据财联社报道，多家信托公司近期收到银监窗口指导，要求控制房地产信托业务规模；7月6日，银保监会对部分房地产信托业务增速过快、增量过大的信托公司进行约谈警示，要求它们控制业务增速；7月20日，据《证券时报》报道，监管部门要求信托融资业务中项目公司或其直接控股股东具有不低于房地产开发二级资质；7月30日，中央政治局会议首次提出不将房地产作为短期刺激经济的手段，房地产融资端收紧的趋势有所增强；8月，银保监会向各地银保监分支机构发出《中国银保监会信托部关于进一步做好下半年信托监管工作的通知》（“64号文”），该文件是对各地监管机构下半年工作的要求，主要目的为指导信托公司压缩通道业务、控制房地产信托发展规模和优化信托机构业务结构；9月2日，上海银保监局向辖内各信托公司下发《关于辖内信托公司报备新增房地产信托业务和通道业务相关要求的通知》，要求辖内信托公司定期报告两项业务（房地产信托业务和通道业务）的新增、到期和存量规模，明确新增单笔业务对机构整体业务规模的影响，适度严格开展符合信托本源的事务管理类信托和相关房地产资产证券化业务。信托行业已经处于精细化、严格化监管状态。为落实“资管新规”的要求和推动信托行业发展的转型，监管部门对信托公司的窗口指导已经成为常态。

二、信托行业定位正在重塑，信托展业逻辑深度转变

（一）统一监管框架基本形成，信托业务分类重塑

2017 年 4 月中国银监会下发的《信托业务监管分类试点工作实施方案》和《信托业务监管分类说明》将信托业务分成八类，即信托业务包含债权信托、股权信托、同业信托、标品信托、资产证券化、财产权信托、公益（慈善）信托、事务信托八类，但由于多种原因，该种分类方式并未实际有效地全面推行。《信托公司资金信托管理暂行办法（征求意见稿）》则将信托业务分为三类，即资金信托、服务信托和公益信托，信托业迈入三分类的新时代。监管文件对信托业务进行分类表面是对信托业务做进一步梳理，背后实际是监管逻辑的改变和理顺，后续监管机构将针对不同信托业务制定配套规则以及在操作上进行差异化处理。另外，三大分类也勾画出以后信托行业发展的三大疆场，为信托机构的展业提供了方向指导。

在三大分类之下，监管逻辑更为清晰，将来会出台相关的配套规则，引导和鼓励公益信托和服务信托，充分发挥信托制度在财产转移、财富传承、公共治理等方面的优势。相较于传统业务，信托公司总体定位和业务方向将发生改变。资金信托是监管当前重点治理对象，监管对资金信托的治理将在“资管新规”体系下进行，一方面对信托管理和运营行为进行严格监管，另一方面对信托参与的业务种类和资产种类进行调控，以实现我国金融风险防控所要求的宏观目标。

（二）间接融资向直接融资转变，信托的影子银行特征逐步消失

在传统融资类信托业务模式中，信托公司在一定程度上承担了“信用中介”的角色，且信托公司收取的信托报酬主要来源于利息差，因此通常被认为具有影子银行特征。2019 年，融资类信托总规模为 5.83 万亿元，同比增幅高达 34.17%，融资类信托增长速度已经高于通道业务收缩速度。在 2019 年底召开的中国信托业年会上，中国银保监会党委委员、副主席黄洪在分析信托行业未来发展方向时明确表示，信托公司现行的融资类业务模式混淆了直接融资与间接融资的界限，异化了信托计划，产生了“刚性兑付”，不利于投资者教育，信托业务要坚持发展具有直接融资特点的资金信托。融资类业务被认为具有一定影子银行特征，不能彰显信托制度的优势，在“刚性兑付”仍未被实际打破且经济下行的背景下，容易积累风险。信托公司近年的“踩雷”案例，也主要集中在融资类信托业务方面。另外，根据公开媒体消息，在 2020 年初，各地银保监局向辖区信托公司传达 2020 年信托监管要求，其中一项重要要求是：要坚决清理非标资金池，持续压缩具有影子银行特征的信托融资业务，制订融资类信托压缩计划。2020 年 5 月，中国银保监会就《信托公司资金信托管理暂行办法》征求意见，其中要求信托公司管理的全部集合资金信托计划向他人提供贷款或者投资于其他非标准化债权类资产的合计金额在任何时点均不得超过全部集合资金信托计划合计实收信托的 50%；信托公司管理的全部集合资金信托计划投资于同一融资人及其关联方的非标准化债权类资产的合计金额不得超过信托公司净资产的 30%。该规定也显示了监管层对融资类信托业务的限制，以及对具有直接融资特点资金信托业务的鼓励。

（三）房地产信托迎来最严监管，通道业务持续收缩

2019 年信托行业监管继续延续 2017 年以来的强监管、深监管模式，践行“治乱象、去嵌套、防风险”监管方式，重点整治资金信托业务，重点突出为响应国家“金融风险防控”和“房住不炒”号召，采取多项监管措施，整治房地产信托业务和通道业务。2019 年 4 月，银保监会下发《中国银保监会办公厅关于进一步加强信托公司房地产信托业务监管的通知》，要求各地监管部门按月监测房地产信托业务变化情况，及时采取监管约谈、现场检查，暂停部分或全部业务、撤销高管任职资格等多种措施，坚决遏制房地产信托规模过快增长、风险过度积累的势头。2019 年 5 月 17 日，银保监会发布 23 号文，严禁表内外资金直接或变相用于土地出让金融资、违规向“四证”不全的房地产开发项目提供融资。2019 年 7 月，银保监会信托部约谈警示工作要求严格执行房地产市场调控政策和现行房地产信托监管要求，提高风险管控水平，房地产信托业务增量和增速要控制在合理水平，并优化房地产信托服务方式。在密集出台监管规则之下，监管机构同时运用精细化管理手段，对多家信托公司进行监管窗口指导，要求控制房地产信托业务规模。根据公开媒体消息，在 2020 年 3 月，各地银保监局向辖区信托公司传达 2020 年信托监管要求，要求行业内各家信托公司继续大力加强房地产信托业务管控，原则上 2020 年各信托公司房地产信托资产余额不得高于 2019 年末存量规模。除了通过窗口指导以及政策遏制房地产信托规模过快增长外，监管针对房地产信托违规业务也密集开出罚单，2019 年以来，多家信托公司因违规向房地产企业融资被罚，彰显了监管部门从严监管房地产信托业务的态度。

在通道类信托业务的监管上，2019 年银保监 64 号文要求各地银保监机构严格监管通道类信托业务，严禁辖内信托机构继续开展违反“资管新

规”要求，为各类委托方监管套利、隐匿风险提供便利的信托通道业务，加大存量信托通道业务压缩力度，原则上到期必须清算，不得展期或续作，鼓励辖内信托机构与信托通道业务委托方沟通协商，争取提前结束清算；各地银保监机构需按照“一司一策”原则，督导辖内信托机构制订下半年信托通道业务压降计划，明确相应时间安排和压降任务，按月监测信托通道业务压降情况；对于上半年继续违规开展信托通道业务的信托机构要进一步加大规模压降和业务整改力度，视情况采取惩戒性措施。此后各地银保监机构为贯彻该通知的执行，开始对辖内信托公司进行窗口指导，如2019年9月2日，上海银保监局向辖区内各信托公司下发通知，要求辖区内信托公司从9月开始上报公司房地产信托业务和通道业务新增业务规划、存量业务到期以及整体规模变动等情况，做好通道业务的额度管理，对于不同公司，监管要求也不尽相同。在这种严格的政策督导下，通道业务规模持续下降。

（四）行业紧抓信托文化建设，业务强化适当性义务标准

2019年的中国信托业年会以“弘扬信托文化，强化合规建设”为主题，提出了信托文化的具体内涵。信托文化应具备忠诚守信、持续稳定、财产独立、灵活创新四方面的核心特征，包含服务实体经济的使命文化、满足人民群众需要的宗旨文化、推动社会进步的责任文化、依法合规经营的底线文化，以及坚持职业操守的品质文化五个特质。信托文化的提出实际是监管的导向和信托行业改革的先声，使得该概念从抽象向具体转变，将渗透信托行业的方方面面，最终在信托行业形成以《信托法》为准绳，以信托关系为基础，以受益人利益最大化为目标，坚持信托本源，坚持服务实体经济，以“专业、勤勉、尽职”为精神的行业氛围。信托文化的核心在于“受托人责任”，重点在于信义文化、使命文化、责任文化、合规文化和品质文化建设。信托行业下一步的发展和监管目标实现，也将在信

托文化这一宏观指导下进行。

金融消费者的保护一直是我国金融制度建设的重心。2019 年下半年以来，多个部门出台多项制度，以强化金融机构适当性义务为核心，加强资管行业金融消费者保护。2019 年 11 月 8 日，最高人民法院发布《全国法院民商事审判工作会议纪要》（简称“《九民纪要》”），对金融产品的销售行为做了重要规定，明晰了之前模糊的资产管理纠纷裁判规则。其中值得注意的内容有以下三点。（1）金融产品的卖方机构未尽适当性义务，导致金融消费者在购买金融产品或者接受金融服务过程中遭受损失的，可以请求金融产品的发行人、销售者共同承担连带赔偿责任。（2）卖方机构对其是否履行了“将适当的产品（或者服务）销售（或者提供）给适合的金融消费者”义务承担举证责任。卖方机构不能提供其已经建立了金融产品（或者服务）的风险评估及相应管理制度，对金融消费者的风险认知、风险偏好和风险承受能力进行了测试，向金融消费者告知产品（或者服务）的收益和主要风险因素等相关证据的，应承担举证不能的法律后果。（3）要综合一般人能够理解的客观标准和金融消费者能够理解的主观标准来确定告知说明义务。以上三点内容是对金融机构金融产品销售行为的规范和对信义义务的加强。在此背景下，2019 年 12 月 25 日，央行、银保监会、证监会与国家外汇管理局联合发布《关于进一步规范金融营销宣传行为的通知》，对现行相关法律、法规、规章及规范性文件中关于金融营销宣传行为的规定进行了系统性梳理，对防范化解重大金融风险攻坚战任务分工关于金融营销宣传行为的监管相关要求做出具体部署。12 月 27 日，央行发布《中国人民银行金融消费者权益保护实施办法（征求意见稿）》，进一步对金融机构行为规范、消费者金融信息保护、金融消费争议解决、监督与管理机制等做出明确规定。关于金融消费者保护的诸多新规集中出台，表明监管对金融产品募资端的监管力度进一步加大，资管行业展业环境进一步优化。

三、信托行业处罚力度加大，合规要求进一步趋严

根据银保监会官网的公开信息，从信托行业处罚的数量和处罚金额来看，监管机构的罚单在2016年有9张，处罚金额1,930万元；2017年有22张，处罚金额935万元；2018年有27张，处罚金额1,450万元；在2019年开出35张罚单，处罚金额超过2,000万元，涉及23家信托公司，被处罚的公司占1/3。

从处罚原因看，主要是业务违规，违规行为主要集中在房地产信托业务、信保合作通道、信政业务、公司治理、贷后管理、信息披露等方面。近年信托行业行政处罚原因如表1所示。

表1 2015~2019年信托行业行政处罚情况

处罚原因	2015年	2016年	2017年	2018年	2019年
信息披露不符合要求		4	3	2	7
业务违规	4	2	8	16	17
推介违规	2	1	1		2
董监高行权履职		1	1		1
账户管理缺陷		1			
内控不到位			2	1	4
经营不审慎			3	4	3
关联信息未事前报备			2		2
绩效发放不符合要求			1		
法人治理结构存在缺陷，实际控制人不明			1		1
未履行事前审批				1	
其他原因				3	
合计	6	9	22	27	35

注：有的罚单中涉及1项以上的处罚原因，故处罚原因项的加总数可能与总罚单数不一致。
资料来源：银保监会公告的行政处罚信息、中建投信托博士后工作站。

四、监管引导信托展业方向调整，政策催生新的发展空间

（一）股权投资打开新的业务空间，标品投资将成为业务开展重点

从 2020 年 5 月发布的《信托公司资金信托管理暂行办法（征求意见稿）》内容来看，信托行业在未来的发展中将限制投资非标债权资产的比例和集中度。该办法明确要求全部集合资金信托计划投资于非标债权类资产的合计金额在任何时点均不得超过全部集合资金信托计划合计实收信托的 50%，全部集合资金信托计划投资于同一融资人及其关联方的非标债权类资产的合计金额不得超过信托公司净资产的 30%。该规定主要是对 2017 年以来与资金信托相关规定的归总和延续。限制非标债权的规模对目前大多数公司的业务结构会造成较大影响。从业务上来说，通道类业务会受到进一步压缩，标准化业务会进一步得到重视，股权类投资规模将稳步提升。另外，值得关注的是，2018 年 1 月，银保监会在"资管新规"的基础上，出台了《关于保险资金设立股权投资计划有关事项的通知》，其中明确提出股权投资计划可以投资以下资产：未上市企业股权、私募股权投资基金以及创业投资基金等。该文件也表明了监管禁止保险资管产品名股实债结构，推动股债分离的监管导向，将有助于保险资管机构积极引导长期资金入市，加大股权投资计划的比重。银保监会于 2019 年出台的相关监管文件，不论是针对保险资管股权投资计划的配套细则，还是对资金信托管理的最新规定，都有利于引导中长期资金入市。2020 年 6 月 1 日，银保监会党委书记、主席郭树清同志在主持召开党委会议和委务会议，传达学习习近平总书记在全国"两会"期间和中央政治局第 20 次集体学习上的重要讲话精神时强调，银保监会将支持直接融资发展，引导理财、信托、保险等为资本

市场提供长期稳定资金支持。以上政策表明，监管部门对股权投资的鼓励和引导力度在加大。

2019 年以来股权投资市场迎来多重利好。2019 年 12 月 29 日新《证券法》出台，在证券市场推行“注册制”；2020 年 4 月 27 日，中央深改委会议通过《创业板改革并试点注册制总体实施方案》。随后，证监会、深交所出台《创业板首次公开发行股票注册管理办法（试行）》等四部规章、《创业板股票上市规则》等八项主要规则，开始在创业板实行“注册制”。注册制推行有利于私募股权投资市场的发展，为各类资管机构参与资本市场提供了新的业务发展方向，也为私募股权基金的退出提供了便捷渠道，为国内股权投资市场注入了新的活力，从而可以催发股权投资一级市场的发展和壮大。无论是监管的要求，还是股权投资市场环境改善，都给信托行业股权投资业务带来了更广阔的空间。

信托行业的监管导向也将推动标品信托业务的发展。标品信托业务近年来增长缓慢，原因在于标品投资的投入大，收益少，而且标品信托业务目前仍面临着流程和制度不够完善的问题。《信托公司资金信托管理暂行办法（征求意见稿）》限制非标债权类信托规模比例，间接给予了信托公司发展标品信托业务的动力，即信托公司可通过做大标准化资金信托规模以做大分母的方式，创造更多非标的额度和空间。另外，2007 年出台的《信托公司管理办法》明确禁止了信托公司固有资金回购业务，同时对信托产品的回购也一并禁止。不能运用杠杆一直是信托相较于其他资管产品的一大劣势，信托产品此前也一直通过嵌套其他资管计划的方式参与回购业务。而《信托公司资金信托管理暂行办法（征求意见稿）》规定信托产品“可以通过在公开市场上开展标准化债权类资产回购或者国务院银行业监督管理机构认可的其他方式融入资金”，且杠杆上限与银行理财一致，“每只结构化集合资金信托计划总资产不得超过其净资产的百分之一百四十”，“每只非结构化资金信托总资产不得超过其净资产的百分之二百”。此项规定是监管促进资产管理行业公平竞争的一项举措，也为标准化信托业务的发展扫除了障碍，将大大促进标准化债权类信托业务发展。

（二）信托行业强调回归本源，服务信托业务空间广阔

随着信托行业压缩通道业务、压降管理资产规模，信托业务转型创新成为信托长期可持续发展的必由之路，监管部门开始思考与规划信托行业的发展方向，强调行业回归“受人之托、忠人之事”的信托理念。2018 年中国信托业年会提出，“信托行业要坚持更好地服务实体经济，服务人民美好生活，服务现代金融体系建设；信托业务要坚持发展具有直接融资特点的资金信托，发展以受托管理为特点的服务信托”。2019 年，中国信托业协会更是将“服务信托”作为年度重点研究课题之一。与单纯的资金管理、投资增值类信托业务不同的是，服务信托更偏向于事务性服务，具有多样性，涵盖社会生活的方方面面，这也是信托机构区别于其他金融机构的制度特征，是我国信托行业的转型大方向。2019 年 8 月银保监会下发“64 号文”，传达 2019 年下半年监管重点为“去通道、控地产、优化结构”，特别强调支持信托机构积极培育以受托管理为特点的服务信托，以及体现社会责任的公益信托，推动信托在财富管理、财富传承、慈善救济、社会稳定等方面发挥积极作用。2020 年 1 月，银保监会公布《中国银保监会关于推动银行业和保险业高质量发展的指导意见》，提出信托公司要回归“受人之托、代人理财”的职能定位，积极发展服务信托、财富管理信托、慈善信托等本源业务。2020 年 2 月，根据公开媒体报道，银保监会已经起草《信托公司资本管理办法（试行）》（以下简称“资本办法”）及其相关配套文件，下一步将对此进行公开征求意见，其中涉及对资金信托设置了较高的风险系数，降低了服务信托和公益信托的风险系数，以鼓励信托公司发挥信托制度优势，回归本源发展。从监管对服务信托所释放的信号看，肯定了信托行业开展服务信托的转型定位。2020 年 5 月 8 日，银保监会就《信托公司资金信托管理

暂行办法》征求意见，该文件就服务信托给出定义：服务信托业务是指信托公司运用其在账户管理、财产独立、风险隔离等方面的制度优势和服务能力，为委托人提供除资产管理服务以外的资产流转，资金结算，财产监督、保障、传承、分配等受托服务的信托业务，对于以受托服务为主要服务内容的信托业务，无论其信托财产是否为资金形式，均不再纳入资金信托，包括家族信托、资产证券化信托、企业年金信托、慈善信托及其他监管部门认可的服务信托。据此，顶层监管框架已成雏形，服务信托制度的构建为信托机构开辟了新的发展方向和展业空间。

附表　2019 年至 2020 年 5 月资管行业主要监管政策一览

序号	发布单位	发布时间	文件/会议名称	主要内容
1	银保监会	2019 年 4 月 11 日	《中国银保监会办公厅关于进一步加强信托公司房地产信托业务监管的通知》（银保监办便函〔2019〕957 号）	要求各地监管部门按月监测房地产信托业务变化情况，及时采取监管约谈、现场检查，暂停部分或全部业务、撤销高管任职资格等多种措施，坚决遏制房地产信托过快增长、风险过度积累的势头。
2	银保监会	2019 年 5 月 17 日	《关于开展“巩固治乱象成果　促进合规建设”工作的通知》（银保监发〔2019〕23 号）	首次提及影子银行的概念，严查资金通过影子银行渠道违规流入房地产市场，对信托房地产监管再次严防死守；针对信托公司，强调不得向四证不全、开发商/股东资质不达标、资本金未足额到位的房地产开发项目直接提供融资，或通过股权投资 + 股东借款、股权投资 + 债权认购劣后、应收账款、特定资产收益权等方式变相提供融资。
3	银保监会	2019 年 7 月 1 日	《关于保险资金投资集合资金信托有关事项的通知》（银保监办发〔2019〕144 号）	降低了信托公司的准入门槛；险资投资的集合资金信托基础资产限于非标准化债权资产、非上市权益类资产以及银保监会认可的其他资产；非标债权资产评级要求比之前有所提高；增加保险公司投资同一集合资金信托的集中度要求；明确信用增级安排，增加免增信的要求；禁止将资金信托作为通道，重申信托公司主动管理的标准；禁止投资结构化集合资金信托的劣后级受益权。

续表

序号	发布单位	发布时间	文件/会议名称	主要内容
4	银保监会	2019 年 7 月 4 日	关于控制房地产信托规模的窗口指导意见	7 月 4 日，多家公司收到监管要求，此次指导的内容主要有以下几个方面。（1）今年房地产信托规模不得超过 6 月末的规模；（2）已备案项目不影响发行及成立，未备案项目一律暂停；（3）符合“432”的通道类业务也算作房地产项目，全部暂停；（4）房地产公司并购类也算作房地产项目，受窗口指导影响，全部暂停；（5）城市更新类旧改项目暂时不受此次窗口指导影响。
5	中信登	2019 年 7 月 19 日	《信托受益权账户管理细则》	（1）明确“自愿开户、账户实名、一人一户、信息保密”原则；（2）明确了金融机构申请代理开户机构资格应具备的条件；（3）规定了不同账户的申请开立要求；（4）规定了账户的主要用途，即账户用于记载受益人基本信息、账户功能权限信息，以及信托受益权持有及变动情况等信息。
6	银保监会	2019 年 7 月 20 日	关于房地产信托业务报备的窗口指导意见	自 7 月 20 日起，监管仅同意符合如下条件之一的房地产信托业务报备（包括预登记/重新申请预登记/补充预登记）：（1）项目公司本身具有不低于房地产开发二级资质的资质；（2）项目公司不具有二级资质，但直接控股股东（须持有项目公司 50% 以上的股权）具有不低于房地产开发二级资质的资质。
7	银保监会	2019 年 7 月 20 日	监管部门针对房地产对部分信托公司约谈	银保监会对 20 家信托公司进行约谈，要求：（1）增强大局意识，严格落实“房住不炒”的总要求；（2）提高风险管控水平，确保业务规模及复杂程度与自身资本实力、资产管理水平、风险防控能力相匹配；（3）提高合规意识，加强合规建设，确保房地产信托业务稳健发展；（4）控制业务增速，将房地产信托业务增量和增速控制在合理水平；（5）提升受托管理能力，积极优化房地产信托服务方式，为房地产企业提供专业化、特色化金融服务。
8	中央政治局	2019 年 7 月 30 日	中共中央政治局会议	会议要求，坚持房子是用来住的、不是用来炒的定位，落实房地产长效管理机制，不将房地产作为短期刺激经济的手段。

续表

序号	发布单位	发布时间	文件/会议名称	主要内容
9	银保监会	2019 年 8 月 4 日	《中国银保监会信托部关于进一步做好下半年信托监管工作通知》（信托函〔2019〕64 号）	（1）去通道业务。加大存量信托通道业务压缩力度，原则上到期必须清算，不得展期或续作，鼓励提前结束通道业务。按照“一司一策”原则，按月监测信托通道业务压降情况。（2）控房地产信托。加强合规管理和风险控制，按月监测房地产信托业务变化情况。第三季度每日时点都不能超6 月 30 日规模，保证第三季度房地产业务余额零增长。（3）优化信托机构业务结构。督促辖内信托机构调整固有业务结构，确保固有资产保持充分流动性和安全性，不得以短期滚动负债的方式变相加杠杆经营，切实增强风险防御能力。
10	中银协	2019 年 8 月 5 日	《商业银行理财产品核算估值指引（征求意见稿）》	（1）明确了摊余成本法估值的两大适用范围。一是会计准则允许划分为以摊余成本计量的金融资产（AC）或其他金融负债；二是央行、银保监会等监管机构允许采用摊余成本进行估值。（2）明确了权益类证券的分类为“以公允价值计量且其变动计入当期损益的金融资产”，采用公允价值计量。（3）明确了资产支持证券包括资产支持证券（ABS）、资产支持票据（ABN）、信贷资产证券化（MBS）、私募债等，由于其交易不活跃，未来的现金流也难以确认，可按成本估值。（4）明确了非标有摊余成本法和公允价值法两种估值方式。（5）明确了非上市企业股权的估值对象，对于已在全国中小企业股份转让系统挂牌但交易不活跃的企业，股权估值也要参考本指引。
11	银保监会	2019 年 8 月 20 日	部分地区监管部门对通道类信托业务的窗口指导意见	8 月 20 日，北京、上海等地多家信托公司被地方银保监局要求暂停通道业务。同时，对于不同公司，监管要求也不尽相同，也有个别信托公司只是被要求控制通道业务规模，“压缩 20%”。此次窗口指导是各地银保监机构对信托 64 号文的贯彻执行。

续表

序号	发布单位	发布时间	文件/会议名称	主要内容
12	上海银保监局	2019 年 9 月 2 日	《关于辖内信托公司报备新增房地产信托业务和通道业务相关要求的通知》	要求辖内信托公司定期报告两项业务（房地产信托业务和通道业务）的新增、到期和存量规模；明确新增单笔业务对机构整体业务规模的影响；适度严格开展符合信托本源的事务管理类信托和相关房地产资产证券化业务。
13	央行会同银保监会、证监会、国家外汇管理局	2019 年 10 月 12 日	《标准化债权类资产认定规则（征求意见稿）》	（1）央行拟明确的标准化债权类资产主要包括国债、央票、地方政府债券、铁道债、金融债券、非金融企业债务融资工具、公司债、企业债、国际机构债券、同业存单、信贷资产支持证券、资产支持票据、证交所挂牌交易的 ABS，以及固定收益类公募基金等；符合“资管新规”五项标准的债权类资产；由国务院同意设立的交易市场向央行提交申请并获得认定的。（2）央行拟明确的非标债权类资产。不符合上述所列条件的债权类资产；其他未同时符合本规则第二条条件的为单一企业提供债权融资的各类金融产品；理财登记托管中心的理财直接融资工具；银登中心的信贷资产流转和收益权转让相关产品；北金所的债权融资计划；中证报价系统的收益凭证；保交所司的债权投资计划、资产支持计划。（3）央行拟明确的非非标。存款（包括大额存单），以及债券逆回购、同业拆借等形成的资产。
14	银保监会	2019 年 10 月 18 日	《关于进一步规范商业银行结构性存款业务的通知》（银保监办发〔2019〕204 号）	（1）明确要求发行结构性存款的银行应该具备普通类衍生品资质；（2）明确结构性存款内嵌衍生品，发售后属于非套期保值衍生品交易，和表内其他非套期保值加总的市场风险资本不超过本行一级资本的 3%；（3）要求结构性存款参照执行银行理财产品的销售规定；（4）明确结构性存款投资者适当性管理、合规销售、信息披露等环节，进一步强化对投资者合法权益的保护。

续表

序号	发布单位	发布时间	文件/会议名称	主要内容
15	国家发改委牵头央行、财政部、银保监会、证监会、国家外汇管理局	2019年10月25日	《关于进一步明确规范金融机构资产管理产品投资创业投资基金和政府出资产业投资基金有关事项的通知》（发改财金规〔2019〕1638号）	（1）明确创业投资基金，是指向处于创建或重建过程中的未上市成长性创业企业进行股权投资，以期所投资创业企业发育成熟或相对成熟后，主要通过股权转让获取资本增值收益的股权投资基金。（2）明确政府出资产业投资基金，是指包含政府出资，主要投资于非公开交易企业股权的股权投资基金和创业投资基金。（3）符合本通知规定要求的两类基金接受资产管理产品及其他私募投资基金投资时，该两类基金不视为一层资产管理产品。
16	证监会	2019年10月25日	《关于做好公开募集证券投资基金投资顾问业务试点工作的通知》（机构部函〔2019〕2515）	（1）明确表示试点机构可以代客户做出具体投资决策。（2）有资管业务资格的机构包括：证券公司、证券公司子公司、基金管理公司、基金管理子公司、期货公司、期货公司子公司、保险资产管理机构、金融资产投资公司；以及在中基协登记备案的私募投资基金管理人。但注意，并不是所有的这类机构都有这类资格，比如有部分证券公司就未获得开展资产管理业务的资质，此外也有部分证券公司由独立的资管子公司开展这类业务。（3）试点机构从事基金投资顾问业务，可以接受客户委托，按照协议约定向其提供基金投资组合策略建议，并直接或者间接获取经济利益。基金投资组合策略建议的标的应当为公募基金产品或经证监会认可的同类产品。

续表

序号	发布单位	发布时间	文件/会议名称	主要内容
17	银保监会	2019 年 11 月 22 日	《保险资产管理产品管理暂行办法（征求意见稿）》	是严格根据“资管新规”的口径拟定的。对集中度、合格投资者销售、非标比例限制、期限匹配要求、信息披露等领域都做了相应规范。 （1）明确坚持保险资管产品的私募定位。 （2）同一保险资产管理机构管理的全部组合类保险资产管理产品投资于非标准化债权类资产的余额，在任何时点上不得超过其管理的全部组合类保险资产管理产品净资产的 35%。（3）险资投资的保险资管，其投资范围应严格遵守保险资金运用的监管规定；非险资投资的保险资管，其投资范围与其他资产管理产品的投资范围基本保持一致；放松了 ABS，可以投资银行间和交易所交易的 ABS 产品。（4）产品销售上，可以自行销售也可以代销，但是代销机构仅限于银行业和保险业金融机构，互联网渠道或将被禁止。（5）将组合类保险资管产品由首单核准改为登记，同时要求保险资管产品发行应当在银保监会认可的机构履行注册或者登记程序。
18	银保监会	2019 年 12 月 2 日	《商业银行理财子公司净资本管理办法（试行）》	（1）银行理财子公司应当建立净资本监控和补充机制，确保持续符合净资本监管要求。同时还要定期开展压力测试，测算不同压力情景下的净资本充足水平。 （2）银行理财子公司在计算净资产时，应当充分计提资产减值准备、确认预计负债。（3）对理财子公司自营资金的投向做了明确规范，投向包括：现金及银行存款、拆放同业、债券和本公司理财产品。 （4）理财子公司净资本管理应当符合以下两方面标准：一是净资本不得低于 5 亿元人民币，且不得低于净资产的 40%；二是净资本不得低于风险资本，确保理财子公司保持足够的净资本水平。

续表

序号	发布单位	发布时间	文件/会议名称	主要内容
19	证监会	2019 年 12 月 6 日	《证券期货经营机构管理人中管理人（MOM）产品指引（试行）》	（1）明确 MOM 产品应同时符合以下两个特征：一是部分或全部资产委托给两个或两个以上符合条件的投资顾问，由其提供投资建议服务；二是资产划分成两个或两个以上资产单元，每一个资产单元单独开立证券期货账户。（2）对 MOM 产品定义、运作模式、参与主体主要职责及资质要求、投资运作、内部控制及风险管理、法律责任等进行了规范。
20	最高院	2019 年 12 月 13 日	《全国法院民商事审判工作会议纪要》	重点对公司纠纷、合同纠纷、担保纠纷、金融纠纷、破产纠纷、案外人救济等案件审理中存在的争议问题做出统一裁判思路。共 130 条，覆盖 12 大方面的重点内容，直面民商事审判中的前沿疑难争议问题，密切关注正在制定修改的《民法典》《公司法》《证券法》《破产法》等法律的最新动态，密切跟踪金融领域最新监管政策、民商法学最前沿理论研究成果，内容涉及公司、合同、担保、金融（包括金融消费者保护、证券、信托、保险、票据）、破产等民商事审判的绝大部分领域。其中关于金融产品的销售，重点内容规定：卖方责任承担；卖方举证责任倒置；严格的明示告知义务。
21	银保监会	2019 年 12 月 20 日	银保监会近期重点工作通报会议	会上表示，银保监会始终要求银行严格落实“资管新规”、理财新规的规定，规范开展理财业务；对于存量业务的处置，严格制订整改计划，按照进度扎实有序推进，但也会根据实际情况研究决定是否对相关政策进行小幅适度调整。按照“资管新规”补充通知的精神，过渡期结束后，由于特殊原因而难以处置的存量资产，可由相关机构提出申请和承诺。经金融监管部门同意，采取适当安排，妥善处理。

续表

序号	发布单位	发布时间	文件/会议名称	主要内容
22	央行、银保监会、证监会和国家外汇管理局	2019 年 12 月 25 日	《关于进一步规范金融营销宣传行为的通知》（银发〔2019〕316 号）	一是明确金融营销宣传资质要求，市场经营主体须在取得相应金融业务经营资质的前提下自行开展或委托他人开展金融营销宣传活动。二是明确监管部门职责，国务院金融管理部门及其分支机构或派出机构应当按照法定职责分工切实做好金融营销宣传行为的监督管理工作，并与地方政府相关部门加强合作，推动落实对本辖区内金融营销宣传行为及涉及金融的非法营销宣传活动的监管职责。三是明确金融营销宣传行为规范，在金融营销宣传规范管理和行为要求等方面对金融产品或金融服务经营者提出具体要求。四是明确对违法违规金融营销宣传活动将采取相应监管措施，并明确本通知的生效时间和其他相关规定。
23	央行	2019 年 12 月 27 日	《中国人民银行金融消费者权益保护实施办法（征求意见稿）》	包括 7 章 69 条，对金融机构行为规范、消费者金融信息保护、金融消费争议解决、监督与管理机制等做出明确规定。明确指出，金融机构收集、使用消费者金融信息，应当遵循合法、正当、必要原则，经金融消费者明示同意。金融机构不得收集与业务无关的消费者金融信息，不得采取不正当方式收集信息，不得变相强制收集消费者金融信息。
24	银保监会、央行	2019 年 12 月 27 日	《关于规范现金管理类理财产品管理有关事项的通知（征求意见稿）》	是落实“资管新规”、理财新规和《商业银行理财子公司管理办法》等制度要求的具体举措。
25	全国人大	2019 年 12 月 28 日	《证券法》	新《证券法》第二条明确规定，“资产支持证券、资产管理产品发行、交易的管理办法，由国务院依照本法的原则规定”，首次将资产管理产品写进《证券法》，进一步夯实了对资管产品统一监管的法律基础。

续表

序号	发布单位	发布时间	文件/会议名称	主要内容
26	银保监会	2020 年 1 月 3 日	《中国银保监会关于推动银行业和保险业高质量发展的指导意见》（银保监发〔2019〕52 号）	信托公司要回归“受人之托、代人理财”的职能定位，积极发展服务信托、财富管理信托、慈善信托等本源业务。
27	银保监会	2020 年 2 月 6 日	《信托公司股权管理暂行办法》	共六章七十八条，就信托公司股权管理涉及的总体原则、股东责任、信托公司职责、监管部门职责、明晰相关法律责任等均做了专章要求。在监管思路和相关要求方面，充分借鉴了《商业银行股权管理暂行办法》的制度安排和实践经验，并突出考虑了信托监管实际。整体来看，对信托公司股权管理的主要要求是公司股权阳光化、股权管理规范化和管理责任积极化三个方面。
28	证监会	2020 年 2 月 14 日	《关于修改〈上市公司证券发行管理办法〉的决定》；《关于修改〈创业板上市公司证券发行管理暂行办法〉的决定》；《关于修改〈上市公司非公开发行股票实施细则〉的决定》	（1）新的《证券法》施行后，创业板和主板（中小板）继续实施核准制，注册制还需要等国务院的具体实施步骤。 （2）再融资新政发布后，已经领取批文没有发行的，可以在履行会后事项之后适用新规则，不用重新上发审会审核。 （3）取消创业板公开发行证券最近一期末资产负债率高于 45% 的条件；取消创业板非公开发行股票连续两年盈利的条件。 （4）取消创业板前次募集资金基本使用完毕，且使用进度和效果与披露情况基本一致的发行条件。 （5）上市公司董事会决议提前确定全部发行对象且为战略投资者等的，定价基准日可以为关于本次非公开发行股票的董事会决议公告日、股东大会决议公告日或者发行期首日。 （6）非公开发行价格由不得低于定价基准日前 20 个交易日公司股票均价的 9 折改为 8 折；将锁定期由 36 个月和 12 个月分别缩短至 18 个月和 6 个月。 （7）非公开发行的股票不适用减持规则的相关限制。

续表

序号	发布单位	发布时间	文件/会议名称	主要内容
28	证监会	2020 年 2 月 14 日	《关于修改〈上市公司证券发行管理办法〉的决定》； 《关于修改〈创业板上市公司证券发行管理暂行办法〉的决定》； 《关于修改〈上市公司非公开发行股票实施细则〉的决定》	（8）将主板（中小板）、创业板非公开发行股票发行对象数量统一调整为不超过 35 名。 （9）非公开发行的股份比例不得超过总股本的 30%（原来是 20%）。 （10）将再融资批文有效期从 6 个月延长至 12 个月。
29	银保监会	2020 年 3 月 25 日	《保险资产管理产品管理暂行办法》	（1）保险资管产品包括债权投资计划、股权投资计划、组合类产品三大类。（2）保险资管产品的投资范围包括以下三类：国债、地方政府债券、中央银行票据、政府机构债券、金融债券、银行存款、大额存单、同业存单、公司信用类债券；在银行间债券市场或者证券交易所市场等经国务院同意设立的交易市场发行的证券化产品；公募证券投资基金、其他债权类资产、权益类资产和其他。（3）明确保险资管产品不得直接投资商业银行信贷资产；组合类产品可以投资非标债权类资产，但存在限额要求，即同一保险资管机构管理的全部组合类产品投资于非标债权资产的比例不得超过净资产的 35%。（4）保险资管产品的定位为私募产品，面向合格投资者非公开发行。（5）明确保险资产管理机构可以自行销售，也可以委托符合条件的金融机构以及银保监会认可的其他机构代理销售。（6）明确简化产品的发行程序。
30	银保监会	2020 年 3 月 26 日	监管部门针对信托行业房地产业务、通道业务和融资类信托业务的窗口指导意见	（1）继续压降信托通道业务，按照“资管新规”过渡期整改要求，制订年度“去通道、去嵌套”整改计划。（2）持续整治影子银行乱象，要坚决清理非标资金池，持续压缩具有影子银行特征的信托融资业务，制订融资类信托压缩计划。（3）继续大力加强房地产信托业务管控，原则上 2020 年各信托公司房地产信托资产余额不得高于 2019 年末存量规模。

续表

序号	发布单位	发布时间	文件/会议名称	主要内容
31	银保监会	2020 年 4 月 13 日	监管部门关于信托文化建设的指导意见	多家信托公司近期收到监管要求，要求扎实开展信托文化建设。
32	银保监会	2020 年 4 月 14 日	《中国银保监会信托公司行政许可事项实施办法（征求意见稿）》	（1）进一步规范明确信托公司行政许可准入标准，强化与其他监管政策和指导意见等有效衔接。（2）落实进一步对外开放政策，取消外资金融机构入股信托公司 10 亿美元总资产要求。（3）持续深化“放管服”改革，进一步推进简政放权，优化许可流程程序，简化申请材料。（4）强化监管导向，匹配行业发展实际，鼓励信托公司开展本源业务，引导信托公司完善公司治理，助推信托业转型发展。
33	中央全面深化改革委员会、证监会、深交所	2020 年 4 月 27 日	《创业板改革并试点注册制总体实施方案》； 《创业板首次公开发行股票注册管理办法（试行）》等四部规章； 《创业板股票上市规则》等八项主要规则	（1）构建市场化的发行承销制度，对新股发行定价不设任何行政性限制，建立以机构投资者为参与主体的询价、定价、配售等机制。（2）完善创业板交易机制，放宽涨跌幅限制，优化转融通机制和盘中临时停牌制度。（3）构建符合创业板上市公司特点的持续监管规则体系，建立严格的信息披露规则体系并严格执行，提高信息披露的针对性和有效性。（4）完善退市制度，简化退市程序，优化退市标准。（5）制度设计还在创业板企业的注册制安排、持续监管、发行保荐等方面做了规范和完善。
34	证监会/国家发改委	2020 年 4 月 30 日	《关于推进基础设施领域不动产投资信托基金（REITs）试点相关工作的通知》（证监发〔2020〕40 号）； 《公开募集基础设施证券投资基金指引（试行）（征求意见稿）》	（1）结构。基础设施 REITs 是封闭式、可上市契约型基金，采用“公募基金－ABS－项目公司－基础设施”结构。（2）特征。80% 的基金资产投资于基础设施；每年 90% 的分红；公募基金管理运作基础设施项目。（3）参与主体及职能。公募基金作为基础设施 REITs 的管理人，负责资金募集、尽调、聘请相关中介机构（保荐、评估、律所、会所、评级）以及不动产运营管理；ABS 管理人根据《证券公司及基金管理公司与公司资产证券化业务管理规定》将基础资产打包发行 ABS 份额；财务顾问（保荐人）参照 IPO 标准进行项目尽调。（4）牌照。公募基金管理人：公募牌

续表

序号	发布单位	发布时间	文件/会议名称	主要内容
34	证监会/国家发改委	2020 年 4 月 30 日	《关于推进基础设施领域不动产投资信托基金（REITs）试点相关工作的通知》（证监发〔2020〕40 号）；《公开募集基础设施证券投资基金指引（试行）（征求意见稿）》	照基本要求 + 有经验基础设施管理运营团队 + 研究团队。托管人：有基础设施资管产品托管经验。（5）项目要求。征求意见稿对优质项目要求比较严格。（6）基金销售。原始权益人战略配售至少 20%，5 年锁定期；网下发售至少 64%，1 年锁定期。
35	银保监会	2020 年 5 月 8 日	《信托公司资金信托管理暂行办法（征求意见稿）》	（1）将信托业务重新分类：资金信托、服务信托和公益信托。（2）确定资金信托的私募定位。（3）信托公司管理的全部集合资金信托计划向他人提供贷款或者投资于其他非标准化债权类资产的合计金额在任何时点均不得超过全部集合资金信托计划合计实收信托的 50%。（4）信托公司管理的全部集合资金信托计划投资于同一融资人及其关联方的非标准化债权类资产的合计金额不得超过信托公司净资产的 30%。（5）允许银行间交易所证券化资产的正回购。（6）信托公司集合层面的固信交易以及信托财产与关联方之间的交易有一定程度的放宽，而同一信托公司管理的不同信托产品的信托财产之间的交易被全面禁止。（7）对固有财产投资信托产品的投资额度进行了限制，即要求固有财产投资单只集合资金信托计划的份额不得超过该信托实收信托总份额的 20%，且固有财产直接或者间接投资其管理的所有集合资金信托计划的金额不得超过信托公司净资产的 50%。（8）明确要求同一信托公司管理的全部资金信托所持有的单一上市公司股票不得超过该上市公司流通股市值的 30%；每只集合资金信托计划持有单一上市公司发行的股票的市值最高不超过该资金信托净资产的 25%。

资料来源：中建投信托博士后工作站。

第二部分 风险管理专题研究

浅谈从风险处置看信托业资产选择

董　建

摘　要：当前，我国经济正经历从高速增长向高质量发展的结构性转型，资产管理规模仅次于银行业的信托业风险集中暴露。在此背景下信托公司开展业务，需要做好“增量稳健展业＋存量风险化解”双轮驱动。本文结合笔者风险资产处置实践，基于行业选择、主体选择及抵押物选择三个风险案例，分析总结规律，提出解决方案，并为前端业务资产筛选提供参考。

关键词：风险资产率　行业选择　举债主体　抵押物完整性

一、信托业风险资产现状

中国信托业协会公布的数据显示，2019 年末全国 68 家信托公司信托资产规模为 21.60 万亿元①，同比下降 4.85%；风险资产规模为 5770.47 亿元，同比增加 159.71%；风险项目数量为 1547 个，同比增长 129.19%。2017 年以前，信托业风险资产率②维持在 0.8% 以下，2018 年小幅上升至 0.98%，2019 年末已大幅上升至 2.67%。

在此背景下，信托公司在做好存量风险化解的同时，需要认真反思风险发生的原因和机理，及时优化和调整展业策略，避免同类风险的再次发生，或确保风险发生后在手的增信措施能够真正实现风险缓释效果。

---

① 《2019 年 4 季度末信托公司主要业务数据》，中国信托业协会官网，http：//www. xtxh. net/xtxh/statistics/45930. htm，2020 年 3 月 20 日。

② 风险资产率定义为风险资产规模与信托资产规模之比。

二、信贷风险成因理论

风险资产的成因，从宏观上分析主要是经济周期和宏观政策；从中观上分析主要是金融同业同质化竞争；从微观上分析主要是金融机构及企业行为失当。

从宏观上看，一般用 Minsky 提出的金融脆弱性理论和 Kregel 提出的安全边界理论解释。[①] 市场经济环境下，在下行周期，经济增速放缓引发风险暴露。本轮经济周期中以钢铁、煤炭、造船为代表的制造业，批发和零售业，采矿业等行业受经济下行影响，资产周转率下降，风险集中发生。2008 年之后的几年中，经济刺激政策在应对全球金融危机冲击、稳定我国经济基本面等方面起到了积极作用，但同时也产生了信贷过量投放、形成大量过剩产能、产生风险隐患等负面影响。光伏行业的政府补贴政策引发全国投资热潮，导致产能过剩，风险集中在该领域爆发。

从中观上看，可以用 Stiglitz 和 Weiss 提出的贷款竞争理论解释。[②] 银行、信托等信用发放机构在同业内，监管边界趋同、经营模式同质化程度较高，加剧了同业竞争，为了完成 KPI，金融机构往往放宽审批标准，增加风险容忍度，或设计复杂的交易结构谋取监管套利（为规范该类情况，四部委联合下发《关于规范金融机构资产管理业务的指导意见》）。

从微观上看，可以用 John H. Wood 于 20 世纪 70 年代提出的客户关系理论和 Gwyne 等学者提出的贷款勉强理论进行解释，两种理论都归因于信

---

① Minsky, H. P. , "Longer Waves in Financial Relations: Financial Factors in the More Severe Depressions," *Journal of Economic Issues*, 1995, 29 (1): 83 - 96; Kregel, J. A. , "Margins of Safety and Weight of the Argument in Generating Fragility," *Journal of Economic Issues*, 1997, 31 (2): 543 - 548.

② Stigliz, J. , Weiss, A. , "Credit Rationing in Markets with Imperfect Information," *American Economic Review*, 1981, (3) .

用双方行为失当。[①] 企业在信用宽松周期，盲目扩大产能或大举并购，导致过度负债；而金融机构为了维护客户关系，提供甚至超额提供资金，助长企业不当投资行为。在信用紧缩周期，上述不当行为导致企业债务包袱太重，流动性紧张，从而陷入财务困境和经营困境，甚至面临破产。

实践操作中，信托业的底层资产风险也体现出以上三个层面的相应特征。本着实务性、典型性、参考性原则，以光伏电站的风险案例阐释经济周期和行业宏观政策的影响；以综合型企业集团的风险案例阐释企业盲目扩张、行为失当导致风险发生；以抵押物完整性分析房地产相关行业抵押贷款风险缓释措施失效的情况。

三、信托资产风险案例分析

对于金融从业者来说，风险理论众人皆知，但在亲身遭遇风险之前往往认为风险距离自己何其遥远而心存侥幸，抑或认为自己的风险意识和风险管理已经非常到位而盲目自信。本文以此轮经济周期中发生的三个真实风险案例为切入口，尝试将风险理论具象化、实务化，在分析风险因素导致困境的同时，也尝试有针对性地提出解决方案。

第一个案例是光伏电站行业的信托业务风险，借此案例分析经济周期和宏观政策对信托业务的影响。2008 年国际金融危机之后，我国实施了一系列经济刺激政策，迎来了信用扩张周期。[②] 光伏电站行业较为典型，考虑到有明确的补贴政策、建设期较短、现金流可预期等原因，光伏电站建设期融资成为信托资金追求的资产。后期，由于该行业产能增长和补贴资

① 转引自崔苧心等《我国商业银行不良贷款率影响因素研究》，《经济学研究》2016 年第 3 期，第 43 ~ 50 页。

② 郭延武等：《2008 年以来我国中央银行货币政策工具组合》，《财政金融》2013 年第 14 期，第 172 ~ 173 页。

金供给脱节，电站现金流大不如预期，风险集中爆发。由于债务包袱较重，案例项目不能通过常规的资产重组、债务重组、股权重组、司法拍卖等途径实现退出，笔者认为破产重整是可行性较高的退出路径。

第二个案例是综合型企业集团的信托风险项目，借此案例分析盲目扩张、大举并购的企业经营战略导致的风险。改革开放40年以来，我国涌现出一批在细分领域建立起竞争优势的企业，这些企业已经构筑了行业壁垒，也积累了一定的资本实力，为了保持持续增长，往往激进地向其他领域快速扩张。此前创业的成功经验膨化了企业家的自信，许多企业家开始盲目并购扩张。[①] 然而，后期整合往往不如预期，叠加经济下行周期影响，触发风险发生，甚至传导至其传统优势领域。这类综合型企业集团的风险化解，考虑社会影响较大，往往需要借助政府的政策支持才能实现。

第三个案例是房地产行业的信托抵押贷款项目，借此案例分析因为抵押物完整性问题而导致风险缓释措施失效的情景。自1998年《国务院关于进一步深化城镇住房制度改革加快住房建设的通知》发布以来，我国房地产市场保持了高速增长，金融业也大为受益。信贷业务最常见的风险缓释措施主要是担保，人的担保主要为企业实际控制人保证；物的担保主要分为动产和不动产两类。由于房地产市场高速增长，房价持续上升，不动产类抵押物（尤其住宅、商办类）成为金融机构最偏好的抵押品。常规不动产抵押主要关注业态、区位、评估值等要素，并不关注抵押品的可处置性，案例项目说明抵押物的完整性问题导致风险发生后的处置困境。考虑债务人项下资产已经不完整，往往需要通过破产清算程序实现退出。

（一）光伏电站建设期信托融资风险案例

2012年以后，受光伏组件出口转内销和国家能源结构转型双因素刺

① 夏以群等：《过度自信：民营企业财务危机的重要推手》，《商场现代化》2012年第8期，第94～95页。

激，国内光伏电站规模高速增长，2011 年底我国光伏电站装机规模为 300 万 kW，到 2019 年底达到 2.04 亿 kW，年复合增长率约为 70%。

光伏电站体现出以下几个特点。第一，区别于传统火电厂和水电站，其建设期较短，一般为 8～15 个月。第二，投产以后运营成本极低，光资源免费；一般建设在荒地，租金很低；仅需约 10 个人维护整个电站运营，人工成本为同等规模火电站的 5%～10%。第三，生产的电力直接销售给国家电网，即产即销，没有存货。第四，电站投资中超过 80% 为光伏组件、逆变器、支架等设备，资产周转率较低，有明显的重资产性。第五，在《可再生能源法》框架下，国家组建可再生能源基金对光伏上网电价进行专项补贴，早期的电站电费收入中国家补贴占比较高（70% 左右），国家能源局、财政部、国家电网公司三方进行补贴名单的确认和公开发布，这让市场对进入补贴目录的项目补贴落实预期相对乐观。

以上这些特点，加之 2012～2016 年光伏行业处在高速增长周期，市场容量巨大，投融资机构争相进入该行业，信托公司也不例外，“绿色信托”产品层出不穷。其实从财务指标上看，信托资金和光伏电站并不匹配：电力项目收益率不高（全投资 IRR 一般为 8%～10%），而信托公司的融资成本较高，这就容易出现底层资产收益率和融资成本倒挂的局面。从长期来看，信托资金和电力项目不匹配，但这并不妨碍短期的业务机会，信托公司以建设期的短期融资为切入口打入该行业，进入运营期后再由低成本的银行贷款进行置换。信托资金阶段性融资的展业思路和光伏电站产业投资人“快速跑马圈地”的投资策略高度契合，于是光伏电站建设期信托融资业务确立了商业合理性，也被市场接受。

案例项目显示，信托公司对光伏电站补贴（国家政策）过于乐观，当市场补贴需求超过补贴基金供给时，行业系统性风险爆发，底层资产普遍陷入困境。后续只能通过破产重整这类特殊程序实现债权回收。

1. 案例基本情况

2015 年，A 信托公司成立集合资金信托计划，规模为 6.25 亿元，其中优先级5亿元，劣后级1.25亿元，期限2年，信托资金用于向B光伏发电公司发放信托贷款，用于西北地区某100MW光伏电站项目建设。B光伏发电公司将电站资产设定动产抵押，电站收费权（应收账款）设定质押，其股东提供B光伏发电公司股权质押，其穿透股东C公司提供保证担保。交易结构如图1所示。

图1 案例1交易结构

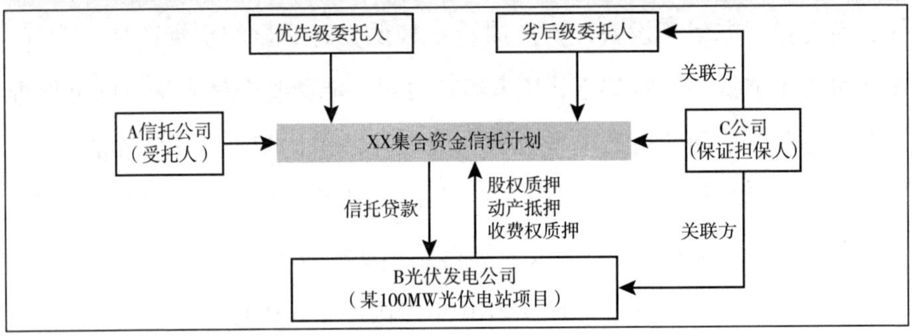

资料来源：中建投信托博士后工作站。

2016年，标的项目列入财政部第六批补贴目录，产业投资人和A信托公司对补贴资金到账情况持乐观态度。

事后分析B光伏发电公司2016~2018年财务数据（见表1），其应收账款（国家补贴电费）逐年累积，资不抵债局面持续；营业收入被折旧和财务费用严重侵蚀，账面持续亏损；当期营业收入仅有1/3有现金流支持，营收质量不佳，风险隐患明显。

表1 B光伏发电公司2016~2018年财务表现

单位：万元

项目	2016年	2017年	2018年
货币资金	63	359	152
应收账款	3,753	2,100	7,818
预付账款	8	10,193	9,900
其他应收款	54,426	54,046	54,056

续表

项目	2016 年	2017 年	2018 年
固定资产	57,413	44,819	72,500
在建工程	4,272	29,155	660
资产总计	139,937	152,566	156,115
短期借款	—	—	—
应付账款	46,033	59,444	44,653
其他应付款	32,943	40,431	60,506
一年内到期的非流动负债	—	4,000	49,000
长期借款	62,500	57,500	12,500
负债合计	142,075	161,648	166,926
实收资本	600	600	600
未分配利润	-2,764	-9,728	-11,457
所有者权益合计	-2,164	-9,082	-10,811
营业收入	3,596	2,047	7,324
营业成本	7,146	3,160	4,460
财务费用	4,383	5,305	4,297
净利润	-3,225	-6,918	-1,729
经营活动现金流入	1,261	3,997	2,345
经营活动现金流出	929	537	510
经营活动净现金流	331	3,557	1,865
投资活动净现金流	-664	-915	-104
筹资活动净现金流	384	-2,346	1,067
现金及现金等价物净增加额	52	296	-207

资料来源：中建投信托博士后工作站。

2017 年，市场出现对可再生能源基金补贴的悲观预期，B 光伏发电公司原本接洽的长期借款资金方暂停了对光伏电站行业的资金投放，B 光伏发电公司到期违约。

2. 风险处置面临的困难

信托贷款违约后，B 光伏发电公司申请展期 2 年并承诺期间分期还本，期望 2 年内等到国家补贴到账，A 信托公司同意展期。然而展期的 2 年期间，每年到账补贴仅为2～3个月补贴电费，可谓杯水车薪，B光伏发电公司的分期还本安排再次面临违约；其保证担保人C公司旗下几十座电站普遍面临补贴拖欠，不能如期实现现金回流，C公司偿债能力和担保能力基本丧失。

A信托公司及时采取了诉讼保全措施，并获得生效判决，确认了对抵质押物的首封权和优先受偿权。然而，因为光伏组件成本快速下降（重置成本大幅下降），行业补贴拖欠的宏观形势暂未扭转，电站股权交易呈现"买方市场"态势等原因，且不谈电力基础设施能否拍卖的问题，即使拍卖抵质押物，信托债权也将面临极低的受偿率。因债务缠身，B光伏发电公司、C公司面临多起诉讼和查封，信托贷款的风险化解面临较大难度。

3. 风险解决方案

破产重整是当下可行性较高的处置方案。针对该项目的特殊情况，常规的债务重组、股权重组、司法强制执行都不能达到债权回收的效果。由于底层资产本身尚有一定运营价值，目前的困境在于B光伏发电公司债务包袱太重，或有负债及隐性负债不清，通过破产重整程序厘清债权债务关系、削减部分债务、引进有实力的重整投资人盘活底层资产，可实现债权人退出。

该方案的优势在于：第一，破产的特殊工作机制便于处理复杂的债权债务关系；第二，市场化遴选重整投资人，利于发现最优价格信号，提升债权人受偿率；第三，通过法院裁决确认削债方案，各金融机构可依据裁决核销相应损失；第四，该方案保障了底层资产电站的完整性，确保电力设施稳步运营。同时，该方案的劣势是操作周期较长（一般为1.7年）。

4. 风险案例启示

2015年前后处于高速增长周期的光伏电站行业，尽管上网电价较高，但补贴依赖度极高，投融资机构对补贴落实情况的预期过于乐观，最后形成行业系统性风险，资产处置难度较大。

需要特别说明，本文选取光伏电站行业为揭示宏观周期和政策影响的案例，并非将光伏电站行业妖魔化。事实上2020年以后的新增光伏电站已基本实现平价上网（补贴依赖度极低），投资强度也大幅下降。在此背景下，筛选优质的光伏电站，设计科学的交易结构，从息差模式转变为ABS等资产管理模式，或许是当前值得研究的。有意思的是，这也正体现了该行业的周期性。

（二）综合型企业集团融资风险案例

企业从初创期进入快速成长期，再到成熟期，而后衰退至最终破产，如有机体之“生老病死”，都有一定生命周期。进入成熟期的企业，为了突破瓶颈保持一定业务增速，往往开始并购业务。从并购标的和主业的相关性来看，包括行业相关并购，主要为横向并购（提升产能和市场份额）、纵向并购（产业链上下游生产要素内部化）；也包括和主业不相关的产业并购，一般为进入新兴产业；从并购资产的地域边界来看，分为境内并购和海外并购。

在企业资产状况良好、现金充足的阶段，并购本身不难，难在并购之后的整合。研究显示，国内企业并购成功比例仅三成左右。也有不少企业大举扩张资产版图，某个新板块的风险传染至整个集团，甚至拖垮整个集团。

对于业务版图覆盖多个领域、主业不清晰的企业集团，整体来看资产规模较大，各板块似乎也可圈可点，但各板块的风险及相关性难以看懂看透，开展合作需要非常充分的研究，否则宁可错过。

案例项目显示，综合型企业集团的扩张招致流动性风险发生，由于企业集团涉及面广，就业、民生等情况相对复杂，不适用司法执行或破产这类极端程序。可借助政府纾困基金承接债务，通过债务人名下土地变性等方式提升资产价值，实现金融机构退出，盘活资产。

1. 案例基本情况

2016年，H信托公司成立集合资金信托计划，规模为4亿元，期限2

年，信托资金用于向I建筑工程公司受让其持有的J公司的应收账款债权，I建筑工程公司以债权转让价款补充营运资金。I建筑工程公司的穿透股东K产业控股集团（彼时评级AA）提供连带责任保证担保，K产业控股集团项下成员企业E公司和F公司以其所持商业现房提供抵押担保。交易结构如图2所示。

图2 案例2交易结构

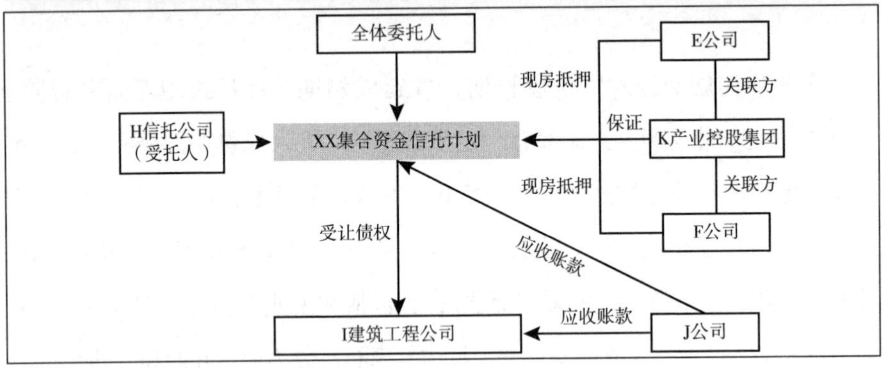

资料来源：中建投信托博士后工作站。

K产业控股集团为一家多元化综合型产业控股集团，业务主要为投资建造、绿色建筑、高端装备、健康服务、节能咨询等，连续多年位列中国民营企业500强。

工程建设是K产业控股集团的核心业务板块（见表2），它在区域市政工程项目上积累了一定竞争优势，该板块毛利率在10%～15%；贸易板块是K产业控股集团做大营收规模和现金流的主要抓手，2015年K产业控股集团通过并购从事进出口贸易的公司做大该板块规模，主要贸易品种有建材、煤炭、纺织品，该板块的毛利率在2%左右；房地产板块主要为商业综合体和住宅项目，考虑盈利性较好，逐渐剥离装入上市公司；K产业控股集团通过并购控股了某医疗器械公司，期望在该领域找到新的增长点。

表2 K产业控股集团2014~2016年收入结构

单位：%

板块	2014年	2015年	2016年
工程建设	35	50	36
贸易	61	48	57
房地产	1	1	3
医疗器械等	3	2	4
合计	100	100	100

资料来源：中建投信托博士后工作站。

K产业控股集团通过不相关产业的并购向贸易、医疗器械等领域开疆拓土，但新引入的业务板块迟迟未建立起核心竞争力，集团整体营收质量不高。2018年，K产业控股集团因新业务板块持续投入，而工程建设板块工程款回流不及时引发流动性风险，对多家金融机构违约。

2. 风险处置面临的困难

除了上述业务板块外，K产业控股集团实控人还在集团外涉足制造业、新能源、不良资产等业务。工程建设板块出现流动性困难后，风险迅速传导至整个集团，贸易板块快速收缩，这进一步加剧了现金流压力，金融机构出现挤兑现象，纷纷进入诉讼、查封资产环节。

3. 风险解决方案

考虑K产业控股集团产业涉及面广、就业人数众多，为了维持地方社会、经济稳定，政府组织召开债权人会议，协调法院将K产业控股集团项下案件集中管辖；并成立纾困基金，将满足政府要求的存量债务纳入纾困基金管理。一方面，从交易结构上，各金融机构为基金项下债务降息、展期（为偿债留出时间和空间），政府下属平台公司为纾困基金提供担保，金融机构将该笔债务正常化；另一方面，考虑债务总规模较大，K产业控股集团现有资产不能产生足够偿债现金流，政府将K产业控股集团项下部分工业用地转入纾困基金并将其转性为商住用地，大幅提升了土地价值，纾困基金坐实了自身偿债能力。该模式解决了大部分K产业控股集团面临的问题。

4. 风险案例启示

K产业控股集团的风险，属于比较典型的综合型企业集团风险。该集团覆盖的业务领域较多，新拓展的领域尚未建立起核心优势，部分领域出现流动性问题，集团层面没有足够的资源储备进行风险对冲，反而将风险传导至整个集团。

相对于主业聚焦的主体，综合型企业集团的风险识别难度更大，且不说民营企业下属各子孙公司主体人格是否独立，各主体的业务是有效协同还是互相拖累，单个板块的风险系数和整个集团的风险系数如何相关，值得金融机构深入研究。也不得不承认，股权投资尚且存在新老股东信息不对称的问题，更别提信贷投资者。如果不能获得充分的信息，建议避开结构复杂的综合型企业集团，选择主业清晰的主体合作。

（三）抵押物准入风险案例

“代人理财”的功能定位决定了信托的资金属性，其贷款利率相对银行较高，一般而言，承担更高融资成本的交易对手，其信用风险也相对较高[①]，于是信托贷款业务，一般要求融资方提供抵质押担保作为风险缓释措施。随着我国财产登记制度的不断完善，抵质押物的种类呈现越来越丰富的多样性，如何筛选出优质的抵质押物成为信托融资业务的重要课题。

担保分为“人的担保”和“物的担保”。人的担保一般适用于民营企业实际控制人（夫妇）的保证担保（或为连带责任）；物的担保一般指具有相对固定价值的动产或不动产提供抵押、质押、留置等担保。

从担保物种类来讲，一般认为不动产优于动产，其主要优势体现为以下三点。第一，不动产（尤其是住宅类土地和房产）通用性较强。一般经

① 马冬等：《中国房地产市场真实租售比探析》，《学习与探索》2008年第2期，第149~153页。

济主体即具有购买和使用资格，而许多机器设备类动产为专用资产，在处置时其交换价值可能远低于使用价值。第二，不动产透明度较高。在不动产登记部门有清晰的权属、抵押、查封等情况记录，而对于应收账款等动产，确认其权属真实性难度较大，尽调不充分或法律文本不严密则容易导致押品不实等情况。第三，不动产有保值增值属性。一般认为不动产能抵抗通胀，且有增值趋势，而一般动产的使用价值随着使用损耗逐渐折损，且在技术更新换代时，老一代的动产使用价值快速下跌，按重置成本法估值，动产价值将大幅缩水。

不动产一般指土地及地上房屋、林木等附着物。从规划用途来看，金融机构认可的土地抵押优先顺序一般为：住宅用地 > 商业用地 > 工业用地 > 农业用地。随着我国城镇化进程向前推进，住宅项目和商业项目是城市房地产开发项目的主体部分，也是房地产信托产品最常见的抵押物。这两者本身的定价逻辑差异较大，住宅项目一次性交付给业主，通过首付款和按揭款实现现金回笼；而商业项目主要靠后期运营和管理，以定期租金实现现金回收。在我国一线城市，商业物业租售比较低，以北京为例租售比约 1∶350，远低于国际 1∶300 的标准线，信贷资金的退出需要置换融资，极端情况下处置商业物业则面临较大折扣。

对于房地产类抵押物，一般关注资产区位、业态、容积率、评估值等维度，以控制抵押率作为风险审批条件。本文从以下案例说明，位于长三角地区邻近当地市政府的住宅土地，容积率小于 1，抵押率低于 50%，在风险触发后仍然不能顺利处理变现，问题出在抵押资产的完整性和处置独立性上。

案例项目因为债务人项下土地已经不完整，需借助破产清算程序才能厘清复杂的债权债务关系，实现债权人退出。

1. 案例基本情况

2013 年，M 信托公司成立集合资金信托计划，规模为 2 亿元，期限 2 年，信托资金用于向 N 船舶制造公司发放信托贷款，用于船舶制造材料采购。N 船舶制造公司以其关联方 P 房地产公司项下三宗土地使用权设定抵押（抵押率不高于50%），Q集团以P房地产公司100%股权设定质押担保，N船舶制造公司实际控制人提供保证担保。交易结构如图3所示。

图3　案例3交易结构

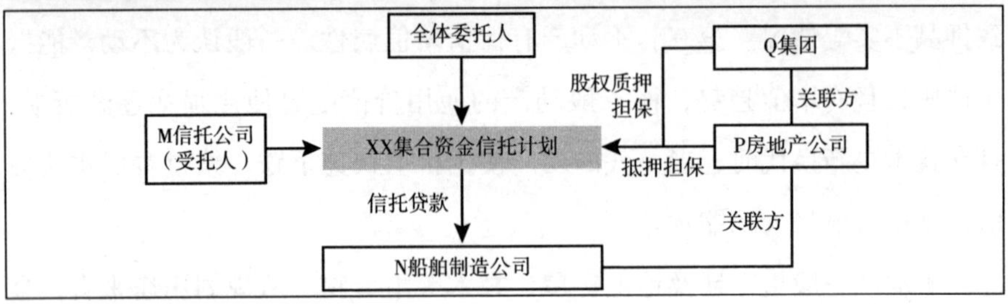

资料来源：中建投信托博士后工作站。

抵押土地概况：抵押土地位于江苏省某地级市市政府斜对面，土地用途为商住（以住宅为主），业态为联排别墅，容积率为0.76，交通方便，距离两座京沪沿线高铁站5分钟车程，配套有第二人民医院、省级重点中学、实验小学等。抵押土地分别对应三个独立的土地证，总面积约为9万平方米，第三方机构评估抵押价值超过4亿元。M信托公司从区位、容积率、抵押率等角度审查，认为该抵押物符合要求，发放了该笔贷款。

2014年，N船舶制造公司收到数十艘船的巨大订单要约，为了锁定订单，投标条件中N船舶制造公司降低了预付款比例，并最终成功获得该批订单。2015年国际海运形势并未如期回暖，波罗的海干散货运价指数（BDI）下挫①，船东大面积违约，N船舶制造公司陷入财务危机。

M信托公司以抵押的土地为抓手，及时采取了诉讼手段，取得生效判决后申请法院拍卖P房地产公司项下抵押土地，两次流拍后法院裁定以抵押土地抵债，M信托公司的抵押权转变为物权。

2. 资产处置面临的困难

抵债后，M信托公司持有土地使用权，但实践证明土地变现难度极

① https：//www. cnss. com. cn/html/bdi/。

大，具体分析抵债土地的属性如下。

P 房地产公司项下共有 5 宗土地（1#～5#），均有独立土地证，总面积 15 万平方米，规划指标 11.4 万平方米。由于金融机构授信额度限制，P 房地产公司以 5 宗土地分别向 3 家金融机构抵押融资。其中 M 信托公司抵押（后抵债）1#、3#、4#土地；X 信托公司抵押 2#土地，Y 银行抵押 5#土地（并在 1#、2#、3#、4#土地上设定第二顺位抵押）。

2014 年底，地上房地产项目完成一期开发，分别占用 2#、3#、5#土地中的部分土地。M 信托公司债务到期前，一期房产已开始预售，截至法院裁定以物抵债，一期完工的房产全部完成网签，但由于土地抵债和抵押，购房业主未能办得房产证，业主纷纷上访。X 信托公司和 Y 银行随后也采取了诉讼手段，确认了优先受偿权。此外由于 P 房地产公司面临工程款纠纷，其土地被多家机构轮番查封。

地方政府对 P 房地产公司债务纠纷的解决有两点要求：一是尽快解决购房业主办证问题；二是确保项目剩余未开发土地（分布在 5 个土地证上）由一个主体实施。然而部分土地已抵债给 M 信托公司，部分土地仍抵押给 X、Y 两家金融机构，联合处置剩余土地面临司法系统的程序性障碍，法院可联合拍卖 2#、5#两宗土地，但由于 M 信托公司为案外人，其项下的 1#、3#、4#土地不能和 2#、5#土地合并拍卖。此外，已开发的土地涉及多种优先权并存的顺序问题，根据《最高人民法院关于人民法院办理执行异议和复议案件若干问题的规定》和《最高人民法院关于建设工程价款优先受偿权问题的批复》，受偿顺序为：满足条件的普通消费者购房人 > 施工方（地上建筑部分）> 抵押权人 > 一般债权人 > 开发商。

上述客观情况决定了 M 信托公司的抵债土地变现受到两个抵押权人掣肘，同时需兼顾购房业主办理房产证的需求，变现难度较大。

3. 风险解决方案

在破产清算程序中将 M 信托公司抵债的土地和 P 房地产公司剩余土地合并拍卖，是可行性较高的风险化解方案。

不同于本文第一个案例，P房地产公司项下资产已经丧失完整性，换言之P房地产公司项下只剩下残损的2#、5#地块部分土地，考虑土地规模和微观位置关系，没有开发价值。所以，无论是股权重组还是破产重整均没有投资价值。

破产清算程序能将P房地产公司项下土地干净地剥离出来，在该程序中可以通过债权人决议和法院裁定方式为购房业主办理房产证，2#、5#两宗土地与1#、3#、4#三宗土地合并拍卖能提升土地价值，也满足政府对后续统一开发的要求。P房地产公司项下仅剩下几个管理人员，没有员工安置问题；其所欠税金也能在破产清算程序中一并处理。

4. 风险案例启示

房地产信托贷款业务筛选抵押物，不仅需要关注区位、业态、容积率、抵押价值（抵押率），还需要对抵押资产完整性和处置独立性给予足够重视。案例项目中正是由于M信托公司获得的抵押物不是P房地产公司项下整块土地，故在其处置过程中受到其他权利人掣肘，丧失处置独立性。如果在抵押率和完整性两个维度上进行比较，笔者认为抵押物完整性的重要性大于抵押率。换言之，宁可拿一块完整的、可以独立处置的抵押物，也不要残缺的，没有处置独立性的抵押物。

上述案例还揭示了，抵押权的优先性是相对一般债权人的优先，而劣后于普通消费者购房人的物权期待权和施工方的工程价款优先受偿权。在房地产项目投后管控中，需要对工程款支付情况和房产销售（含未办理网签的非正式销售）的回款控制给予足够重视。

四、资产选择建议

上述三个风险案例显示，三笔信贷业务均设置了符合常规的交易结构和风险缓释措施，然而当风险发生时，处置工作却面临困境，风险缓释措施未能及时有效地保护债权人。尽管笔者对这些困境的化解都提出了解决方案，然而即使所提议方案在操作中不遇到实质障碍，这些方案的落实也需要相当长时间，从价值折现的角度来看，这些业务遭受损失已是大概率事件。

风险管理如同行医治病，前端有资产准入，中间有投后管理，末端有风险处置。“扁鹊三兄弟”的故事告诉我们，治病首先在于疾病预防，其次是小病干预，最后才是重疾救命。重疾治疗的意义，不仅仅在于救治单个病例，更广泛的意义在于通过病理研究为疾病预防和干预提供参考，这也是金融机构风险处置从业者的职业使命。

言归正传，通过三个案例的分析，笔者希望能为同类风险项目的处置提供参考，更重要的是为前端资产筛选和中间的投后管理提供指引。

（一）行业选择

行业无所谓夕阳还是朝阳，关键在于对行业特性的认知程度。信托公司需要调动内外部智力资源，强化行业研究，准确识别行业生命周期，对行业预期不能过于乐观，不熟悉的行业即使市场追捧也不建议盲目跟随。

对于处于生命周期中初创期的行业，不适合债性的信托资金参与，从目前信托业资金来源分析，我国的信托业投资者主要还是偏好相对成熟和稳定的资产。

对于政府政策大力鼓励的行业，需要深入研究政策鼓励（往往说明市场还未发育完全）背后的深层次逻辑。以第一个案例为例，如果深入研究可再生能源基金的收支逻辑，其实不难发现新能源补贴必将面临入不敷出的局面。对于补贴依存度较高的行业（换言之市场化程度有限），政策风险将是该行业的系统性风险。当一个行业面临系统性风险时，单个项目的退出难度可想而知。

简言之，债性的信托资金需要找到与之匹配的大类资产行业，固定收益信托产品的属性对该行业的回报率、资金回收期、资产规模等特征都提出了具体要求。

再往深一步，底层资产的筛选和信托业的转型密切相关，当下信托业主流是从资产端出发，为受益人提供收益相对较高的固定收益产品。信托业的本源不是资产管理而是财富管理，发扬信义精神，回归信托本源，从委托人需求出发设计业务模式。当委托人的需求从固定收益延伸至财富传承时，受托人的资产配置便可充分发挥信托制度的优势，进行多种行业的多样化组合。

（二）主体选择

主体无所谓大小，“大而不倒”的神话在这一轮经济周期中一个个被打破，昔日的巨头被赶下神坛。案例项目显示，综合型企业集团的风险不一定低于聚焦单个领域的企业，如果不能有效识别集团项下各成员企业的风险特征以及成员企业之间的相关性，建议宁可放弃相关业务机会。

一方面，以企业集团为主体开展业务需要关注该类风险；另一方面，以企业集团项下成员企业为主体开展业务，也需关注该类风险。原因在于民营企业集团下属各板块一定程度上存在“人格混同”的问题，成员企业各自的风险不能有效隔离，一家发生风险极易传导至另一家。在信息有限时，即便有并购业务，也是横向或纵向并购。

需要指出的是，反对大而不倒，并不代表就偏好所谓“小而精”的小企业。要点不在规模大小，而在于金融机构对该主体的风险识别程度。信托公司竞争的核心还是在于自身投研能力，对合作主体有了充分认知，就可以设计匹配的交易结构和得当的风险控制措施；反之，如果怠于建立自身投研能力，而选择综合型企业集团，或是在资产配置时一味强调分散化，也不见得能分散风险。从这个角度讲，建立主动管理能力才是信托业受托人的核心驱动力。

（三）抵押物选择

房地产抵押贷款是信托公司普遍偏好的业务类别，尤其是前20强房地产开发商的住宅类项目抵押贷款融资，似乎属于“零风险套利”业务模式。案例显示，对于房地产类抵押物的筛选，除了要关注常规的区位、业态、抵押率等问题外，资产完整性和处置独立性也应引起信托公司足够重视。

房地产行业是金融机构普遍偏好的行业，尤其是底层资产位于一二线城市的住宅或商办物业，更是受到资本追捧。为了和银行“项目贷”进行差异化竞争，信托业往往采用“错位抵押”的商业模式，即信托资金向具有“四三二”资质的A项目放款，用仅获得土地证的B项目进行抵押。这类商业模式在信托扩张周期，一般没有问题；但是在信托紧缩周期，加之中央“房住不炒”的政策方针，当A项目去化出现问题时，信托项目便面临违约。同时，经过1～2年，B项目也进入开发周期，其间往往也向其他金融机构申请了融资，如果B项目违约，往往面临抵押权人和项目贷债权人抢夺B项目首封权的情况（A项目类似），倘若B项目风险早于A项目发生，往往B项目抵押权人丧失抵押物首封权，抵押物处置陷入困境。在该类情境下，金融机构之间设计“违约互换”产品，可能是一种解决方案。

再往远一步，锁定房地产底层资产，将来城市化进程逐渐进入尾声，建设期融资的信托业务终将淡出历史（城市更新等业务暂且不论），按揭贷款证券化（MBS）等产品成为该行业信托业务的新赛道。

“资管新规”
后信托业务投后管理

薛　冰

摘　要：2018年发布的《关于规范金融机构资产管理业务的指导意见》（下文简称“资管新规”）对信托业务的投后管理进行细化并提出了诸多要求，也给信托业务的投后管理带来诸多改变。本文首先分析了信托业务投后管理的内涵和目标，其次对“资管新规”中关于投后管理的内容进行梳理和解读，并分析其对信托业务产生的影响；在此基础上，结合行业当前信托业务管理现状，剖析投后管理面临的问题及挑战，提出未来建设方向与实现路径。

关键词：“资管新规”　投后管理　信托业务

随着国内外环境日趋复杂，中国经济下行压力进一步加大，改革进入攻坚期。在“防控金融风险、服务实体经济”的大背景下，2018年4月27日，中国人民银行、银保监会、证监会、国家外汇管理局联合发布《关于规范金融机构资产管理业务的指导意见》（以下简称“资管新规”），旨在防控金融风险，引导社会资金流向实体经济，加强金融监督管理部门（以下简称“监管部门”）监督力度。“资管新规”对资产管理行业产生重大影响，信托行业面临改革与创新需求，而改革创新需要主动管理能力的支撑，需要风险管理体系的保驾护航。投后管理作为风险管理体系中的重要一环，管理事项多、管理过程复杂，体系化建设与升级是摆在每一家信托公司面前的现实问题。

一、信托业务投后管理概述

（一）投后管理定义与目标

1. 投后管理定义

投后管理是相对于投前阶段的概念，最早由美国著名经济学家Tybjee

和 Brno 于 1984 年在股权投资投后管理（Post – investment Activities）中提出。目前信托业务投后管理（以下简称“投后管理”）没有统一的标准定义，本文根据股权投资投后管理定义思路，结合信托业务特点，将投后管理定义为委托人将其财产/财产权交付给受托人后，受托人依照法律法规和合同约定，对信托财产进行投资和管理的全过程。

2. 投后管理目标

投后管理目标是最大程度维护委托人/受益人信托利益，保障信托财产安全，实现信托财产投资收益。

（二）投后管理内容

投后管理主要包括信托财产运用、风险监控、风险应对、信息披露、信托利益分配、档案保管六个环节。

1. 信托财产运用

信托财产运用是受托人根据信托产品设立目的，将委托人交付财产/财产权投向特定标的的过程。特定标的类型众多，可以是从事商品生产或服务的企业、指定开发建设的项目、符合一定准入标准的有价证券、各类资产交易或租赁市场，等等。

2. 风险监控

风险监控是受托人对影响信托财产安全和受益人信托利益相关因素开展持续监测的过程。按监测对象分类，风险监控内容大致可以分为市场监控、交易参与方监控和底层资产监控。

2.1 市场监控

市场监控范围包括特定标的所属行业、政策、市场等各类因素，监控内容一般根据信托产品类型与设立目的有所侧重。比如，投向从事商品生产或服务企业的产品，市场监控侧重企业所属行业的变化；投向指定开发建设的项目，市场监控侧重项目当地政策、市场环境；投向有价证券，市场监控则侧重于资本市场本身的交易与波动。

2.2 交易参与方监控

交易参与方监控包括经营和财务两个方面，可以综合运用现场调研、公开数据跟踪、参与企业管理等多种方式开展。现场调研主要通过访谈交易参与方高级管理层，充分了解企业最新经营动向、发展策略；公开数据跟踪侧重跟踪企业财务情况，分析数据表现与企业发展阶段的匹配性、在行业内的竞争实力，等等。参与企业管理可以通过派驻专职人员，直接决策企业重大事项，保障企业稳健经营。

2.3 底层资产监控

底层资产监控以跟踪底层资产运营为核心，由受托人根据业务类型，通过公开市场监测、现场踏勘等方式从不同维度监控资产情况，比如资产交易情况、运营产生现金回流情况、不良率，等等，判断底层资产对信托财产安全性、盈利性的保障力度。

3. 风险应对

风险应对是受托人根据风险预警信号制订应对方案并采取相应措施的过程。风险应对通常具有较强的针对性，需要结合业务特点、市场环境、企业现状、底层资产情况等相关因素，综合运用征信记录调整、现场催收、司法诉讼、资产保全、设立特殊资产投资产品等方式予以实施。

4. 信息披露

信息披露是受托人向委托人/受益人披露的所有与信托财产相关的信息。信息披露遵循真实、准确、及时、完整原则，分为定期与不定期报告，内容主要包括信托财产运用、管理、处分、收益情况以及任何可能损害信托计划财产、受益人利益的事项。

5. 信托利益分配

信托利益分配包括期间分配及到期清算，分配以信托财产为限，根据信托合同约定规则执行。通常信托财产中现金部分由受托人直接分配，非现金部分由受托人实施变现后二次分配或原状返还受益人。

6. 资料保管

信托项目档案是与项目相关的所有纸质、电子交易文件和信托文件的总称，受托人从投前阶段开始收集档案，至项目清算汇总完成并妥善保管。

二、“资管新规”与投后管理

（一）“资管新规”对投后管理要求

“资管新规”内涵丰富，从业务全链条、全周期提出规范化要求，虽然未特别设置投后管理专章，但不少条款都涉及投后环节具体工作，对投后管理提出了要求（见图1）。

图1　“资管新规”主要内容

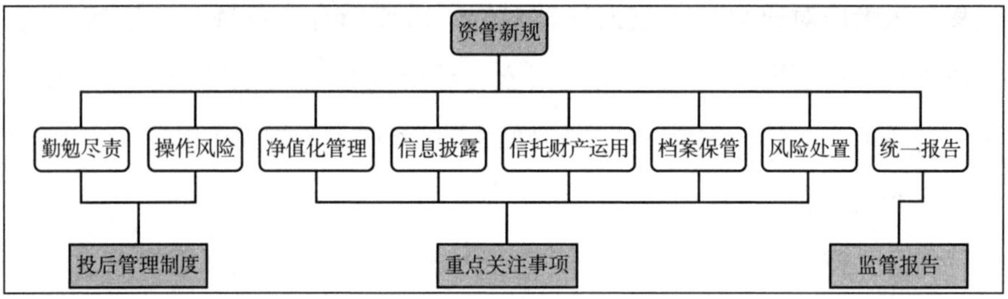

资料来源：中建投信托博士后工作站。

1. 勤勉尽责原则与投资者保护

第8条：金融机构运用受托资金进行投资，应当遵守审慎经营规则，制定科学合理的投资策略和风险管理制度，有效防范和控制风险。金融机构未按照诚实信用、勤勉尽责原则切实履行受托管理职责，造成投资者损失的，应当依法向投资者承担赔偿责任。

风险管理制度是一套完整的风险防控体系，投后管理制度是这一体系中至关重要的一环，是信托公司落实勤勉尽责原则的行动方案和具体表现。项目投前阶段主要通过尽职调查和设置风控措施来预测风险的可控性，投后各种管理手段都是为了规避风险事件对信托利益的影响。因此，一套完善的、可行的投后管理制度是一切行动的前提。

2. 计提操作风险准备金

第 17 条：金融机构应当按照资产管理产品管理费收入的 10% 计提风险准备金，或者按照规定计量操作风险资本或相应风险资本准备。风险准备金主要用于弥补因金融机构违法违规、违反资产管理产品协议、操作错误或者技术故障等给资产管理产品财产或者投资者造成的损失。

该要求相较于《信托公司管理办法》的相关规定，提高了风险准备金的计提比例，更重要的是突出了风险准备金的作用是弥补信托公司因操作风险对信托财产造成的损失。这意味着信托公司在“资管新规”后面临的主要风险将是操作风险，取决于受托服务质量，并不直接取决于信托资产风险，只有当信托公司因受托行为不当导致信托受益人合法利益受损时，才需要承担赔偿责任。这对信托公司操作风险管理提出了非常明确的要求，投后阶段操作环节很多，操作风险管理难度较大。

3. 净值化管理

第 18 条：金融机构对资产管理产品应当实行净值化管理，净值生成应当符合企业会计准则规定，及时反映基础金融资产的收益和风险……金融资产坚持公允价值计量原则，鼓励使用市值计量。

净值化管理是推动信托行业打破刚兑的有效举措，可以促使行业真正回归“受人之托、代人理财”的业务本质。但这一条对许多信托公司来说落实难度较大，因为过往开展的信托业务以非标为主，这类业务并未进行净值化管理，同时缺少公开的产品交易流程平台，估值方法不明确，市场参考价值缺失。

4. 信息披露义务

第 12 条：金融机构应当向投资者主动、真实、准确、完整、及时披露资产管理产品募集信息、资金投向、杠杆水平、收益分配、托管安排、投资账户信息和主要投资风险等内容。

这一条相较于信托“一法两规”，更突出强调了信托公司对业务全生命周期情况的主动信息披露行为。信息披露的主动性是切实履行受托职责的必备条件，也是打破隐形刚兑承诺的重要前提。以往信托公司进行信息披露，基本集中在资金募集、项目成立及分配阶段，很少主动披露存续期间的信息及风险。作为受托人，信托公司有义务将产品所有信息向受益人披露，做到信息透明，这不仅需要信托公司升级现有信息披露管理体系，更要加强风险应对与处置能力建设，避免风险显露不自知、风险暴发无对策的尴尬局面。

5. 信托财产运用

第 24 条：金融机构不得以资产管理产品的资金与关联方进行不正当交易、利益输送、内幕交易和操纵市场，包括但不限于投资于关联方虚假项目、与关联方共同收购上市公司、向本机构注资等。

这一条特别强调信托资金管理的严谨性与合规性，以往信托公司对信托财产特别是信托资金的投向监管较为粗放，甚至存在利用受托人地位与关联方不当交易的案例。这种粗放的、不合规的监管方式需要被摒弃，切实追踪信托财产投向，保障受益人利益才是正确的业务开展模式。

6. 档案保管

第 8 条：金融机构应当履行以下管理人职责：（一）……（八）保存受托财产管理业务活动的记录、账册、报表和其他相关资料。

这一条保管信托项目资料的职责在信托“一法两规”中已经明确提出，但随着对金融消费者的保护力度逐渐加强，最高人民法院印发《全国法院民商事审判工作会议纪要》（法〔2019〕254 号）（以下简称“《九民纪要》”），强调信托项目资料的完整性对受托人举证尽责履职起到非常关键的作用，项目资料保管的重要性被提升至新的高度。

7. 风险处置

第 8 条：金融机构应当履行以下管理人职责：（一）……（九）以管理人名义，代表投资者利益行使诉讼权利或者实施其他法律行为。

这一条特别明确了为保障投资者利益，受托人可以在不事先征得投资者同意的情况下代为行使诉讼权利等其他法律行为。这给予受托人较高的自主决策权，但同时对受托人采取法律行为的及时性、合理性提出要求。受托人能否有效监控风险走势，并建立健全风险应对和处置机制是判断受托人勤勉尽责的关键。

8. 统一报告

第 25 条：建立资产管理产品统一报告制度……金融机构于每只资产管理产品成立后 5 个工作日内、于每月 10 日前、于产品终止后 5 个工作日内报送产品信息。

这是监管机构从“事后监管”向“实时监管”方式转变的具体体现。“资管新规”出台前，监管视角侧重在投前合规性方面，较少深入统计和分析项目风险情况。这一条规定要求信托公司对项目信息及时、实时上报，项目过程性工作被纳入监管范围。

（二）“资管新规”对投后管理的影响

目前，公开渠道披露的信托行业投后管理情况较少，投后管理各项工作的探讨和总结基本局限于各信托公司内部交流。“资管新规”及后续一系列政策文件出台后，信托公司投后管理现状在监管处罚与投资者司法诉讼案件中逐渐呈现。

1. 监管处罚情况

2019 年全年共有 23 家信托公司及相关责任人收到总计 42 张罚单，罚单的数量与金额与往年相比都有大幅增加。从 2019 年监管部门对信托公司的处罚事由[1]来看，投后管理相关的罚单数量共17张，约占总罚单数的40%。投后管理问题中，信托财产运用不合规问题最为突出，占投后管理相关罚单数量的76%。信托公司需要高度重视信托财产投向监管，依法依规开展业务。

1.1 信托公司利用受托人地位，挪用信托财产

A信托公司遭监管部门罚款1400万元，公司前总裁被终身取消银行业金融机构董事及高管任职资格，处罚事由之一是A信托公司违规将部分信托项目信托财产挪用于非信托目的用途。该行为不仅违背了受托人信义义务，更涉嫌严重违法，估计将受到司法问责。

1.2 融资方挪用信托财产

B信托公司因信托资金被违规挪用，公司和责任员工双双遭到监管部门处罚，B信托公司被罚款30万元，责任员工被罚款5万元。

2. 司法诉讼情况

从近年来营业信托司法纠纷案例[2]来看，法院判处信托公司赔偿起诉人经济损失的案例不多，一方面是公开信息仅显示生效案件，另一方面是《九民纪要》颁布前各地法院的审判思路并不统一。但从为数不多的信托公司败诉案例中，仍可以发现信托公司在投后管理方面的问题，而这些问题也正是“资管新规”重点规范领域。信托公司若不及时纠偏纠错，未来会面临投资者更严苛的监督及更严峻的诉讼压力。

2.1 未落实风险监控并及时采取应对措施

某信托项目委托人起诉C信托公司，要求C信托公司赔偿委托人损失近1亿元，起诉理由是C信托公司未审慎监管目标项目销售回款，导致第一还款来源无法按预期保障信托项目正常退出。

C信托公司根据委托人指令设立信托产品，信托项目资金用于向借款

① 信息来源：银保监会网站。

② 信息来源：无讼案例网。

人发放信托贷款，最终用于目标项目开发建设。为有效管控目标项目销售回款，C信托公司与借款人签署《销售资金封闭运作协议书》，协议约定借款人应将销售回款全部转入指定账户，最终用于还本付息。

而当目标项目达到预售条件后，借款人违反交易文件约定，另外开立账户用于接收销售回款，合同约定账户未能如期回收销售资金，最终导致信托项目无法按期兑付。

法院审判认为，C信托公司作为受托人，有义务督促交易参与方履约，并对目标项目销售回款进行合理、审慎监管。实际C信托公司未在投后管理中切实履行受托职责，导致信托项目无法正常退出，C信托公司应赔偿委托人损失。

2.2. 未依约履行信息披露及通知义务

某证券投资类信托项目下多名受益人起诉D信托公司，要求D信托公司赔偿投资人损失近1000万元，起诉理由是D信托公司未定期披露产品净值，信托项目触及预警线时未及时通知受益人。

D信托公司设立集合资金信托计划，资金用于投资上海证券交易所、深圳证券交易所已挂牌证券、其他固定收益类金融产品以及现金类产品。D信托公司应每周在其官网发布信托单位净值，每月寄送信托资金管理报告。当信托单位净值等于或小于95元时，信托计划触及预警线；等于或小于90元时，触及平仓线。D信托公司应在触及预警线当日16:30前通知相关受益人，由受益人自主决策是否追加信托资金，满足单位净值不低于预警线。

实际受益人未在D信托公司官网查询到该产品信托单位净值，也从未收到过信托资金管理报告。信托计划存续期内，某日信托计划触及预警线，受益人未收到D信托公司相关通知，而是在D信托公司完成平仓后直接被告知信托计划终止，终止时信托单位净值为83.24元。

法院审判认为，D信托公司未履行受托人信息披露义务，同时未履行合同约定的信托净值触及预警线及平仓后的通知义务，导致受益人没有足够时间应对市场波动，从而发生投资损失。D 信托公司应赔偿受益人相应损失。

2.3. 未举证证明项目发生不可归咎于其自身原因的损失

某股权投资类信托项目下受益人起诉 E 信托公司，要求 E 信托公司赔偿投资人损失约 150 万元，起诉理由是 E 信托公司未按合同约定进行到期清算。

E 信托公司设立集合资金信托计划，期限 2.5 年。合同约定项目终止日为最后一期信托收益及分配之日，E 信托公司应在信托终止后 10 个工作日内编制清算报告，并在存续期知晓重大不利事项后 10 个工作日内披露临时信息报告。实际信托计划存续期内，E 信托公司未披露项目任何重大不利事项，到期未对信托计划清算，出具清算报告。

法院审判认为，E 信托公司未按照合同约定进行项目到期清算，也未举证证明信托计划发生不可归咎于其自身原因的损失的证据，违反合同约定，判决 E 信托公司赔偿受益人损失。

综上，“资管新规”及相关政策文件出台后，信托公司受到监管部门和投资人的双重监督，投后管理工作不到位将直接招致监管部门处罚及投资人索赔。因此，信托公司亟须全面梳理“资管新规”颁布后投后管理面临的问题并相应提升投后管理能力。

三、投后管理面临问题与挑战

根据“资管新规”对投后管理的要求，结合行业管理现状，信托行业及各家信托公司在落实具体规定的过程中都面临一定问题与挑战。行业及监管层面，部分投后重点关注事项还未出台细则指引，信托产品报送数据还需进一步统一标准，净值化管理需要交易流转市场的基础平台支持；信托公司层面，各家信托公司面临问题与挑战存在差异，但大致可以概括为投后管理理念偏差、公司治理不规范、制度不健全、执行不到位、事前和事中监督偏少以及信息系统建设滞后等几方面。

（一）行业及监管层面

1. 部分重点环节细则缺失，无法提供实践指导

作为“资管新规”打破刚兑的核心要求，净值化管理与信息披露涉及细节偏多，需要更细化的实操指导。信托公司在净值化管理方面缺少理论研究和实践经验，亟须行业及监管机构出台细化指引，给予实践指导；信托公司业务种类较多，不同类型业务信息披露重点不同，同时信托公司过往较少主动披露项目面临风险情况，容易造成投后阶段与投资者之间信息不对称的问题，需要行业层面针对各类业务出台细则，帮助信托公司改变现状。

表1 投后管理面临的问题与挑战

“资管新规”要求	行业及监管层面	信托公司层面
勤勉尽责 操作风险 净值化管理 信息披露 信托财产运用 资料保管 风险处置 统一报告	一、部分环节缺少细则指引 1. 估值管理 2. 信息披露指引 二、基础设施建设尚不完善 1. 产品信息统计标准 2. 产品交易流转平台	一、管理理念存在偏差 1. 重投轻管思想 二、管理体系尚不健全 1. 公司治理需进一步规范 2. 制度流程建设尚不健全 3. 执行质量参差不齐 4. 事前、事中监督手段偏少 5. 信息系统建设滞后

资料来源：中建投信托博士后工作站。

2. 基础设施建设有待健全

2.1 交易流转平台缺失，非标业务估值面临困难

非标业务估值的前提是建立信托产品的交易流转平台，但目前信托产

品缺乏一个统一的交易市场，流动性较低，信息不透明，无法为估值提供市场参考价值。

2.2 数据标准尚不完善，统一报告可能存在口径偏差

信托行业在部分业务类型及产品信息上的数据标准尚不统一，可能导致各家信托公司根据自身对数据口径的理解报送相关数据，造成报告统计口径、统计结论存在差异。

（二）公司层面

1.“重投轻管”的管理理念有待转变

信托行业受托管理规模自 2007 年起经历了 10 年的快速增长，风险暴发率始终处于低位，投后管理在业务周期中的作用和价值不具备显性化条件，同时行业从业人员面临较大竞争压力，业绩完成率成为工作首要目标，最终导致各信托公司对投后管理的重视程度偏弱，人、财、物的资源配置过分向投前阶段倾斜。

2. 投后管理体系有待建立和升级

投后管理各环节相对独立又相互影响，是不可分割的有机整体。但各信托公司对投后管理中发现的问题，更多采取查漏补缺、亡羊补牢的被动管理方式，缺少主动的、自上而下的体系化建设。

2.1 公司治理方面

信托行业内绝大部分公司治理都比较规范与透明，但仍有一小部分公司内部治理混乱，如前文 A 信托公司在投后阶段利用受托财产与关联方进行不正当交易，侵害受益人利益的同时，给行业整体带来声誉风险。

2.2 制度流程建设方面

信托公司尚未建立规范化、流程化的投后管理制度体系，投后对口管理部门职责存在交叉，无论是顶层投后管理制度，还是部分投后重点环节，如估值管理、信息披露、项目资料保管、风险处置等方面制度尚不健

全，造成执行工作缺少标准，执行质量参差不齐。

2.3 执行与监督方面

从前文举例的监管处罚与司法诉讼案件可以看出，信托公司在投后管理的执行方面存在欠缺。除了重投轻管理念的影响及制度依据的缺失外，执行不到位的另一个原因是事前和事中监测手段偏少，公司层面很难提前防范实操中的疏漏或错误。

2.4 信息系统建设方面

相较于其他金融机构，信托公司在信息系统建设方面相对滞后，无法在信托产品数据报送、风险监控、估值管理及投后管理执行监测方面给予信息技术上的支持，过多依赖人工操作与控制，难以有效落实投后细节、防范操作风险。

四、投后管理建设路径

"资管新规"颁布后投后管理面临的问题与挑战，需要信托行业、监管部门及信托公司共同努力，从管理体系建设、基础设施建设、受托文化建设及信息系统建设等方面入手，建立标准，提供平台，改变观念，升级系统。

表2　投后管理建设路径

行业及监管层面	信托公司层面
建设路径	建设路径
1. 出台估值管理、信息披露细则指引 2. 以中国信登为载体，完善数据标准，加快产品交易平台建设	1. 建设信托文化 2. 强化内外部治理机制 3. 建立1+X系列化投后管理制度体系 4. 综合运用各类管理方式提升执行质量 5. 加大金融科技投入

资料来源：中建投信托博士后工作站。

（一）行业及监管层面

1. 以制度为依据，出台产品估值、信息披露细则指引

监管机构可以借鉴证券及基金行业的做法，出台信托产品估值及信息披露指导意见，为信托公司提供操作指导。

监管机构可以设立信托产品估值小组，由信托业协会牵头中国信托登记有限责任公司（以下简称“中国信登”）、信托公司、会计师事务所，针对不同类型的信托产品制定专门的估值指引，根据“资管新规”以及企业会计准则的要求，明确非标债权资产的会计核算要求，明确信托产品投资于未上市企业股权的估值标准，并对结构化信托产品、混合型信托产品的估值操作进行规范；监管机构可以根据各类信托业务特点，制定差异化的信息披露制度，重点针对各类业务需要重点监测风险类型，明确出现风险信号后信息披露准则，保证信息披露的主动性、真实性、准确性、完整性、及时性。

2. 以中国信登为载体，完善业务数据标准，加快产品流通交易平台建设

中国信登于2016年成立，承担信托产品及其受益权登记和信息统计、信托产品发行与交易及信托业监管信息服务等功能。

信托行业可以中国信登为载体，通过信托产品及其受益权登记和信息统计功能，统一各类业务数据报送标准及统计口径，汇总统计所有产品信息，充分掌握各家信托公司产品运作情况，并推动行业数据集成系统建设，运用信息科技技术实现产品信息实时互通，避免人为操控和报送不及时等问题。行业还可以通过中国信登，加快建立信托受益权的二级流转市场，提高信托产品流动性，促进信托产品的公允定价，从根本上提高信托产品透明度和吸引力，并为产品估值特别是非标业务估值提供基础。

（二）公司层面

1. 以信托文化建设为契机，转变投后管理理念

如前文提到，重投轻管是导致投后管理执行不到位的重要原因，追其根源，还是因为行业信托文化的缺失。

信托公司应根据行业信托文化建设规划，按照专业、勤勉、尽职的要求培育信托文化，全面提升从业人员素质，重点强调"受托人责任"，从思想上改变从业人员管理理念，用信义文化、传承文化及创新文化指导投后管理，为实际行动提供思想保障。

2. 多措并举，加快投后管理体系建设

2.1 完善股权结构，强化内外部治理机制运作

信托业务的规范开展离不开完善的公司治理体系，信托公司可以根据行业对公司治理机制的规范化要求，强化外部监督与内部运作机制，杜绝信托财产被非法挪用的现象。

信托公司可以进一步优化股东背景，持续完善股权结构，主动引进注重公司长远发展、管理经验成熟的战略投资者，借鉴吸收成熟的信托业务模式和管理方法的同时，强化外部监督力量；加强公司从"三会一层"（股东大会、董事会、监事会和高级管理层）到具体执行部门的管理机制，以信托受益人等利益相关者利益为信托业务行动重要考虑因素，深入认识信托本质和运营特点，以身作则确定受托文化基调，不断提升员工信托专业素养，切实加强履职约束，严防内部人控制。

2.2 以投后全流程为管理主线，建立 1 + X 系列化制度体系

制度是开展所有投后管理工作的依据和准则，也是促进实施、执行与监测的前提。信托公司可以将目前分散的、碎片化的制度结构加以升级，建立统筹投后管理全流程的顶层制度，重点防范投后环节操作风险，并在该顶层制度统领下，针对各类投后事项出台管理细则，形成紧密联系又相

对独立的 1 + X 系列投后管理制度体系。

顶层管理制度应以规范投后管理全流程为主线，明确各部门职责分工，确立执行原则与要求，关注投后各类事项的内在联系。例如，各类风险预警信号与风险应对、处置的关系，产品估值情况与信息披露的关系，市场监测与交易策略的关系，等等。

管理细则方面，信托公司需要在现有制度基础上进一步完善各类投后管理事项相关制度，特别关注信托财产运用、估值管理、信息披露、风险监测与处置、档案管理等环节的规范运作。信托财产运用是投后管理第一步，信托公司应重点针对信托财产运用的合法合规性明确管控方法，形成对外投资与财产去向跟踪的闭环管理；结合行业出台的估值指引围绕估值原则、估值程序和估值方法制订管理细则，为净值化管理奠定基础；对标公募产品信息披露监管要求，进一步完善和细化自身信息披露制度，及时向投资人报告存续期信托财产管理情况，充分揭示潜在风险因素；明确风险监测手段与管理程序，规范各类风险处置方式下内外部沟通、审批、报告等流程；明确纸质档案及电子档案保管要求，确保投前到投后的所有资料得到规范、及时、稳妥保管。

2.3 综合运用各类管理方式提升投后管理执行质量

为有效提升投后管理工作质量及执行主动性，信托公司可以通过加强投后管理质量评估、组建专业化投后管理团队及引入第三方机构等方式对现有管理方式进行升级。

针对传统非标债权业务，信托公司可以加强投后管理质量评估，在公司绩效考核、项目审批、发行销售等环节提高投后管理质量所占比重，一方面保障投后管理部门严格落实公司制度规定，另一方面提升投后管理主动性；针对部分创新业务，比如标品业务、资产证券化、股权投资信托等，信托公司可以组建独立的投后管理团队，实现投管分离下的工作聚焦，将投后工作细化分工，责任到人，并运用团队专业能力提升被投企业价值，挖掘退出通道，获取超额投资收益；针对管理成本较高、属地管理难度较大、风险监控更严的业务类型，可以引入外部第三方专业机构，借助外部力量形成集约化管理模式，提升管理实效，降低管理成本。

3. 加大金融科技投入，支撑业务发展与升级

信托公司应充分利用信息科技力量，完善系统功能，提升业务数据质量，综合运用大数据、人工智能等手段支撑业务升级。

如前文所提，行业在大力推动产品交易平台与信息登记建设，信托公司应根据行业制定规则，完善各类业务系统功能，收集所有相关数据，保障数据准确性，按“资管新规”要求及时报告业务情况；为落实净值化管理要求，信托公司应开发估值系统，借助信息化手段提高估值准确度，实现数据调取、计算以及报告的高效性；为保证产品资料的完整性，避免信托纠纷中无法举证的被动局面，信托公司可以加强档案管理系统建设，确保所有资料有据可查。

从长远来看，除了满足投后管理的基础需求与保障外，金融科技还可以在其他方面发挥作用。信托公司可以利用区块链技术加强对投后市场、企业、标的物的风险监测，集成各类数据源加以统计分析、相互验证，及时发现风险信号，提前制定风险预案；可以通过大数据、人工智能技术标识各类投后管理事项触发机制、执行标准及预警指标，提前发出工作提示，评估工作完成质量，甚至替代手工作业，建立标准化运营模式，形成流水线作业，做到所有管理动作透明化，最大限度降低人为失误。

“资管新规”内涵丰富，影响深远，对匡正信托行业定位，引导行业回归受托本源起到了不可替代的作用。行业在转型创新过程中，通过强化投后管理体系建设，推动投后管理精细化、标准化、专业化发展，为落实“资管新规”具体要求及行业可持续发展提供基础保障。

城投转型背景下的基础设施类信托业务逻辑与风险管理

李　绚　张淑静

摘　要： 地方政府融资平台在我国地方政府融资体系中发挥着重要作用。长期以来，地方融资平台运作的主要模式是以政府信用为支撑来筹集资金，将资金投向地方需要发展的行业和领域，相当于地方政府的“第二财政”。但与此同时，地方政府通过融资平台大规模举债，导致地方政府债务风险迅速累积。近几年来，随着中央对地方政府债务加大管控，融资平台的政府融资职能逐步被剥离，融资平台的传统运作模式受到制约。新形势下，地方融资平台如何进行市场化转型，已成为信托等金融机构极为关注的问题。

本文从当前的宏观政策和各地方政府出台的平台市场化转型指导意见入手，探究地方融资平台的转型路径，提出评价融资平台市场化转型的六维度模型，探讨金融机构开展政府融资平台类业务的具体策略，并提出转型背景下政信业务的相关风险管理建议。

关键词： 城投转型　政信业务　风险管理

一、城投转型的含义及背景

（一）城投转型的背景

政府融资平台是我国城镇化进程中的产物，这种方式为地方基础设施建设及我国的城镇化发展做出了不可磨灭的贡献。从历史背景上看，20 世纪 90 年代是我国城镇化发展的关键时期，由于实行分税制改革，地方政府面临财政收入少、任务重，资金供给和资金需求严重失衡的境况，地方政府不得不开始通过政府融资平台实现融资以满足资金供给的严重不足。2008 年金融危机影响后，国务院出台 4 万亿经济刺激方案，在这种背景下，配套国家经济刺激计划，地方政府积极筹建地方政府融资平台，投融资平台的作用凸显。不能否认，在过去很长一段时间，在地方政府事权财权不匹配的背景下，地方政府融资平台为我国城镇化高速发展提供了基础保障。

然而，现阶段政府融资平台总量负债已高于政府显性负债，这部分负债游离于财政掌控之外，不透明且总量过高，可能导致系统性的潜在风险。而国家目前“新基建”的战略在一定程度上为政府融资平台的转型提供了新的方向和可行性。因此，以财政部为主的国家部委多次发文强调平台转型要求，力求通过融资平台转型，解决目前政府隐性负债的难题。

（二）城投转型政策要求

从 2014 年起，在国家层面的多项文件中，均对融资平台的转型提出了要求和计划，核心文件及内容见表 1。

表 1　融资平台转型相关监管政策

时间	文件	核心内容
2014 年 10 月	《国务院关于加强地方政府性债务管理的意见》（国发〔2014〕43 号）	明确要求融资平台不再承担政府融资职能，并要求对违法违规举债建立考核问责机制。
2015 年 5 月	《关于在公共服务领域推广政府和社会资本合作模式指导意见的通知》（国办发〔2015〕42 号）	提出大力推动融资平台公司与政府脱钩，进行市场化改制，健全完善公司治理结构。 对已经建立现代企业制度、实现市场化运营的，在其承担的地方政府债务已纳入政府财政预算、得到妥善处置并明确公告今后不再承担地方政府举债融资职能的前提下，可作为社会资本参与当地政府和社会资本合作项目 PPP 项目。

续表

时间	文件	核心内容
2017 年 5 月	《关于进一步规范地方政府举债融资行为的通知》（财预〔2017〕50 号）	地方政府不得将公益性资产、储备土地注入融资平台公司，不得承诺将储备土地预期出让收入作为融资平台公司偿债资金来源。 明确提出推动融资平台公司尽快转型为市场化运营的国有企业。地方政府及其所属部门不得干预融资平台公司日常运营和市场化融资。
2017 年 8 月	《关于在企业债券领域进一步防范风险加强监管和服务实体经济有关工作的通知》（发改办财金〔2017〕1358 号）	积极防范企业债券领域地方政府债务风险，做好存量企业债券涉及的地方政府债务风险的排查化解；在企业债券申报中严格防范地方政府债务风险，实现发债企业与政府信用严格隔离。加强事中事后监管，防范企业债券违约风险。强调企业债发行过程中的政企隔离，实质增加了融资平台新申报发行企业债的难度。
2018 年 2 月	《关于进一步增强企业债券服务实体经济能力严格防范地方债务风险的通知》（发改办财金〔2018〕194 号文）	要求政企隔离。严禁党政机关公务人员未经批准在企业兼职（任职），严禁将公益性资产及储备土地使用权计入申报企业资产；严禁申报企业、信用评级机构将企业信用与地方政府信用挂钩；企业申报债券时应主动公开声明不承担政府融资职能，发行本期债券不涉及新增地方政府债务；企业应依托自身信用制定本息偿付计划和落实偿债保障措施，确保债券本息按期兑付。从人员、资产融资职能等方面，进一步切割融资平台与政府的关联。市场化转型不到位的城投平台企业债发行申报将更为困难，存续债券可能存在再融资风险。
2018 年 3 月	《关于规范金融企业对地方政府和国有企业投融资行为有关问题的通知》（财金〔2018〕23 号）	国有金融企业除购买地方政府债券外，不得直接或通过地方国有企事业单位等间接渠道为地方政府及其部门提供任何形式的融资，不得违规新增地方政府融资平台公司贷款。不得要求地方政府违法违规提供担保或承担偿债责任。不得提供债务性资金作为地方建设项目、政府投资基金或政府和社会资本合作（PPP）项目资本金。

资料来源：中建投信托博士后工作站。

（三）城投转型目标

在严格的政策和监管背景下，政府融资平台必须以实际行动落实相关文件，逐渐剥离政府融资的功能，向现代化企业转型，根据自身可承担的其他功能进行重新定位。

从宏观角度看，平台转型的目的是打破地方政府与城投公司间的信用大锅饭。而转型成功的直接标志是信用切割成功，城投公司重塑与地方政府的市场化合作关系。我们能从各种政策中有关地方政府切断与城投公司的信用连接具体要求中读出深意，包括不许担保、不许注入公益性资产、不许提供隐性支持等。

（四）地方政府转型细则

根据政府网站及公开信息披露，目前浙江省、江苏省和陕西省出台了城投转型的政策。浙江省以绍兴市和湖州市为代表，确定明确的转型完成时间和目标，或者直接公布当地融资平台市场化转型情况的公告。江苏省以南通市为代表，要求结合当地的产业基础，因地制宜提出转型方向。陕西省大而全地制订了平台转型发展的各项实施目标和细则。

1. 浙江省

2018 年 7 月，绍兴市上虞区人民政府办公室公布了关于政府投融资平台公司市场化运作改革的实施意见（虞政办发〔2018〕140 号），要求从 2018 年起，用 3 ~5 年时间，按照“资产覆盖本金，收益覆盖利息”的要求，将区域内平台公司转型为独立核算、自主经营、自负盈亏、自担风险的国有企业。也就是说，绍兴市上虞区的平台最晚应于 2023 年末前完成市场化转型。

湖州市国资委官网于 2019 年 3 月的公告显示，湖州市国资委履行出资人职责的主要市级平台均已建立现代企业制度，转型为市场经济国有主体，不再承担政府融资职能。

上述文件提出了要全面清查融资平台的资产、收益和负债，由中介机构确定资产负债现状，确认企业偿债能力。首先要完善平台公司治理结构，并由各平台公司提出具体实施方案，整合经营业务，对现有平台公司进行改制组建、兼并重组，择优注入资金、经营性资产和资源，提高平台经营能力。

另外，浙江省多个地区的政府官网均有发布当地融资平台市场化转型的公告，公告申明融资平台市场化转型后，所有国有企业都不再承担政府融资职能，企业的融资为企业自主行为。发布公告的地区和公司包括义乌市、遂昌县（丽水下辖县级市）、武义县（金华下辖县级市）、常山县（衢州下辖县级市）、慈溪市慈东工业发展有限公司、杭州上塘城市建设发展有限公司等。

2. 江苏省

江苏区域平台市场化转型的进程受当地的经济发展水平、资源禀赋和产业影响度较大。从政策文件来看，南通市公布了《市政府关于推进市级国有融资平台公司市场化转型的实施意见》（通政发〔2017〕58 号）。明确要求推动融资平台公司按照现代企业制度要求，完善法人治理结构，进一步优化功能配置与资源资产注入，突出做强主业，加快将融资平台公司逐步转型为自主造血能力较强的实体化运作的国有企业。支持培育具有上市潜力的公用事业企业，逐步推进融资平台公司的资产、债务重组。逐步剥离融资平台公司政府融资职能，国有企业新增债务原则上一律由企业自求平衡，谁借谁还，风险自担。

此外，上述文件还要求全面清理核实融资平台公司当前承担的存量政府性债务，合理划分政府与融资平台公司的偿债责任；要求平台公司以市场化方式承接政府投资项目，可通过获取特许经营权、合理定价、获取财政补贴、使用者付费等方式，制订和落实项目资金平衡方案。计划做大国有担保平台，鼓励国有担保、再担保机构依法依规为国有企业提供市场化的融资担保服务，实现融资担保平稳过渡。

3. 陕西省

2018 年 8 月，陕西省财政厅印发了《关于推进我省融资平台公司转型发展的意见》（陕财办预〔2018〕66 号），这是目前公开信息能查询到的关于平台市场化转型较全面、出台层级较高的政策文件。其核心内容如下。

第一，全面清理规范各级平台。要求最晚于2018年底前完成清理摸底、提出整改方案；叫停以政府信用融资，禁止以学校、医院等事业单位为中介，变相为政府举借债务；要求规范公益性资产管理，禁止将公益性资产作为资本注入各类企业，对2010年7月1日后注入融资平台的公益性资产、储备土地等资产，限期1年剥离。

第二，分类推进平台市场化转型。对只承担公益性项目融资，且主要靠财政性资金偿债的“空壳类”平台，要求清理撤销；对兼有政府融资和公益性项目建设、运营职能的“实体类”平台，要求剥离其政府融资职能，转型为公益类国企，允许其承接政府委托实施公益性项目建设；对按市场化方式承担一定政府融资职能的“商业类”国企，鼓励其继续为地方经济发挥作用，但不得再替政府/受政府委托融资。

第三，要求剥离平台的政府性债务。纳入债务限额管理的政府债务，由政府偿还或通过发行政府债券进行置换；政府负有担保/救济责任的债务，则根据情况转化为偿还责任债务进行置换或直接转化为企业债务等方式分类处置；其他因公益性项目建设形成的债务，则要求合理确定债务性质并处置。

第四，明确政企关系。各级政府仅根据出资情况，对转型后的公益类国企承担有限责任。公益类国企在开展市场化融资时，须在相关融资协议中注明不承担政府融资职能，保证其形成的企业债务与政府债务无关。

二、城投转型的主要路径分析

立足于新基建的行业领域和经营需求为城投公司提供了产业发展的新机遇，通过对各省融资平台的政策细则梳理，我们大概可以归纳为融资平台市场化转型的主线，其核心是建立符合市场化运营的现代企业制度，剥离政府性融资职能，通过自身经营能力化解债务。城投转型从路径上可以归为两类：一种是转型为“公益类”国企，另一种是转型为“商业类”国企。

（一）转型为“公益类”国企

“公益类”国企定位于提供公共产品服务，通过项目代建、工程总承包、委托经营等方式，参与地方社会公共事业和公益性项目建设。例如，棚户区改造、移民搬迁、脱贫攻坚等公共基础设施以及环境保护、节能节水、市政公用事业、土地开发等公益性项目建设业务。

从具体角色定位上，公益类的国企可定位为城市运营与服务（城市运营商）。部分平台公司长期参与城市开发，拥有大量的项目经验和城市资源，可充分整合自身资源，从城市建设向经营城市产业实体转变。将企业经营理念和城市管理相结合，可以介入城市规划、建设和运营全过程，将建设项目打造成城市发展建设的有机部分。

除此之外，公益类的国企还可以定位为地方公益性的产业引导与扶持（产业投资商）。政府融资平台源于地方基础设施产业投融资运营，具有一定的资本投资运作基础，具备了一定的地方国有资本投资公司的雏形，通过市场化方式改造，对地方国有资产进行统筹运作，盘活资金，可以优化国有资本布局，重点投向民生保障和基础设施建设、先进制造业和现代服务业等领域，推动当地产业结构的优化升级。

（二）转型为“商业类”国企

“商业类”国企主要考虑经营业绩，可以结合当地的资源禀赋和过往项目经验，发展成市场化的国有企业，依靠自身的经营完成收入支出平衡。从具体转型方向上，可以选择房地产开发企业或其他经营性企业。

原本从事土地开发、园区建设、保障房建设等平台，往往选择向地产开发企业转型。而轨道交通类城投通过获取轨道交通附近土地资源来增大资产规模，增加收益。而在这类企业转型过程中，其核心要素在于，首先，强一线城市的平台可利用区位资源禀赋，在房地产市场中获取收入；其次，平台可通过土地出让来平衡或部分平衡公益类项目的投资支出、与房地产开发商合作进行土地二级开发。

此外，部分平台公司根据自身特点和优势打造经营性资产。例如，将资产出租给政府或其下属单位。如以租金的方式获取来自政府的收入，如管廊租赁等；或政府为城投平台所有的管廊等资产支付资产管理费等形式。该类平台转型的核心要素在于，虽然收入名义上是经营性收入，实际上仍然直接来自政府，与地方政府财力密切相关，常常存在拖欠租金，形成应收款项的现象，因而市场化程度较低，可以认为是变相的财政补贴。

整体来看，城投平台转型需要基于各地的具体情况和平台公司各自的优势，与此同时，整个转型进程存在显著两极分化。经济越发达，所属地方政府的层级越高，转型方式越多，转型成功可能性越大；低等级贫困地区资源禀赋匮乏，往往转无可转。

三、城投市场化转型的评价模型

从上述近几年政府针对融资平台连续出台的政策文件来看，融资平台公司所处的政策环境和市场环境已经发生了巨大的变化。因此在评价融资平台时，不能单纯基于传统的评价思路，只看政府信用，而应该从更加全面和多元化的维度来评估其市场化转型的程度。

对于融资平台转型阶段的评判框架，我们提出六维度模型。分别从公司治理、资产构成、负债及融资、收入、政府补贴和对外担保六个方面，综合评价融资平台市场化转型的程度。

表2　融资平台转型评价的六维度模型

评价方向	主要关注点
公司治理	• 是否实现了政企分离，并建立了现代企业制度 • 是否已经完全自主决策、市场化任命和管理
资产构成	• 资产中公益性资产的占比 • 政府委托代建项目的存货和在建工程的规模 • 政府往来款和政府应收账款的规模 • 是否参股或控股市场化经营的企业
负债及融资	• 纳入政府显性债务、隐性债务和属于企业经营性债务的比重 • 新增融资的金融机构支持力度 • 公开市场债券到期后是否能继续发行
收入	• 收入构成中委托代建、土地整理收入的比重 • 市场化经营性收入在总收入中的占比
政府补贴	• 公司利润构成中政府补贴的占比和持续性
对外担保	• 与政府控股的国有企业或平台互保情况 • 是否涉及民营企业担保，如有则尤需谨慎

资料来源：中建投信托博士后工作站。

（一）公司治理

大部分政府融资平台由政府直接发起设立，形式上虽然是独立法人，但并不具备股东大会、董事会、监事会等一般企业的管理结构。如果平台实现了政企分离，建立了现代企业制度，平台公司经营人员能够完全独立自主决策、市场化任命和管理，这往往是企业完全转型的最明显标志之一。

（二）资产构成

地方政府投资平台核心资产主要有三类：第一类是政府应收款；第二类是平台持有的公共事业或交通运输的特许经营收益权；第三类是委托代建形成的存货和在建工程。整体来看，资产中政府应收款和公益性资产的占比越高，与政府的潜在绑定越强，其市场化转型的步伐也相对越慢。另外，通过评估政府委托代建项目的存货和在建工程的规模，可以判断平台公司未来来源于政府支付收入的可持续性。

（三）负债及融资

投融资平台的偿债能力和信用，传统上往往由政府背书。从平台公司各项债务纳入隐性债务和经营性债务的比例，也能够判断企业的市场化转型阶段和程度。完成市场化转型的平台公司，能够遵循会计制度进行资产、负债和损益核算。独立通过经营性资产和市场化项目进行融资，其债务基本不纳入政府隐性债务。

（四）收入

传统平台公司收入结构中，与政府之间的业务收入，包括委托代建、土地整理收入等收入的比重高，这类收入占比高证明公司经营和政府绑定程度较高；反之，如公司市场化经营性收入在总收入中的占比可观，例如租金收入、产品销售收入、旅游开发收入等，则反映公司市场化水平相对较高。此外，我们还应该关注公司的收入是否能覆盖成本，长期利润为负、入不敷出的平台公司，反映其有效资产较少，业务经营模式很难持续，转型之路也将更加困难。

（五）政府补贴

补贴是最能够反映公司平台属性的科目之一，公司利润构成中政府补贴的占比和持续性，显示政府对其直接支持力度。从另一个角度，也反映公司的市场化转型并不彻底，对于当地的财政依赖仍然很强。

（六）对外担保

传统平台公司会与政府控股的国有企业或平台存在比较大规模的互保情况，如平台仍存在该类情况，则是平台未彻底转型的标志之一。

四、城投转型背景下政信业务的展业策略分析

根据前文提出的对政府融资平台市场化转型的六维评价模型，我们可以根据其转型的不同阶段和转型程度，将政府融资平台公司分为三类情况：已完全转型的市场化国企、转型过程中的主流平台以及转型乏力的平台。对于这三类平台公司，金融机构在制定风控及展业策略时，应有不同的考虑。以下我们逐一进行分析。

（一）已完全转型的市场化国企

市场化国企可能是国家政策调控下由平台转型形成的，抑或是本身平台属性就不强的政府控股企业。市场化国企通常其投融资项目的自主决策程度高，融资成本等核心要素不需要得到政府的批准，收入主要为经营性收入，负债主要为经营性债务，与该区域其他传统平台的关联度较弱，不进行互保。

这类市场化国企需要金融机构在筛选时予以甄别，从企业转型阶段上看，已经不能完全按照传统平台项目的风险控制思路进行判断，而更适合以工商企业的评判标准，即关注企业自身的经营、财务情况以及未来的盈利能力。在这个评判维度上，合理评估项目本身的还款来源是否充分、增信措施是否完备、项目整体风险是否处于可接受的范围。

（二）转型过程中的主流平台

转型过程中的主流平台是过往几年金融机构合作规模较大的平台，由当地政府直接控股，是当地最主要的融资平台。这类平台资产中通常包含大量对政府的应收账款和其他应收款，其刚性负债也大部分被认定为政府债务，其过往承接的项目主要为当地政府民生工程项目。

转型过程中的主流平台是现阶段政信合作项目的主要交易对手。与这类平台合作时，既不能丢掉原传统市政风险管理和展业思路，同时也要着眼于其业务的变化。应从主体和区域两个方面进行综合判断。

在平台主体方面，从平台的重要性程度、主体评级、债务及融资情况、资产构成和对外担保五个方面来综合判断。首先，优先选择区域内最重要的平台进行合作；其次，要关注平台的主体评级、债务和融资情况，尤其须关注平台能否得到主流金融机构的支持，融资渠道是否通畅；再次，关注平台现阶段的资产构成，除传统平台建设业务外，是否已经开始市场化经营转型业务，分析这些业务对平台现金流的影响和未来的发展趋势，有无重大不利因素等；最后，应关注平台的对外担保，综合评估担保背景和代偿风险，若发现对外担保对企业自身影响较为不利，建议避免合作。

在区域方面，应从政府融资平台所在区域的层级和区域经济财政实力两方面去把控。首先，优选省级和地级市及其核心主城区的政府融资平台作为交易对手。同时，应关注区域的经济财政实力，优先财政实力强的区域。衡量区域的经济和财政实力，除 GDP、一般公共财政预算收入、政府性基金收入、财政自足率等传统指标外，可以增加人均 GDP 指标进行修正。

（三）转型乏力的平台

这类平台主要是指区域经济实力较弱、层级较低的区县级平台，或是在区域内重要性程度较低的"伪"市级平台。企业通常未发债或继续发债难度较大，尚未有明确的转型路径。这类平台在未来的生存难度较大。

一方面，这类平台过往获得主流金融机构的融资支持力度较低，融资结构非标和私募债占比较大，融资期限偏短，偿债压力较大，历史包袱较重；另一方面，区域经济实力不强，政府对企业的历史代建项目并无很强的支付能力，公司经营和偿债资金仍要靠自己解决。通常由于区域内并无好的产业投向，平台自身转型乏力，缺乏突破口，金融机构融资难度很大，企业债难以继续，对非标债权融资的依赖度可能比较大。

对于该类型的平台公司，应合理判断未来独立经营的可能性，谨慎开展融资类业务。

五、城投转型背景下政信业务的风险管理

（一）信用风险管理

1. 信用风险分析

对转型背景下融资平台主体的信用分析，应重点关注三个方面。

（1）资产质量指标。政府平台公司大部分的资产为与政府及关联方的应收账款、其他应收款及存货。这其中，首先关注应收账款和其他应收款对应的政府层级和财力，了解应收款的对手方、账龄、坏账比例等。其次，应详细了解存货的具体构成，是否能够为未来营收提供支持。

（2）负债结构指标。应关注平台公司负债尤其是金融负债的结构。打通了资本市场发债、银行以及非标等多种融资渠道的公司，更能够平滑政策及监管带来的融资现金流波动，对公司平稳经营有重要意义。除此之外，还应关注平台公司刚性债务中政府性债务和经营性债务的比重，考虑

存量融资的化解方案。

（3）市场化地位指标。市场化地位指标主要是指区域重要性和业务集中度两个指标。区域重要性是指政府平台公司在该区域从事同类业务的公司中的重要性程度，通常资产规模越大，重要性程度越高；主营业务集中度反映公司获取利润的多样性，如果主营业务过于集中在与政府相关的业务，代表公司的经营越单一，市场化程度越差。

2. 信用风险跟踪评价

对于政府融资平台公司的信用风险跟踪评价，应重点关注三个方面。

（1）资产指标变化。资产指标的变化能够反映企业整体经营活动的变迁。例如，公益性资产的剥离或者注入，往往标志着平台公司在当地的定位变化，需要进一步了解分析。而通过了解长期股权投资和其他应收款中反映的投资和拆借情况，也可以跟踪企业和政府关系的变化，以及企业市场化经营未来的趋势。

（2）债券市场指标变化。对于在公开市场发行债券的平台主体来说，其债券在资本市场的估值表现，能够清晰地反映出市场对其未来的预期。可以通过对中债、中证估值等指标的跟踪，以及与国开基准债券的估值基差，动态跟踪企业主体信用风险情况。

（3）收入指标变化。收入指标中除需要关注收入和利润的稳定性外，还应重点关注政府补贴占比、市场化收入占比情况。例如，政府补贴收入的明显减少、市场化收入的占比增加，往往是企业开始市场化转型的信号，这时应关注其转型具体路径的可行性及还款来源的变迁。

（二）合规风险管理

合规风险控制贯穿平台业务开展的始终，从平台转型角度，金融机构应特别关注交易结构中的担保风险和资金使用相关风险。

1. 担保风险

根据《担保法》和国务院印发《改革国有资本授权经营体制方案》（国发〔2019〕9号文件）的规定，为进一步规范投融资平台的担保行为，有效隔离投融资平台与地方债务的风险关系，除法律法规和国务院另有规定外，各级政府及所属部门、机构和主要依靠财政拨款经费补助的事业单位，均不得以财政性资金、行政事业等国有资产，或其他任何直接、间接方式，为投融资平台融资融券提供担保或增信。以资产（抵）质押方式为投融资平台公司提供增信的，其抵质押资产必须是可依法合规的非公益性资产。

2018年第三季度，银保监会就曾针对1家银行和7家信托机构违法违规向地方政府提供融资的情况，责令其期限内整改，并对部分机构及有关责任人进行了处罚和问责。金融机构包括信托公司应该严格按照监管要求，杜绝接受违规担保或增信。

2. 资金用途监管

政信类信托募集的资金，主要用于促进经济社会发展和对改善人民群众生活具有重要作用的基础设施和市政公用事业领域，所投项目必须符合国家产业政策和宏观调控的要求，符合固定资产投资管理有关规定，对于信托资金主要用于节能减排、生态环保、保障性住房、城市轨道交通、重大自然灾害区域的建设以及国家鼓励发展领域建设，交易对手不得改变资金用途。作为信托公司，应加强对资金使用的监管，加强贷后监控，防止资金被挪用。

房地产股权信托的风险管理

范广川　任思维

摘　要：2019年，在地产金融严监管的背景下，传统房地产非标债权类信托业务逐步收紧，房地产股权投资已成为信托公司谋求转型的一项重要创新业务。本文系统梳理了房地产股权信托的投资模式、投资方向、房地产股权信托发展的背景以及发展面临的掣肘因素，重点从系统性风险和非系统性风险两大维度分析了房地产股权面临的风险点，并在该基础上尝试探讨信托公司从事房地产股权业务的相关风险防控措施。

关键词：房地产股权投资　股权信托　风险防控

2019以来，为持续稳定房地产市场，遏制传统融资类信托规模的无序扩张，金融监管进一步落实相关政策要求，促使传统房地产信托融资类业务逐步收紧，越来越多的信托公司开始布局新的业务模式，深耕房地产股权投资领域。房地产股权信托业务，作为较为创新的信托投资形式，相较于传统信托债权融资业务，更注重项目本身的运营效率及收益风险，股权投资过程中的有效风险管理也成为项目投资的关键环节。

一、房地产股权信托的投资模式

房地产股权信托是指投资标的为房地产项目，交易结构中存在股权投资形式，最终享有标的房地产项目股东投资收益的信托计划。在房地产股权信托项目中，信托计划以直接或间接的方式持有房地产项目公司的股权，作为房地产项目公司的股东为标的项目提供投资资金、参与标的项目的经营管理、按照对应持股比例获得标的项目的资金分配、以股权转让或项目清算等方式退出，与项目公司其他股东共同承担项目风险，共同分享项目收益。

按照投资标的的盈利模式，房地产股权信托可分为开发类房地产股权信托与经营类房地产股权信托。

二、房地产股权信托的投资方向

（一）开发类房地产股权信托

1. 投资标的

开发类房地产股权信托的投资标的为：以物业销售为目的的开发类房地产项目，包括但不限于住宅开发项目、商业开发项目或混合业态开发项目。

较为优质的投资标的一般须具有销售去化可预见性较强、销售价格承压能力较强、项目期间现金流较为充沛等特征。目前，开发类房地产股权信托的投资标的以住宅开发项目为主，也包括部分混合业态开发项目中可售住宅占比较高的项目。

2. 投资期限

开发类房地产股权信托一般设置与标的项目的开发周期相匹配的投资期限，在标的项目完成土地获取后投资进入，在标的项目销售完成或接近尾声时启动投资退出。大部分开发类房地产股权信托的投资期限为 1 ~ 3 年，若标的项目建设规模较大、开发周期较长，也可能设置更长的投资期限。

3. 投资进入形式

开发类房地产股权信托一般股权交易结构的设置直接或间接持有标的项目公司的股权。信托资金常见以注册资本/股东借款/资本公积等形式通过各层交易结构向标的项目公司提供股东投入用于标的项目的开发建设。

4. 期间分配

开发类房地产项目在开始预售后即产生销售现金回流，预留足够后期开发建设及项目运营所需资金后的盈余资金，由标的项目公司股东按照持股比例进行调用或预分红。信托计划作为项目公司的直接/间接股东，将通过上述方式获得期间分配。标的项目的销售资金回流通常较为分散，项目公司产生盈余资金的金额及频率存在不确定性，信托计划一般也不设置固定的分配金额与分配频率。

5. 退出方式

（1）股权转让退出

开发类房地产股权信托通常会设置项目销售完成比例与信托计划投资期限双重退出触发机制，标的项目满足任一退出条件后，信托计划启动投资退出相关事项。启动退出后，信托计划将在3～6个月的时间内，通过聘请评估机构进行模拟清算评估、市场询价、与合作开发商协商等方式确定所持有标的项目公司股权的价值，并通过协议转让、合作开发商收购、公开市场挂牌转让等方式将所持有的标的项目公司股权转让，获得股权转让价款实现退出。

（2）项目清算退出

在信托计划投资期限内，标的项目完成全部物业销售并达到清算条件，信托计划也会选择通过标的项目公司清算实现退出。

6. 增信措施

开发类房地产股权信托一般不设增信措施，也存在部分信托计划通过标的公司股权质押、合作开发商集团履约担保或合作开发商集团提供收益的差额补足等方式实现增信措施。

作为股权投资类信托，开发类房地产股权信托收益的获取大多依靠对项目的主动管理实现，通过严格的项目筛选、专业的投后管理实现项目的股权收益，对增信措施的依赖度相对较低（见图1）。

（三）经营类房地产股权信托

1. 投资标的

经营类房地产股权信托的投资标的为：以物业出租或物业经营所产生

图1 开发类房地产项目投资模式

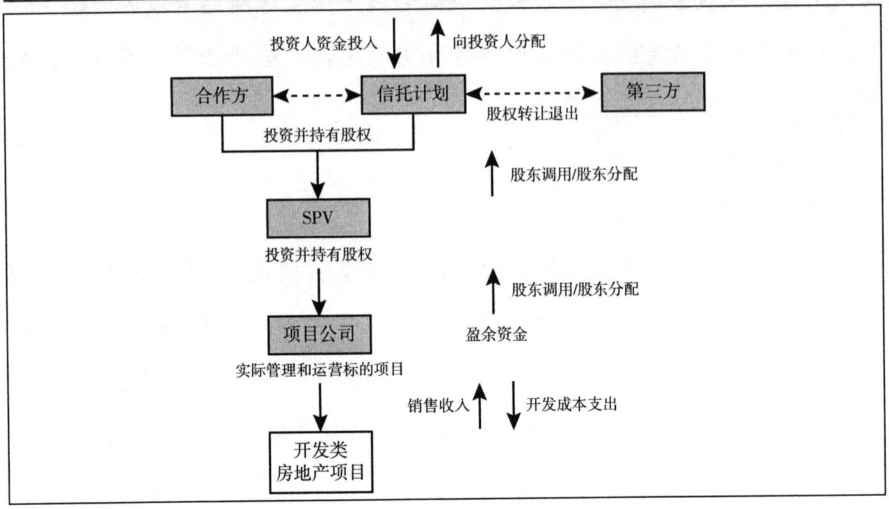

资料来源：中建投信托博士后工作站。

的运营净现金流为主要收入来源的房地产项目，包括但不限于商业办公楼项目、商业综合体项目、酒店项目、文旅乐园项目或物流园区项目等。

较为优质的投资标的一般须具有资产获取价格合理、可产生较为稳定的运营净现金、资产具有可期待的升值空间等特征。

2. 投资期限

经营类房地产股权信托一般会设置较长的投资期限，在投资期限内可对标的项目进行物业升级改造或经营策略调整，提升项目的运营收入直至项目产生较为稳定的运营净现金流。由于项目运营水平的提升所需时间较长且经营类房地产项目的资产流动性较低，通常经营类房地产股权信托设置投资期限为5~8年，甚至更长的期限，以预留足够的时间提升项目运营水平并寻找合适的退出渠道。

3. 投资进入形式

经营类房地产股权信托一般会直接或间接持有标的项目公司的股权。信托资金一般用于收购持有标的资产的项目公司股权，并向项目公司提供股东投入用于标的资产的升级改造。

4. 期间分配模式

经营类房地产项目在开始出租或运营后将产生运营收入，扣除项目运营需要支付的运营费用如员工薪酬、设备维护费用、水电费用等，结余则为项目产生的经营净现金流，可用于向项目公司股东进行分配。相比项目获取时股东投入的投资本金规模，标的项目每年产生的经营净现金流通常处于较低水平，但经营净现金流会随着标的项目的运营水平提升而逐步提升，并最终趋于稳定。

5. 退出方式

（1）股权转让退出

当标的项目可以产生较为稳定的经营净现金流或项目临近退出期时，信托计划作为标的项目公司股东，可以考虑将持有的标的公司股权溢价转让给有意向收购的第三方以获取资产升值带来的投资收益。

（2）资产证券化退出

当标的项目可以产生较为稳定的经营净现金流后，以标的项目产生的稳定现金流作为底层资产，通过 REITs 的方式也可实现原股东的投资退出。

6. 增信措施

经营类房地产信托一般不设增信措施，不排除可通过标的项目公司原股东溢价回购等条款设置实现增信，提高投资到期时退出的确定性（见图 2）。

（三）房地产股权信托市场现状

目前，信托公司一般通过设立信托计划持有标的公司股权的交易结构，以募集资金或固有资金出资参与房地产股权投资。投资标的以开发类房地产股权项目为主，也会优选少部分优质经营类房地产股权项目。两类房地产股权项目中涉及的风险管理要素存在较大的差异，信托公司以其在

图2　经营类房地产项目投资模式

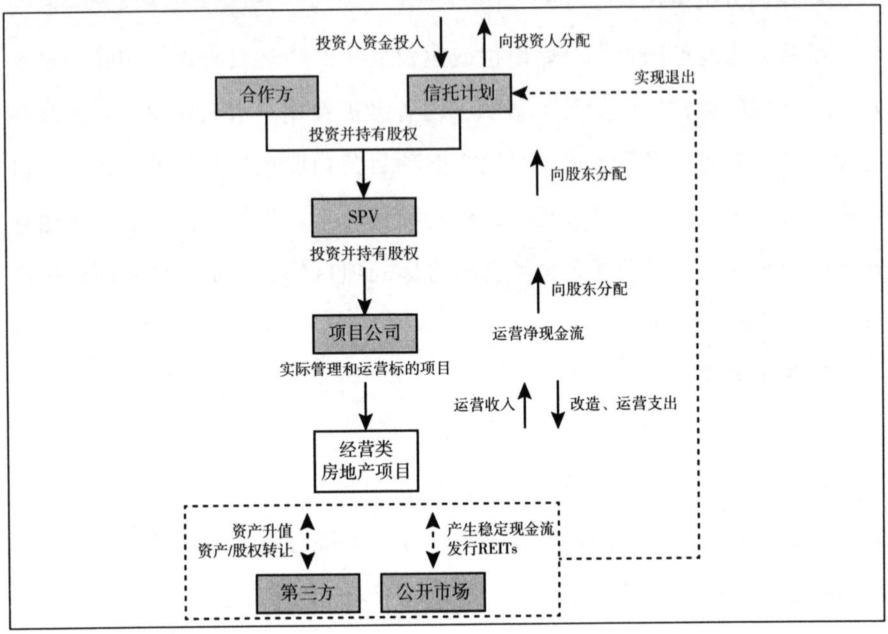

资料来源：中建投信托博士后工作站。

房地产开发领域的丰富投资经验，一般对开发类房地产股权项目具有更高的风险识别与风险管控能力，后文也将主要针对开发类房地产股权项目中涉及的风险管理问题展开。

三、房地产股权投资开展的背景及发展面临的掣肘

（一）信托转型房地产股权投资的政策环境

对境内金融市场而言，2017 年是有深刻意义的转折点，金融周期步入重新出发的新时代，新时代的资管业务监管模式由过去的“机构监管”转为“功能监管、行为监管”，金融监管长效机制建立。“一行两会”等监管

机构针对银行、基金、券商、保险、信托、互联网金融等资管行业出台一系列金融监管政策，标志着自2012年以来以金融自由化、影子银行、资管繁荣为特征的金融扩张周期迎来了分水岭。较激进的扩张模式逐步落幕，进入降速、提质、提效的新时代，这是金融市场面临的大格局。

其中，对信托参与房地产开发业务影响较大的相关新规要点如下。

（1）2017年5月发布《2017年信托公司现场检查要点》，重点整治“通过股债结合、合伙制企业投资、应收账款收益权等模式变相向房地产开发企业融资”规避监管要求，或协助其他机构违规开展房地产信托业务；“股+债”项目中存在不真实的股权或债权，是否存在房地产企业以股东借款充当劣后受益人的情况，以归还股东借款名义变相发放流动资金贷款。

（2）2017年11月发布《关于规范银信类业务的通知》（银监55号文）：规范银信合作，信托名单制管理、通道业务受限，同时对信托公司开展房地产业务提出更高要求，基本需满足“432”条件才能发放贷款。

（3）2018年3月发布《关于规范金融企业对地方政府和国有企业投融资行为有关问题的通知》（财金23号文）：信托参与政信业务受限。

（4）2018年4月发布《关于规范金融机构资产管理业务的指导意见》（下文简称“资管新规”）：资管业务去通道、去杠杆，打通跨部门数据交换，将实现监管统一协调，彻底规范影子银行。

（5）2018年8月发布《关于加强规范资产管理业务过渡期内信托监管工作的通知》（银监37号文），“资管新规”的“信托细则”。将对资金信托业务严格按照“资管新规”要求予以规范。

（6）2019年5月发布《关于开展“巩固治乱象成果　促进合规建设”工作的通知》（银监23号文）：不得向“四证”不全、开发商或其控股股东资质不达标、资本金未足额到位的房地产开发项目直接提供融资，或通过股权投资+股东借款、股权投资+债权认购劣后、应收账款、特定资产收益权等方式变相提供融资等。

（7）2020年5月发布《信托公司资金信托管理暂行办法（征求意见

稿）》（下文简称《资金信托新规》）：投向单一融资主体的非标债权不得超过信托公司净资产的30%，信托公司管理的全部非标债权的总额不得超过全部信托计划实收信托的50%，单一项目投资者人数不得超过200人等。

随着上述一系列政策的密集出台，传统信托业务的“三驾马车”——政信、地产和通道中，原占比较高的政信和银信通道业务进一步萎缩，而随着财金23号文和《资金信托新规》的发布，作为信托行业主要利润来源之一的房地产信托业务的空间将进一步收紧，倒逼信托行业业务加快转型，真实股权投资逐步成为信托公司开展房地产业务的重要模式。

（二）房地产股权投资发展的难点

在目前产融结合的宏观市场背景下，房地产股权投资是信托行业未来展业的重要方向，也是适应新监管环境的必然选择。与传统房地产债权融资业务迥异，房地产股权投资是检验信托公司资金募集、客户服务、项目投研、投后管理和项目价值挖掘等综合实力的试金石，在从传统房地产融资业务向股权投资转型的过程中，信托公司也将面临可预见的压力。

（1）资金来源：在资金端，信托行业打破“刚兑”需要拥有强大的营销能力，目前信托行业大多数存量理财客户依然偏好固收类产品。真实股权投资需较长线资金，且要打破投资者固定收益的观念，培养股权投资偏好的客户群体。

（2）业务经验：在股权投资的全流程环节，包括尽职调查、产品结构设计、投后项目管理、清算退出方式等细节中如何切实地把控风险，整个行业的相关经验尚有欠缺。

（3）竞争压力：泛资管背景下，信托公司尽管是“信托”字号的独家使用者，但无法避免其他的资管主体利用信托制度进行营业。“资管新规”统一了监管政策，将“功能监管”作为未来资管行业监管的重要原则。信托未来将面临银行理财、券商及券商子公司、基金及基金子公司、期货及期货子公司、保险资产管理机构、金融资产投资公司等资管机构的竞争。

为适应行业转型要求，股权投资业务发展核心举措主要在于：控风险、提利润、增强主动管理能力。

（1）风险控制上，传统模式下的风控措施主要包括名单制、抵质押物、资金监管，其中明确的担保和抵押则是传统模式下的主要风控手段。

而面对通常无抵质押增信的股权投资项目时，对风控机制也提出了更高的要求。尤其是房地产行业目前面临的潜在经营风险逐步加大，在房价高企、严格调控的大背景下，限售、限价或限购等调控政策使开发商面临较大的回款压力，增大了房地产企业的流动性风险。如何识别项目风险并采取行之有效的风控机制是开展股权投资业务的关键点。

（2）资产质量上，相较于传统模式下更关注合作主体或交易对手的资信情况，对股权投资项目而言，在适度考量交易对手资质的同时，更重要的是对项目本身投资价值的研判，包括城市吸引力、地区生态圈、目标客户、产品定位、业态规划、竞品情况等综合考量因素，更加注重获取项目的超额收益，在风险和收益中取得相对平衡，项目的超额回报是开展股权投资业务的重要竞争优势。

（3）管理能力上，传统模式下，信托公司的主动管理行为涉及事前对交易对手和项目的尽职调查和风险评判，事中对合同签署和产品发行的把握以及对资金流转的控制，事后对用款项目的监督和对交易对手的跟踪监控。其中事前尽调及项目审批占据了信托公司大部分工作量，而放款后的项目监督管理参与却相对较少。

房地产股权投资对信托公司的主动管理能力要求较高，尤其是投资后的经营管理能力。将考验信托公司在项目研判、运营管理、财务管理、与政府沟通协调、产品宣传、房产宣传及销售等方面的综合管理实力，同时信托公司是否具备专业化团队及组织管理结构也成为股权投资业务成功的关键因素。

四、房地产股权风险点分析

房地产股权投资主要通过对房地产项目的投资、收购、开发、经营管理和处置，来分享地产项目的开发与运营收益，其风险管理维度主要从安全性和收益性两个层面来考量。房地产股权投资项目相较于其他行业的投资和债性投资，有其自身独特的属性。一方面，由于房地产行业自身投资金额大、开发周期长、涵盖面广的特点，项目风险因素与房地产项目全周期运营的各个方面息息相关；另一方面，由于股权投资模式自身收益挂钩项目运营产生的富余现金流的独特属性，项目投资取得分配的时间和金额均与项目的运营情况直接关联，可能会因项目自身运营状况不佳而面临投资收益不达预期，甚至是损失本金的风险。因此，房地产股权投资对项目的自身经营特点与经营业绩实现相关的因素更为看重，本文主要从房地产项目的投资开发环节进行风险的识别、分析、研判和管控。

（一）系统性风险

1. 宏观及产业政策风险

政策风险是指由于国家或地方政府相关政策变化导致项目面临的潜在风险。房地产行业产值规模超过 10 万亿，对 GDP 的贡献超过 30%，是我国国民经济的重要组成部分之一，整个行业的发展与国家及地方政策的定位与指导息息相关。宏观政策、房地产产业政策以及各项税收政策的变化，都会对房地产项目的运营和收益产生重大影响。同时，房地产项目从拿地、开发、预售到竣工交付的周期较长，通常开发周期至少在两年以上。在此期间，国家和地方政策的变化会直接影响项目的各类取证时间、预售定价及去化情况，进而会影响到投资项目的退出及收益。

自2016年以来，党中央、国务院确立了“房子是用来住的，不是用来炒的”的基本定位，宏观调控以“稳房价、稳地价、稳预期”为总体目标，对房地产行业实行从严监管的态势。同时，由于我国幅员辽阔，各区域的发展水平、人口流动变化和经济增速都不均衡，不同地区的房地产发展特点也不一样。中央也因势利导提出了“因城施策、分类指导”的原则，各地政府可根据自身的经济发展、楼市成交、库存状况、房价情况等，制定适合本区域的房地产调控政策，精准施策。在该指导思想下，各地政府陆续出台了有针对性的政策，如限价、限售、限签、限贷、人才落户等政策，调控区域房地产市场发展。

例如，苏州市在2019年第一季度因土拍成交价屡创新高，房地产市场供需两旺，房价逐步攀升。苏州市政府自2019年5月以来频频出台调控政策，政策包含调整土地出让报价规则、限购、限售、调整学位、严格控制信贷税收等，以抑制地价、房价的上涨，降低市场热度。第一波政策在2019年5月11日出台，调整了土地竞价报价规则，土地竞价超过市场指导价5% ~10%时需工程竣工验收方可申请预售许可；对苏州工业园区全域、苏州高新区部分重点区域开始实施限购，工业园区实施限售政策，完善学位政策。第二波政策在2019年7月24日出台，提高土地竞买保证金标准，住宅用地鼓励实行“限房价、限地价”出让方式，将限购、限售政策从局部扩展到全域，同时进一步收紧了预售备案价格。调控政策的加码对于在该期间投资标的位于苏州市的地产开发项目而言，直接的影响来自预售备案价格不及预期，造成项目的净利润下降，进而影响最终投资收益的实现。

2. 融资风险

房地产作为需要大额资金投入的资金密集型行业，受整体市场融资环境的影响非常大。金融政策对房地产行业的影响和作用主要体现在两个方面：一方面是金融政策影响房地产开发项目的融资；另一方面是影响房地产购买者的购置决策。

融资模式、市场利率是房地产开发项目运营的重要组成部分，是确保地产项目顺利推进并实现预期盈利水平的重要方面。房地产项目开发的资金来源主要包括股东自筹资金、贷款及销售回款等，银行和信托端提供的前融及开发贷款是最重要的外部融资来源。自 2017 年以来，在金融去杠杆的大背景下，房地产行业的融资政策逐步趋严，而且在 2019 年进一步加码，要求银行端合理控制房地产贷款投放，并对银行理财、委托贷款等渠道流入房地产的资金进行严格管控；信托端严格控制地产信托总规模，严格限制信托通过明股实债参与地产的前端融资等，融资环境的变化会影响地产开发项目的融资模式、融资规模和财务费用水平，进而影响股东投资回报率。

针对购房者的信贷政策会对房地产项目的销售产生至关重要的影响。个人住房贷款的规模、贷款利率、首付款比例等是购房者权衡是否购置房屋的重要因素。相关政策变化，将会直接影响个人购房者的购房决策，进而影响到房地产项目的去化速度，也是房地产股权项目需要评估的重要内容。

3. 市场风险

市场风险是指由于房地产市场供需关系发生变化而造成的项目风险，具体表现为物业销售价格和物业销售速度不及预期等。房地产市场风险来源包括但不限于土地供给政策和供给现状、住宅新增供给、库存规模和二手房交易情况以及购房者的住宅需求变化。

从房地产业的发展驱动力来看，房屋最基本的属性还是居住，究其根源，房地产业的发展主要来自城镇化水平提升过程中的人口迁移，以及随着人民生活水平提高对于居住条件改善的需求。2019 年全国商品房销售面积出现了自 2015 年以来的首次负增长，标志着房地产行业全面快速发展的黄金期的终结，未来在因城施策以及不同区域人口经济结构分化发展的背景下，不同区域房地产市场发展将会呈现完全不同的特点，市场风险的体现也不尽相同。土地供给规模适当、城镇化快速发展、人口净流入、产业发展良好的地区，市场风险相对较低；而缺乏相应的人口基数和人口增长支撑的区域，若政府供地政策又比较激进，则相应的市场风险将会被放大。

4. 不可抗力风险

不可抗力风险是指在其出现前难以科学预计和评估的、因客观情况发生变化导致的风险，具有不可避免性和不可克服性，包括自然灾害、社会异常事件等。不可抗力事件一旦发生，造成的后果可能会非常严重。

例如，2020 年初突然暴发的新冠肺炎疫情，对中国乃至全球都造成了深远影响。我国自 2020 年 1 月中下旬开始严格限制人口流动，并实行了封城、封路等相关举措，人们深居简出，以降低病毒的蔓延和扩散。受新冠肺炎疫情影响，各地售楼处关闭，虽然各大房地产商将营销活动搬到了线上，但实际销售成交还是受到了严重影响。2020 年 2 月全国商品房销售面积同比大幅下降。2020 年 3 月以来，在疫情传播得到初步控制后，各地售楼处开始陆续开放，但实际销售成交情况仍不乐观。对于房地产股权项目而言，这种不可抗力事件可能会拖延项目工程进度、延迟项目的开盘时间、降低项目去化速度，导致销售回款晚于预期，等等。相应的，项目可向投资人分配收益的时间也会随之延迟，项目可分配资金降低，进而可能造成投资本金回收时间延迟，投资收益不及预期。

（二）非系统性风险

房地产股权项目的非系统性风险主要从三个维度进行甄别和分析。分别为：交易对手风险、项目开发运营风险和管理操作风险。

1. 交易对手风险

不同开发商在信用情况、开发经验、管理体制、品牌和发展策略等方面都具备不同的特点，与之合作关注的风险点也会有所不同。交易对手作为项目的主导方，在房地产股权交易中承担两个核心角色，与交易对手相关的风险也主要来源于这两个方面。

一是交易对手承担项目的操盘和经营管理工作，项目收益的实现与开发商的操盘能力具有较强的关联度。若开发商管控体系不严格，项目操作团队经验欠缺，或者核心团队成员出现重大变化，可能会造成项目开发运营不及预期，如工程质量有瑕疵、成本超支、开发进度延迟、客户定位不准、销售未及预期等，影响项目收益实现。

二是作为项目股权合作的交易对手，承担交易契约中约定的相关履约义务，如到期收购、超投、担保等。若交易对手因各种原因未能履约，则可能造成投资人必须承担相应的责任或者相关权益无法兑现。

2. 开发运营风险

开发运营风险是指项目在实际运营管理偏离前期预测，造成收益最终未达预期的风险。

房地产开发是一个系统性工程，项目开发运作过程中，涉及项目的设计、招采、勘察、施工、监理、销售委托等，且很多环节具有不可逆性。一旦出现问题，相应的改正与处理往往需要花费很大的代价。比如，项目在土地获取后，前期规划设计需要与市场需求相匹配，产品定位、户型定位是指导整个项目全周期运作的基本方略，一旦设计方案确定并开始施工，若发现产品定位与市场需求不符，则相应的修改只能控制在一定程度内，很难推翻重来，否则对整个项目的销售与去化的影响是不可估量的。此外，在开发运营过程中，如开发成本上升、工程进度延迟、产品不能按期销售、销售款项未能及时回笼等，都会影响项目的利润实现，进而影响股权投资的安全和收益。

3. 管理操作风险

房地产股权项目区别于债权和其他产业 PE 的一个非常重要的方面在于投后管理的重要性。究其原因，一方面，因为前文已经提到的房地产股权的收益主要来自项目的运营收益，投后管理过程中及时有效地管控项目对于投资收益的实现至关重要；另一方面，基于成熟的区域市场、成熟的操盘模式下，地产开发项目的收益基本具备可预测性，开发商和投资人分享的是一个基本既定大小的蛋糕。在收益基本锁定的前提下，双方可以从中分配的金额是此消彼长的，因此对于房地产股权项目而言，管控开发商的道德风险也至关重要。

房地产股权项目在签署交易文件时，通常会提前约定相应的管控措施及管控的内容。但在实际操作过程中，可能会出现相关措施无法落实或落实不到位的风险。投资人自身的管理能力、对于投后管理工作的重视程度、交易对手的配合度等都会影响投后管理工作一旦失控，就会造成诸如项目成本费用超支事项未能合理规避，项目收益实现程度降低，进而影响投资人投资收益的实现；或因管理工作不到位，决策反馈不及时等原因，造成开发项目开发进程拖延，与开发商的合作关系不顺畅，甚至出现僵局或合作关系破裂等，最终对项目的退出以及收益的实现都会产生严重影响。

4. 资产处置风险

不同于债权项目，房地产股权为权益类投资，系通过持有项目公司股权的方式进行投资。房地产股权项目的投资标的为非上市企业的股权，其股权流动性较差，投资变现难度较高。通常房地产股权项目在投资时，会在交易文本中约定由交易对手收购股权的方式实现退出，但因退出时股权价值的评估缺乏相应的公允价值参考，价值评估难度较大。若因交易对手违约或者其他因素，导致交易对手未按照约定收购股权的，则金融机构需通过非公开市场寻找第三方机构来收购股权，以实现退出。因金融机构持有的房地产股权项目往往是小股，对项目缺乏实质上的控制力，因此寻找到合适的第三方机构承接的难度较大。

五、风险防控措施

房地产股权面临的系统性风险和非系统性风险贯穿项目的全生命周

期，产生风险的原因多种多样，决定风险的识别、预警、防控和处理是一个系统、动态的管理过程，贯穿项目的筛选研判、尽调、投资、投后管理和退出的全流程。有效控制和妥善处理相关风险，保障收益实现，是房地产股权项目投资的一项重要内容（见表1）。

表1　房地产股权风险识别与防控措施

风险类别 \ 防控措施		科学的投资策略指导	审慎翔实的尽职调查	合理有效的投资方案	全面深入的投后管理	及时高效的风险预警与处置
系统性风险	宏观及产业政策风险	√	√		√	√
	市场风险	√	√		√	√
	融资风险		√		√	
	不可抗力风险				√	√
非系统性风险	交易对手风险	√	√	√	√	√
	开发运营风险	√	√	√	√	√
	管理操作风险		√	√	√	√
	资产处置风险		√	√		√

资料来源：中建投信托博士后工作站。

（一）设定科学严格的投资策略

房地产股权业务开展需要依托自身资源禀赋，制定科学严格的投资策略，提高展业效率，识别和防范系统性风险与非系统性风险。

房地产股权投资标准的制定与PE投资的逻辑更为相似，首先是基于整体宏观基本面、产业发展态势和特点，结合投资目标，根据自身的资源禀赋，去选择合适的交易对手和合适的项目。投资策略可从定性和定量的维度上入手，确定筛选项目的指导思想和总体原则，并在投资过程中严格执行。同时，投资策略与投资人自身的资源禀赋直接相关，既体现为个性化的策略，也与外部环境息息相关，是随着企业发展和行业演变而动态调整的。

房地产股权投资标准的制定可参考以下几项：一是标的项目的基本面，包括但不限于准入城市、物业业态、区位配套、土地获取价格、规划指标、项目的各项经济指标等，可以包含优选类的投资标准、谨慎类的投资标准或者禁入类的投资标准；二是交易对手的考量因素，可以通过制定筛选交易对手的相关维度进行甄选，也可以通过白名单制或者准入清单制选择交易对手，交易对手的开发能力、操盘能力以及自身的信用水平都是前期筛选项目需要重点考虑的内容；三是关注相关合规性要素，如项目土地出让金支付情况、开发资质情况以及合理的资金缺口等，合规性条件是金融机构投资房地产股权项目的前置要件，应在项目推进前先予核实。

（二）审慎翔实的尽职调查

尽职调查也是房地产股权项目事前风险管控的另一个重要组成部分，是论证项目可投性、风险度以及投资策略是否得以贯彻执行的重要步骤。尽职调查要求客观、完整、深入，避免存在偏差和漏洞。除事前难以进行预测与评估的不可抗力事项以外，尽职调查过程中需要对系统性风险与非系统性风险中列示的各项风险要素进行识别与评估，力争客观真实地评估项目风险，并以尽职调查结果作为是否继续推进项目的重要依据，也为后续项目投资方案的制订与投后管理方案要点的落实提供基础。

尽职调查在形式上包括实地调研、资料搜集查阅等。实地调研是尽职调查的一个重要组成部分，包括：（1）项目现场踏勘，了解地块的自然状态及周边环境配套情况，尤其要关注项目现场自身是否有不利因素，并就不利因素对项目的影响进行审慎评估；（2）周边市场供需状况调研，走访竞品和房产中介，以外部市场获取的信息辅助项目的分析评估；（3）项目各条线人员的访谈，全面了解项目拿地、规划、关键时间节点、推盘计划、目标客群等相关信息，尤其要关注项目自身的优势和潜在风险点。资料搜集查阅既包括交易对手提供的相关资料，也包括第三方数据资料的搜集，并通过市场数据与项目自身经营数据的核对校验，来评判项目开发进度、经济收益的可实现性。

尽职调查涵盖的内容非常广泛，总体维度与上述制定投资策略关注的维度类似，既包含项目本身也包含交易对手的相关内容（见表2）。

表2　项目尽职调查模板

关注要素	具体内容
交易对手	基本信息
	发展历程、总体战略、管控体系
	土储、拿地策略及开发运营情况
	团队及考核激励措施
	财务情况
	项目所在区域团队实际操盘能力
	项目所在区域城市的发展策略
项目情况	土地获取情况及开发建设要求
	股东投入情况
	合作情况及相关的管理和决策机制
	项目土地自然状况以及是否有不利因素
	项目各类证照的取得情况
	规划设计方案
	工程结构、施工、监理及进度安排
	项目定位、目标客户以及推售计划
	项目资产是否存在受限情况，如抵押担保等
	投资测算
市场情况	当地经济、人口及发展规划情况
	当地土地出让及房地产开发和销售政策
	当地土地市场供求状况
	当地房地产市场供求状况
	所在板块的发展潜力及市场状况
	周边竞品项目情况

资料来源：中建投信托博士后工作站。

（三）合理有效的方案设计

根据尽职调查反映的具体情况综合分析后，通过设置合理的商务条款及投后监管措施，对最大化分享项目收益，降低非系统性风险，可以起到非常重要的保障作用。

相较于其他类别的投资，房地产股权投资的特点在于其收益来源于项目自身的可分配现金流，可获分配的资金额和可分配时间都存在不确定性。房地产股权投资方案主要关注期间分配、退出机制、业绩奖惩和投后管控措施等层面。

（1）期间分配条款，通常会根据项目自身的净现金流在预留项目未来一定比例的待支付成本的情况下，向包括金融机构股东在内的全体股东按照持股比例进行预分配。其中需要注意的是，项目存续期间因为项目利润尚未结转，只能采取预分配的模式，该预分配款项实际上会形成股东对项目公司的其他应付款，存在不能对抗第三方债权人的潜在瑕疵，而金融机构从项目上已获分配的资金在已向投资人完成分配的情况下，实际操作层面很难满足返还条件，因此事先应约定明确的解决机制。

（2）退出机制层面，应在交易契约中明确退出触发条件、退出操作流程、退出估值原则、收购价款支付等。房地产股权项目通常会根据项目自身的运营去化计划，明确金融机构的退出触发条件，以满足金融产品需在约定期限内退出的相关要求。房地产股权项目退出时，项目往往还未全部清盘结算，因此在交易契约中还应明确各类资产的估值规则，比如物业价值、成本费用承担等。由于金融机构在地产投资方面存在专业知识的局限性，也可考虑在投资前对项目的成本和费用设置明确的上限金额，避免开发商通过成本超额支付的方式转移项目利润，一定程度上规避开发商的道德风险以及项目开发运营风险。

（3）业绩奖惩层面，需要根据每个项目的具体情况和开发商的特点进行个性化设计，主要目的是在充分激励交易对手的基础上，进行一定程度的约束，降低非系统性风险。交易契约中可设置相应的业绩指标，如项目售价、去化、回款、关键时间节点等，在项目业绩指标未达标的情况下，通过触发成本调整、优先分配乃至提前退出等安排，可缓释项目经营不及预期时对投资回收及投资收益的影响；若项目收益超过业绩指标，也可以通过超额收益提成方式给开发商一定程度的奖励。

投后管控层面具体的措施和方法将在后文中详述。

当然，房地产股权投资方案设计远不止上述几个方面，需要在项目投资前进行精心的设计和考虑，围绕的核心出发点是项目的收益及安全，既要保障项目运营正常的情况下实现预期收益，又要保障项目在面临风险事件时有相应的应对措施，如股权质押、强制执行公证、交叉违约条款等。

（四）全面深入的投后管理

房地产股权项目的管与投同样重要，但又往往容易被忽略。全面深入的投后管理是项目最终能否实现预期收益的关键要素及风险控制的核心环节，是发现系统性风险和非系统性风险的重要手段，也是防范非系统性风险发生的重要措施。投后管理涵盖参与公司治理、项目共管、定期巡场、日常监管等内容，通过直接管理或者穿透管理动态监控所投资项目及影响所投资资金回收的因素，保障股权投资收益的实现。

作为项目公司的股东，房地产股权项目在运营过程中承担的工作内容更深入、更细致。在公司治理层面上，通过参与股东会、董事会，对项目的预算、销售、融资、利润分配、重要节点等重大事项及上述重大事项的变更进行审核并参与决策，通过对重大事项的管控可以防范重大风险，确保项目推进与前期规划保持一致。在项目共管内容上，可以设置诸如银行账户、证照印鉴的共管，通过共管机制，可以确保项目公司印章不被滥用，确保项目资金按照约定用途使用，保障项目资金和运营安全，有效规避交易对手的道德风险。在共管机制下，金融机构作为财务投资人，主要是确保项目按计划运营，不会实际参与具体的管理过程。在日常管理的层面上，通过定期现场巡查、资料搜集与分析、舆情监测等方式，全面了解项目的工程、销售和成本支出等情况，并就经营现状与计划情况进行比对，及时发现和应对项目运营中出现的问题和偏差，同时也对一线投后管理操作人员的工作规范性和操作层面进行经营检视，规避操作风险，也可通过定期轮换一线操作人员的方式进行防范。

房地产股权投后管理涉及多维度、立体化的监管，监管内容庞杂，涉及事项非常多。在投后管理工作实施前，需要制定明确的投后管理制度和操作规程，明确参与投后管理的相关部门和人员，原则上应包括业务和投后管理部门乃至风险合规等条线的人员参与，明确各部门的分工与职责，确保各部门各司其职，有效制衡，高效运转。此外，在实际投后管理操作过程中，也可以借助专业机构的力量，通过聘请三方机构参与投后管理的方式，借助专业机构的咨询建议提高管理效率和管理的专业度。

（五）及时高效的风险预警与处置

当风险事件发生时，往往意味着项目自身出现了较为严重的问题，需要实时监测，及时预警、快速应对，并对不同风险等级事件实施差异化管理，及时发现潜在风险，最大程度减少损失。

房地产股权项目应建立全面、及时和持续的风险预警机制，动态监管跟踪项目、交易对手及市场情况，一旦发现异动，应及时进行分析研判和内部报备。预警监测内容与目标可融合在项目投后管理过程中，通过常规的投后管理、舆情监测、信后检查等方式实施，并针对预警信号开展排查，对预警信号的真实性以及衍生的风险进行核实和分析，及早进行干预和处置。项目管理过程中，风险发现得越早，干预处置措施采取得越早，纠偏的可能性越大，可争取时间进行有效处置的概率也就越高，速度往往意味着机会。

经评估后，项目的确出现风险，可针对不同的风险事项进行差别化应对和处置。处置手段和方法包括但不限于：第一，修订交易契约。针对风险事项，与交易对手协商解决方案，并通过增补交易条款的方式对应对方案进行补充约定，增补措施包括但不限于修订核心交易条款、增强管控力度等。第二，提前退出。涉及风险事项较为突出，已显著影响投资安全，且无法通过交易条款变更实现缓释风险的目的时，可考虑提前退出。具体可通过要求交易对手提前收购股权的方式实现退出，或通过市场化寻找收购方的方式实现退出。第三，启动自主处置流程。必要时可采取项目延期、项目接盘托管、资产清算等方式强势介入风险资产或借助司法手段，实现风险项目的资产保全、处置或变现退出。

信托公司开展资产证券化业务的风险分析与应对

左智征　吕四妹

摘　要：在政策的大力支持下，我国资产证券化市场持续发展壮大，已成为资本市场的重要组成部分，开展资产证券化业务的信托公司也越来越多。信托公司有必要充分认识资产证券化业务中可能面临的风险，并进行有效的风险管理，这样不仅有助于更好地服务发行人和投资者，还有利于拓展发展空间，以发行管理人、原始权益人、财务顾问、承销商以及投资者等多元角色全链条参与资产证券化业务，提升综合盈利能力。本文主要论述信托公司开展资产证券化业务可能面临的基础资产风险、交易结构风险、参与机构风险，具体分析风险产生的原因，探讨信托公司如何做好此类业务的风险管理，并提出积极的应对措施建议。

关键词：信托公司　资产证券化　风险管理

资产证券化在我国主要经历了“试点—暂缓—试点重启—试点扩大化—常态化”几个阶段，在监管机构的鼓励支持及各方参与机构的不懈努力下，监管政策不断细化，基础资产类型日益丰富，交易结构持续创新，为资产证券化业务的有序健康发展奠定了良好基础。

资产证券化业务的实质是以基础资产未来所产生的现金流为偿付支持，通过结构化设计进行信用增级，在此基础上发行资产支持证券，参与各方包括监管机构、原始权益人、管理人、中介机构、投资者等。资产证券化信托，顾名思义是信托担任资产证券化业务的发行载体，资产证券化实践中的真实出售、破产隔离、资产打包重组、现金流重新分割、信用增级等基本要求，都可以通过信托来实现，银行间市场信贷资产证券化和企业资产证券化的主要发行载体均为信托。其中企业资产证券化业务发展迅猛，2016 年首单信托型资产支持票据（ABN）落地，2019 年底累计发行规模已近 5,000 亿元，且创新不断，如债券通 ABN、资产支持商业票据 ABCP 等，企业资产证券化已经成为不少企业盘活存量降杠杆、提升资产流动性的重要直接融资渠道。

但企业资产证券化在快速发展的同时也暴露出一些风险事件。由于非金融企业资产波动性较金融资产大，且一般企业与银行等金融机构相比，普遍规模较小，尤其是民营企业抗风险的能力较低，因此企业资产证券化比信贷资产证券化的风险敞口更大。目前企业资产证券化不仅包括在银行间市场发行的资产支持票据，还包括在交易所发行的资产支持专项计划。信托公司既可以是银行间市场非金融企业资产支持票据发行载体的管理机构，又可以在交易所市场以计划管理人的角色参与资产证券化项目（取得试点资格后）。尽管两者在监管部门、发行场所、参与机构等方面有所不同，但其展业逻辑有共通之处，可以相互借鉴（企业资产证券化是本文讨论的重点，如无特别说明，下文“资产证券化”均特指企业资产证券化）。

虽然目前信托公司在资产证券化业务中多负责事务管理，主导性较弱，但可以预见，未来在外因（政策鼓励，如承销资格的批准）和内因（信托公司标品转型需求）的双重影响下，信托公司将会更加积极主动地参与资产证券化业务的各个环节，主动预防和应对资产证券化业务中的相应风险，充分发挥受托载体的主观能动性，为发行人和投资者提供更加专业和完善的服务。

一、基础资产风险

基础资产是资产证券化交易安排的基础，须具备可产生独立且可预测的现金流、权属明确、可特定化、可转移的特征。基础资产风险主要包括现金流风险、集中度风险、权利瑕疵风险等。现金流风险主要是指现金流未能按期足额归集，现金流被混同、截留或挪用，及现金流不稳定的风险，其中现金流未能按期足额归集为首要风险（见图 1）。集中度风险是指底层债务人存在关联交易关系或者单一债务占比过高导致风险集中度过大。权利瑕疵风险主要指基础资产权利待完善及资产收益权作为基础资产本身具有的特定风险。

图1 基础资产风险分类

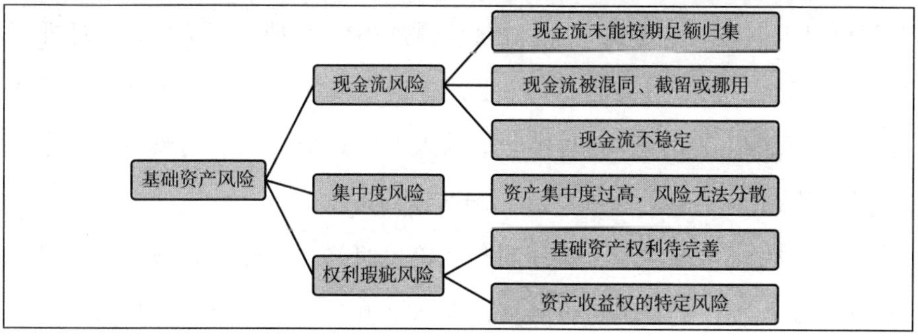

资料来源：中建投信托博士后工作站。

（一）现金流风险

资产证券化产品的偿付支持来自基础资产的现金流。基础资产的现金流未能按期足额归集，未能与其他资金实现隔离是资产证券化产品面临的主要现金流风险。

（1）基础资产现金流未能按期足额归集的风险。

基础资产产生的现金流未能按约定时间以约定金额划入监管账户或管理人账户，主要有如下原因。

第一，内外部环境发生重大变化导致基础资产的正常运营受到较大影响。如2020年第一季度新冠肺炎疫情暴发，不少景区、高速公路、商业物业等的日常运营遭受重创，人流量剧减，运营收入大幅下滑，以上述标的开展资产证券化的项目现金流出现阶段性偏离预期的情况。

第二，资产服务机构为基础资产提供正常运维的服务能力下降。很多资产证券化项目基础资产的正常运营需要由资产服务机构出具维好承诺，持续提供运维。当资产服务机构的服务能力下降时，基础资产的正常运营也将受到不利影响，归集的现金流也会不及预期。

第三，原始权益人或增信主体偿债意愿或偿债能力出现问题。当原始权益人或增信主体的偿债意愿或偿债能力出现问题时，即使基础资产处于正常运营状态，也有可能影响现金流的回款。如红博会展信托受益权 ABS 于 2017 年 9 月发行，标的物业红博会展购物中心估值 22.77 亿元，抵押率仅为 39.52%，质押物估值 20.77 亿元，现金流覆盖本息 1.4 倍以上，物业运行良好，但 2018 年 10 月由于借款人工大高新出现信用风险，未能及时、足额偿还前端信托贷款，触发 ABS 违约条款。

第四，实际情况和现金流预测产生较大偏差。指现金流预测机构仅依赖原始权益人提供的材料进行测算，未能审慎全面评估影响预测的各类因素，导致现金流预测和实际情况偏差较大，现金流归集不达预期。在 ABS 市场首单发生违约的项目大成西黄河大桥通行费收入收益权 ABS 中，大成西黄河大桥是连接鄂尔多斯煤炭产区与煤炭外运集散基地的交通枢纽，其通行费收入主要依赖当地煤炭运输，评估机构认为未来煤炭行业发展向好，给出的现金流预测较为乐观，但最终煤炭行业低迷，大桥通行费收入骤减，增信方无力履约导致产品违约。

第五，技术问题。由于现金流归集大多是从监管户到保管户，多道划款时如果出现系统延迟等技术问题，现金流归集也可能会延迟。

基础资产的现金流出现问题预示产品的违约可能性提高，不仅仅影响当期证券本息的兑付，也可能对后续所有未偿证券产生较大的影响，各相关机构对这一问题需要特别重视，并进行持续关注。

（2）基础资产现金流被混同、截留甚至挪用的风险。

第一，基础资产的现金流回款正常但无法独立时，资金混同导致其无法实现同原始权益人资产的破产隔离，因此存在归属于基础资产的现金流被其他权利人查封冻结的风险。

第二，基础资产归集以后被相关方截留、挪用转出至其他方账户（如原始权益人/资产服务机构账户）。若挪用方出现信用风险，资金不能及时划转到管理人账户，则存在产品违约的风险。

（3）基础资产现金流不稳定的风险。

债务人提前偿付债务会使得基础资产的现金流发生改变，进而会带来产品偿付时间不确定的风险。基础资产的提前还款会使现金流的分布重新调整，各时间点上现金流流入对流出的覆盖倍数也会受到影响。现金加速回流，一方面可能降低基础资产的风险暴露，另一方面也可能使产品提前到期，影响产品的收益，甚至引发流动性风险，导致产品在预计到期日无法足额兑付。

（二）集中度风险

如果资产证券化产品基础资产对应的债务人为同一个或彼此之间有关联关系，采用强主体方式提升产品信用评级，则该类产品面临较高的集中度风险。此类产品本质上是通过核心债务人信用进行融资的产品，核心债务人偿债意愿或偿债能力恶化将直接影响产品的偿付。

2016 年 1 月发行的庆汇租赁一期 ABS 基础资产仅有一笔租赁资产，原始承租人为鸿元石化，鸿元石化的应收账款债务人主要为中石油兰州分公司，租赁资产和承租人客户均非常集中。在鸿元石化失火全面停产后，基础资产无法正常回款导致该项目于 2018 年发生违约。

反之基础资产的分散度越高，产品违约的风险越低，分散的维度越广，产品违约的风险越低。如消费金融资产证券化产品有成千上万笔小额同质债权入池，债务人主体、年龄、区域、行业等越分散，此类资产证券化产品面临的集中度风险就越低。

（三）权利瑕疵风险

可证券化的基础资产应是符合法律法规规定，权属明确，可以产生独立、可预测的现金流，且可特定化、具有可转让性的财产权利或者财产。因此无论动产、不动产还是财产权利，其权益完全归属于原始权益人是开展资产证券化业务的前提，但在实际业务中基础资产的转让可能存在如下一些风险。

（1）基础资产权利待完善风险。

第一，若债权转让通过权利完善通知的方式，则基础资产转让环节有可能存在对外公示程序的瑕疵而无法对抗善意第三人。

根据《证券公司及基金管理公司子公司资产证券化业务管理规定》第23条，基础资产为债权的，应当按照有关法律规定将债权转让事项通知债务人。

在资产证券化业务中，通常有转让时通知或权利完善通知两种操作。若在转让时即通知，则基础资产的转让在交割时即对债务人产生法律效力。若涉及大量债权让与，通知成本较高，则往往采取权利完善通知，即在发生权利完善事件后，再通知债务人，该等债权的转让即对该等债务人发生法律效力。为了保证权利完善通知的实施，在基础资产转让时一般会要求原始权益人向管理人进行不可撤销的授权，即保证当发生权利完善事件而原始权益人并未按约定向相关债务人发出债权转让通知时，管理人可根据授权直接向相关债务人通知债权转让事宜以保障债权转让生效，但仍然可能存在债权重复转让，或债权转让环节中未履行通知的对外公示义务从而无法抗辩善意第三人的法律瑕疵等风险。

第二，标的物所有权转让在触发权利完善事件后进行，有可能会导致实际所有权人和名义所有权人不一致而对标的物进行非法处置，从而影响产品债权的实现。

有些资产证券化产品的基础资产中标的物的所有权由于种种原因在转让时无法变更至产品项下，标的物实际所有权人和名义所有权人并不一致，仅通过合同约定触发权利完善事件时，标的物的所有权须及时变更至产品项下。如果原权利人不予配合或不能完成所有权变更，产品债权的实现也将面临一定风险。

第三，基础资产附带担保负担或其他权利限制未及时解除，导致基础资产转让环节过程中的合法性、有效性、可转让性等方面存在权利负担，从而动摇资产证券化业务开展的根基。

根据中国证券投资基金业协会发布的《资产证券化业务风险控制指引》第四条，原始权益人应当拥有基础资产相关权属证明或运营许可。按照穿透原则，基础资产不应附带担保负担或者其他权利限制，能够通过资产支持专项计划相关安排解除基础资产相关担保负担和其他权利限制的除外。因此在基础资产存在权利限制的情况下仍可有条件地开展资产证券化业务，但在该产品的权利限制尚未完全解除前，管理人运用、管理、处置基础资产将受到限制，产品也面临一定的风险。

（2）资产收益权作为基础资产的特定风险。

资产证券化的基础资产中有一个重要类型是收益权，收益权的资产证券化具有独特性。收益权包含票据收益权、股权收益权、债权收益权、土地的承包经营收益权、林地经营收益权、知识产权收益权、基础设施（高速公路、电力、热气、污水处理等）经营收益权等。当基础资产赖以存在的载体存在权利限制时，往往采用资产收益权的方式开展资产证券化业务。

在学术界，有观点认为收益权本身没有法律明确规定，仅为交易双方根据基础权利和交易需要创制的一项约定权利，脱离所有权的转让存在瑕疵。而有观点认为对某些特定种类的收益权，如果法律明确规定了该种类的收益权，那么此种收益权就是法定的。如交通部制定的《收费公路管理条例》明确规定了收费公路的特许经营性质，并明确规定收费公路的经营权可以转让，因此高速公路收费收益权就是法定权利，可以独立于所有权人，成为可交易的标的。

即使根据后者的观点，收益权可以独立转让，但以收益权作为基础资产仍然存在较大风险，主要缘于收益权依附于所有权，收益权作为基础资产在转让中不能像债权转让那样实现真正的风险隔离，只能实现风险的转移。在开展资产证券化业务时，原始权益人并不像债权作为基础资产转让那样丧失主体资格，仍然负有持续有效运营基础资产并继续收取资产收益的义务与职责。因此，收益权的转让并不能在原始权益人与资产支持证券的投资者之间建立风险隔离墙，当资产支持证券资产池的回收资金不能完全兑付投资者时，投资者可以通过管理人向原始权益人追索，此时的基础资产转让就不是风险隔离而只是风险相对转移。

因此，收益权类型的基础资产相比其他类型更加依赖于发行主体或者增信主体的信用，在经济环境变化、行业政策调整、主体经营不善的情况下风险会更加凸显。2020 年第一季度暴发的新冠肺炎疫情充分暴露了收费收益权类型基础资产的波动性，一些景区入园门票收费收益权、基础设施类的高速公路收费收益权、电力收费收益权等证券化产品均须高度关注风险。

监管层显然已经关注到相较债权类产品而言，收益权类资产证券化产品面临更大的风险，证监会已于 2019 年 4 月就资产证券化业务发布了相关的监管问答。针对收费收益权类型的基础资产进行限定，明确具有垄断性质或者国家政策鼓励的行业可进行融资，对像物业费、电影门票、纯商业物业租金等不具有行业垄断性的基础资产进行了相应限制。对收益权类资产提高准入门槛在一定程度上可以降低资产证券化产品的违约风险。

二、交易结构风险

从资产证券化的特定产品架构层面来讲，交易结构风险主要包括破产隔离风险、信用增级风险、循环购买风险、提前或者延迟分配风险以及基础资产流动性风险（见图2）。其中破产隔离风险和信用增级风险是基于资产证券化产品本身的产品架构而存在的。

图2 交易结构风险分类

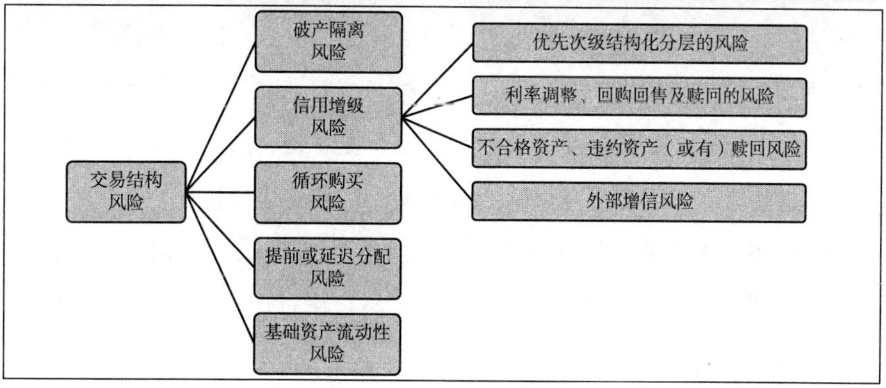

资料来源：中建投信托博士后工作站。

（一）破产隔离风险

某些弱主体发起的资产证券化产品的债项评级能在主体信用评级基础上进行一定提升，往往是通过构建具有独立法律权利义务关系的特定目的载体SPV，实现基础资产和主体信用的破产风险隔离。但在实操层面，认定基础资产和主体实现破产隔离，不仅需要设立SPV，还需要向交易对手支付公允对价，且相应权利转移手续已经办理完毕，实现基础资产的真实销售（或通过交易文件约定权利完善事件发生后通过权利完善措施实现基础资产真实销售）。同时基础资产权属能否进行特定化，不是以实际资金的归属进行区分的。此时基础资产的现金流和原始权益人的主体经营情况应该保持相应独立，如果原始权益人主体涉诉，第三方对基础资产采取相应查封、冻结等强制措施时，管理人可以代表资产证券化产品主张自己对基础资产具有相应的权利，并采取相应法律救济措施。

（二）信用增级风险

资产证券化的产品为了提高评级，获得投资者的认可，往往需要进行信用增级，信用增级的方式包括内部增信和外部增信。内部增信方式主要包括超额抵押、结构化分层、设计超额利差、提供准备金、设置回购条款等，外部增信方式主要包括差额补足、流动性支持、第三方担保、保证保险等，这些增信方式在一定程度上可以降低产品的违约概率，但仍有一些风险不能完全被缓释。信用增级风险主要包括优先次级结构化分层的风险，利率调整、回购回售及赎回的风险，不合格资产、违约资产（或有）赎回的风险，及外部增信风险。

（1）优先次级结构化分层的风险。

优先次级结构化分层是资产证券化产品信用增级的一个重要措施，大部分资产证券化产品都会采取优先次级结构化分层的产品设置。通过采用优先次级结构化分层的机制，在不同情况下（如正常情况、加速清偿、违约事件发生等）实施不同的兑付顺序安排，使本息兑付或损失分配具有优先与劣后的顺位区分，实现风险的再分配，次级资产支持证券可以对优先级资产支持证券的兑付提供支持。少量资产恶化引发的风险可以由次级资产支持证券吸收，但集中爆发的基础资产质量问题可能击穿次级厚度，影响优先级投资者的本息兑付。

（2）利率调整、回购回售及赎回的风险。

在期限较长的资产证券化产品中，为了变相缩短融资期限，降低融资成本，一般会设置利率调整、回购回售及赎回条款，即赋予原始权益人票面利率调整权、投资者回售权及原始权益人提前兑付剩余票据选择权。在原始权益人选择行使或不行使利率调整选择权后，投资者有权决定是否接受利率调整方案，同时有权决定在本次回售登记期内是否按照面值向原始权益人全部或者部分回售持有的证券份额。新的利率调整方案会使投资者收益面临不确定性风险。

投资者选择部分或全部回售所持的证券份额后，如果仅靠基础资产的现金流回款无法覆盖，那么这将给原始权益人或增信方带来一定的兑付压力。如果原始权益人或增信方出现信用风险，无法在回售行权日买入待回售的全部份额，则投资者面临无法退出该产品的风险。

若投资者选择全部回售所持的证券份额或发起机构选择提前兑付剩余证券，则资产证券化产品将提前终止。这会给证券的存续带来不确定性，从而给投资者的收益带来不利影响。

（3）不合格资产、违约资产（或有）赎回的风险。

有的资产证券化产品，为了保证入池资产符合标准，设计了不合格资产赎回条款，还有的为了保证资产池的质量，设计了违约资产赎回条款，原始权益人如不能在约定的时间内按照赎回价格对被认定为不合格的资产或违约资产进行赎回，将可能影响资产值的质量，进而影响资产池现金流的回收，给投资者的收益带来不确定性风险。

（4）外部增信风险。

第一，差额补足/流动性支持、维好承诺等非法定担保方式导致对增信机构无法形成有效的权利主张，或者无法对增信机构形成有法律强制约束力的要求。

在资产证券化产品中，比较常见的外部增信措施是由强主体作为增信机构对优先级证券本息提供差额支付承诺及流动性支持。由于差额支付承诺及流动性支持并非法定担保方式，相应的增信安排条款中没有约定增信机构的具体义务或者职责，无法对增信机构形成具有法律强制约束力的义务要求，因此存在违约情形下难以追偿的风险。

另外，发起机构在转让基础资产或收益权后可通过维好承诺为资产证券化产品提供信用支持。但维好承诺并没有强制执行力，因此管理人不得直接要求维好承诺人履行相关义务。原因在于，首先，维好承诺仅是对其经营水平、财务指标、提供的服务达到一定标准的承诺，并未对应明确的主债权；其次，就通常情况下维好承诺的内容而言，维好承诺人也并未作出代为清偿债务的意思表示，因此，维好承诺不构成保证担保，仅起到安慰作用，但对资产证券化产品的增信与提升评级仍有一定的帮助。

第二，境外担保主体受相应的跨境担保法律政策限制或者流程要求，存在履约风险。

基于目前的框架规范和市场实践，尽管资产证券化业务中的跨境保证担保在满足《担保法》前提下能够有效设立，但仍存在履约风险。汇发〔2014〕29号文及《跨境担保外汇管理操作指引》（以下简称《操作指引》）仅对债权人为金融机构的跨境担保进行规范管理。而资产证券化产品的投资者包含非金融机构等不确定的其他经济组织/个人，不属于依据汇发〔2014〕29号文及《操作指引》的受理范围，因此，该种跨境提供的保证担保行为是否能落入《跨境担保外汇管理规定》中所规定的外保内贷行为，在实践中仍存在一定的不确定性。

同时管理人向国家外汇管理局的资本项目系统报送债权债务数据存在操作难度。跨境担保能否在国家外汇管理局备案登记、担保履约资金能否顺利跨境回流存在不确定性，如果跨境担保无法在国家外汇管理局登记备案，则担保履约时跨境资金无法回流至境内。

另外，跨境诉讼难度较大，也增加了境外主体担保的风险。

（三）循环购买风险

当基础资产为多笔金额小、期限短、债务人分散的资产时，如消费金融、汽车租赁、购房尾款等，它们能够持续获取现金流，但是还款时间不确定，传统的资产证券化业务模式并不适用。为了解决基础资产与发行产品期限错配的难题，市场上出现了循环购买型的资产证券化产品。

中基协发布的《资产证券化业务风险控制指引》第十一条要求，以基础资产产生现金流循环购买新的同类基础资产方式组成专项计划资产的，管理人应当设置适当的入池标准，并通过管理流程安排对每一期后续购买的资产清单进行事前审查和执行确认，并定期进行信息披露。基础资产的规模、存续期限应当与资产支持证券的规模、存续期限相匹配。管理人应当持续关注符合入池标准的资产规模，以满足循环购买需求，在合格资产规模不足时及时进行信息披露并采取风险缓释措施。

尽管循环购买结构可以解决短期甚至超短期资产入池的问题，但和静态池相比，不断进行循环购买则可能导致如下风险。

第一，产品存续期内基础资产质量下降的风险。

第二，合格资产不足将使整体资产收益率下降。如可供循环购买的合格资产不足，导致资金闲置，循环购买资产的规模与后期资产池本金、利息的现金流入受影响，最终导致资产池整体收益率下降。

第三，由于触发加速清偿事件、违约事件等原因，循环期提前结束，投资者实际收益受损。

第四，每次循环购买均须原始权益人提供资产，管理人复核，各家中介机构尽调（或有），当循环购买频率高时，工作量较大，可能会产生实操风险。

（四）提前或延迟分配风险

如贷款提前到期或其他合同约定的产品提前终止事由发生，资产证券化产品可能先于其到期日分配，投资者实际收到的利息将受到影响。如基础资产于到期日未能全部变现，且已变现的基础资产不足以覆盖根据合同约定投资者应该收到的本金和利息。资产证券化产品迟于其到期日分配，投资者实际收到的本金和利息同样可能会受到影响，且延期的利息可能无法落实。

（五）基础资产流动性风险

资产证券化产品的交易结构中会设计触发某些事件时需要处置变现基

础资产的条款，但受限于相关处置变现程序和届时的市场环境，基础资产的处置变现时间和变现金额具有一定的不确定性，即基础资产存在流动性风险，从而对产品收益造成不利影响。

三、参与机构风险

参与机构风险包括原始权益人、核心债务人与增信机构的信用风险，以及中介机构的尽职履责风险（见图3）。这些风险广泛存在于资产证券化项目推进过程中，与参与机构的专业尽职能力息息相关。

图3 参与机构的风险分类

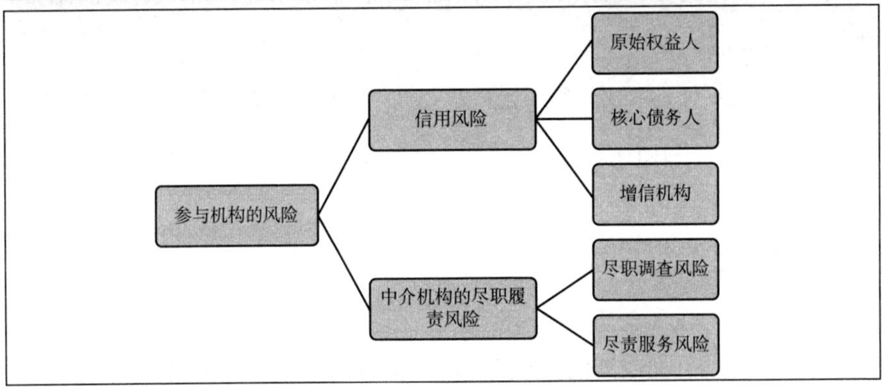

资料来源：中建投信托博士后工作站。

（一）原始权益人、核心债务人与增信机构的信用风险

很多资产证券化产品评级与原始权益人、核心债务人（如有）及增信机构主体信用密切相关。一旦上述主体出现信用风险，资产证券化产品的信用级别也将随之下降。对于这三类主体，需要重点关注如下几点。

第一，具体的财务指标数据和财务风险。如受限资产及负债比例较高、存货等资产跌价、费用成本上升、再融资、流动性、关联方及对外担保等风险。

第二，经营状况和运营环境。经营状况包括企业经营表现和未来发展规划（或战略），运营环境包括行业政策、经济环境、行业状况、竞争状况、替代技术或产品状况等。

第三，企业经营情况发生“重大不利变化”或者出现减资、合并、分立、解散、申请破产等影响收并购的重大事项。

第四，法律诉讼、纠纷、信用记录、信用评级结果或评级展望等。

（二）中介机构的尽责履职风险

资产证券化中介机构是指为资产证券化交易过程提供辅助服务支持的有关机构，主要包括律师事务所、信用评级机构、资产评估机构、会计师事务所、承销机构、服务机构、管理人、保管行等。中介机构的风险主要在于是否尽职履责，中介机构主要负责设计交易结构，对交易对手和基础资产开展尽职调查，对基础资产的合规性、市场价值、现金流、产品违约可能性及损失程度等方面出具专业意见并向投资者披露。投资者对于资产证券化产品的判断主要来自中介机构的报告，因此中介机构获取的信息是否真实、完整、全面，采用的方法是否科学、严谨、有效，形成的结论是否独立、客观、公正，都至关重要。而且，产品的正常运行依赖于发行载体管理机构、资金保管银行、监管银行等中介机构的尽责服务。若发行载体管理机构、资产服务机构、监管银行、保管银行出现严重违反相关法律、法规和交易文件有关规定的情形，产品收益可能会无法按时足额分配。

四、信托公司开展资产证券化业务的风险管理措施

只有先对资产证券化业务中可能面临的主要风险进行梳理，信托公司

在开展资产证券化业务时，才能够更有针对性地开展风险管理及制定比较完善的应对措施。笔者建议可以从以下几个方面开展风险管理工作。

（1）在开展资产证券化业务前，信托公司作为管理人可采取如下措施进行风险管理。

第一，建立信托公司资产证券化业务风险管理制度及内控机制，细化风险管理业务流程，落实风险管理岗位职责，从总体上把控风险，并配备专业人员从事风险管理相关工作，定期检视风险管理各项指标达成情况。

第二，协同各方一起确定基础资产筛选标准，并对重要相关方及基础资产开展尽职调查，确保基础资产合法合规、权属明确、可转让、独立、可特定化、能够产生稳定可预期的现金流，并对现金流预测的假设和依据进行说明，向投资者明确披露各期现金流预测结果和相应的覆盖倍数。

以上建议措施可以在一定程度上缓释基础资产的现金流风险、集中度风险及权利瑕疵风险，并且有助于投资者更详细地了解现金流测算的各项假设和预测结果，从而降低现金流的不确定性预期。

第三，设置合理的资产证券化交易结构，如进行优先级和次级结构化分层、现金流管理采取摊还型或过手型、加入循环购买、设置回售回购条款、采用内外部增信方式等，使得基础资产的现金流持续、稳定、均匀、可预估。

交易结构设计得越周密，担保措施落实得越到位，基础资产的安全系数就越高，交易结构风险就越能够得到有效控制。

第四，关注现金流流转环节的风险并设置防范现金流混同的机制，如管理人直接归集现金流或设置监管账户等，设置预警指标，明确正常情况下、加速清偿情况下、违约情况下等不同情境的触发条件、应对措施，以及不同的现金流分配顺序。

这些措施是防范现金流混同风险的重要举措，只有在法律层面和实操层面均明确管理人对基础资产现金流的所有权，设置预警指标，管理人才能在发生现金流混同、截留或挪用等情况时，有效保证现金流的安全。

第五，在基础资产转让环节落实转让登记、通知债务人、附属担保权益转让等相关安排。当附属担保权益无法向资产证券化产品转让或现金流来源于原始权益人经营性收入时，管理人应采取恰当措施防止附属担保权益及基础资产现金流被原始权益人侵占或者被第三方获得。

这一建议措施强调明确管理人对基础资产现金流的所有权，可以有效防范基础资产权利瑕疵风险及破产隔离风险。

（2）在资产证券化产品成立后信托公司作为管理人可以采取如下措施进行风险管理。

第一，管理人须严格按照交易文件约定管理基础资产，包括对基础资产中待完善的权利（如抵质押权）及时进行变更，保障基础资产安全；定期归集监测现金流并向投资者兑付本息；检查或协同相关参与机构检查重要相关方及基础资产现金流的经营、财务、履约及重大事项等情况；开展基础资产循环购买、不合格资产或违约资产赎回、利率调整及回售回购等事宜。

第二，管理人须判断增信触发事件，并根据交易文件的要求及时启动差额补足、流动性支持、划转保证金、共同债务人付款等机制，督促增信机构严格按照交易文件约定履行相关义务。

第三，管理人须判断是否触发权利完善事件、加速清偿事件、违约事件、各机构解任事件等底层资产质量恶化或相关服务机构及增信机构信用水平恶化的事件。一方面需要重点关注触发原因，另一方面需要严格按照交易文件约定采取触发后的措施，如聘任继任机构、进行权利完善、改变现金流分配顺序、更改收款账户及频率、产品提前到期等。

第四，管理人须按照监管要求和交易文件约定履行信息披露义务，按时发布公告向投资者披露产品运作情况，必要时召集持有人会议，及时披露影响资产证券化产品信用的事件，进行风险预警。

第五，管理人需要协调原始权益人、增信机构、资产服务机构、基础资产现金流重要提供方等相关人员与机构，采取有效措施，防范并化解资产证券化产品信用风险，根据交易文件约定或持有人会议决议代表投资者维护合法权益，如申请资产保全、冻结账户、行使抵质押权、进行诉讼等，及时处置预计违约或已经违约的基础资产。

五、总结

在政策的大力支持下，我国资产证券化市场持续发展壮大，为我国资本市场改革注入了新的活力。随着资产证券化市场广度和深度的不断提高，开展资产证券化业务的信托公司也越来越多，信托公司充分理解资产证券化业务中可能面临的风险并做好有效防范措施具有重要意义。一方面可以回归信托本源，为发行人和投资者提供更优质专业的服务，另一方面也有利于累积经验，进一步拓展发展空间，以发行管理人、原始权益人、财务顾问、承销商以及投资者等多元角色全链条参与资产证券化业务，提升综合盈利能力。

第三部分
创新业务专题研究

信托公司参与养老金第三支柱业务研究

——从服务信托角度参与养老金第三支柱建设研究

高　斌

摘　要：近年来银行、保险、基金、证券、信托等金融机构都对第三支柱个人养老金市场进行了积极探索，相继推出各种金融产品，为我国养老金第三支柱建设铺垫了市场基础，而以“账户”为基础的养老金第三支柱实际上是依托信托法律关系设立的；基于此，信托公司参与养老金第三支柱建设有诸多优势，信托公司在当前阶段可以服务信托为抓手，发挥账户管理和托管运营优势，从多个维度积极参与养老金第三支柱制度建设；信托公司参与养老金制度建设需要配套政策的指引和支持，信托主管机构应当从“信托版”账户制试点、业务指引、税优争取等多个方面给予信托公司支持和鼓励，使信托成为我国养老金第三支柱体系建设的中坚力量。

关键词：养老金第三支柱　服务信托　账户制

一、我国养老金第三支柱产品概况

从国际经验看，完整的“多层次混合型”养老保障体系要涵盖第一支柱的基本养老金、第二支柱的企业年金和职业年金，以及第三支柱的个人补充养老金①。在我国人口老龄化加剧的背景下，我国养老金体系面临的最突出挑战是结构性失衡：基本养老保险制度一支独大，补充性养老金制度进展缓慢。② 我国自20世纪90年代就开始养老金第三支柱制度的建设，

① 一般认为，第三支柱个人养老金是政府依据相关法律法规，通过财税政策支持、引导全体经济活动人口建立的，以个人养老为目的，个人自愿参加并主导的积累型养老金制度。该制度是政府鼓励个人向专门的账户进行缴费，个人根据自身风险收益特征选择相应的符合条件的养老金融产品进行投资，以积累养老金资产的制度安排。

② 从规模上看，我国第一支柱养老金资金占比接近80%，老龄人口的养老待遇过度依赖第一支柱。而在美国，截至2016年末，第一支柱养老金规模占比仅为11.1%，第二、第三支柱养老金规模占88.9%，其中第三支柱占30%。中美两国的养老金体系结构反差巨大。

提出要研究推出个人税延养老保险政策①；党的十八届三中全会对其进一步明确；2014年的“新国十条”提出适时推出个人税收递延商业养老保险，2015年发布的国家“十三五”规划纲要，提出“推出税收递延型养老保险”，“商业”二字被删除；2016年7月《人力资源和社会保障部十三五规划》的表述为“推出个人税收递延型养老保险”；2018年发布的《关于开展个人税收递延型商业养老保险试点的通知》拉开了我国养老金第三支柱探索的序幕。实际上，近年来银行、保险、基金、证券、信托等金融机构都对养老金第三支柱进行了积极探索，推出税延养老险、养老目标基金、养老理财、养老信托等具备个人养老金特色的投资产品，为我国养老金第三支柱建设提供了经验借鉴和市场基础。

（1）税收递延养老保险。2018年4月12日，财政部等五部门发布《关于开展个人税收递延型商业养老保险试点的通知》（以下简称《通知》），标志着酝酿十余年之久的个人税收递延型商业养老保险试点终于落地。《通知》宣布，自2018年5月1日起，在上海市、福建省（含厦门市）和苏州工业园区实施个人税收递延型商业养老保险试点，试点期限暂定一年。银保监会随即下发《个人税收递延型商业养老保险业务管理暂行办法》《个人税收递延型商业养老保险产品开发指引》《个人税收递延型商业养老保险资金运用管理暂行办法》，对公司和产品准入、产品设计管理、产品销售管理、资金运用管理等各个环节进行了规范。国税总局也随即发布《关于开展个人税收递延型商业养老保险试点有关征管问题的公告》，对试点工作期间缴费税前扣除环节、领取商业养老金征税环节的税务征管操作方式进行了详细解读。在产品形态上，《通知》确定了保险先行，并在试点期结束后视情况增加基金、银行等产品形态种类。截至2018年底，三地共有16家保险公司符合试点条件，推出三大类全产品体系，即收益确

---

① 我国在1991年《国务院关于企业职工养老保险制度改革的决定》（国发〔1991〕33号）中首次提出养老金第三支柱的建设思路。

定型、收益保底型、收益浮动型；其中有62款产品进入市场，累计实现保费收入（新单和续期）4,590万元，保单件数33,154件。

（2）养老目标基金。2018年3月2日，证监会正式发布《养老目标证券投资基金指引（试行）》（以下简称《指引》）作为养老基金领域的纲领性文件。《指引》的发布标志着我国养老基金产品开始进入规范化的运作阶段，标志着公募基金行业服务个人养老投资进入了新阶段，也意味着个人养老投资者将拥有更丰富的养老投资工具。《指引》从产品类型、投资策略、投资比例及运作方式、基金管理人及基金经理要求、适当性安排等方面对养老目标基金进行了详细安排。截至2019年末，共五批79只养老目标基金获批，累计规模超150亿元，待批复20多只；已获批的79只养老目标基金涵盖目标日期、目标风险两大策略，多种锁定期限及低中高不同风险等级的养老目标基金也在推出过程中。虽然养老目标基金尚未被纳入第三支柱建设中，但相关税延政策已在推进之中，养老目标基金距离第三支柱只有“一步之遥”。

（3）个人养老保障保险。自原保监会2015年7月出台《养老保障管理业务管理办法》和2016年相继公布《关于强化〈养老保障管理业务管理办法〉执行有关问题》《关于进一步加强养老保障管理业务监管有关问题的通知》两项文件后，养老保障产品市场日益壮大。截至2017年底，共有6家养老保险公司和1家养老金公司在市场上提供个人养老保障产品，个人养老保障管理业务期末管理规模达到4,330亿元，占养老保障业务总规模的92%。以养老保险公司为经营主体的个人养老保障产品具备安全稳健的特征，能够在一定程度上协助带动由储蓄养老向投资养老的理念转变，也可以探索更多的方式以服务养老金第三支柱。比如，个人养老保障产品未来可作为税延型商业养老保险积累期的产品载体，也可以成为较好的养老金领取期的过渡产品，以更好地实现三支柱间资金的灵活转换。

（4）商业银行养老理财产品。商业银行养老理财产品是指由商业银行自主设计发行的，以追求养老资产长期稳健增值为目的的，主要面向有养老资产储备和保值增值需求的客户进行销售的，鼓励客户长期持有的理财产品。养老理财产品经历了十年的探索式发展，规模已逾千亿元。据不完全统计，目前设计和开发了养老理财产品的商业银行仅9家，每家发行养老理财产品的品种为2～5款，即当前市场上可供投资者选择的商业银行养老理财产品不超过45款。商业银行养老理财产品以开放式、低风险或较低风险为主，投资期限一般为1个季度、半年、1年、3年，且资产投向单一，即主要投资于高流动性、短期固定收益类金融资产。但养老理财产品未能自成体系，未能形成多层次、多样化的产品体系结构，与货币型基金、结构性理财产品，以及市场上大多理财产品之间存在较为严重的同质化问题。

二、养老金第三支柱制度核心要素

从国外的养老金制度发展来看，在第三支柱运作过程中，政府税收优惠激励、账户模式的制度架构和投资渠道多元化是其稳健运行和发展壮大的三大核心要素。①

（1）税收递延优惠是养老金第三支柱发展的根本动力。税收优惠是绝大部分国家第三支柱个人养老金发展的有效激励措施，同时健全的法律保障是其税收优惠有效推进的关键环节。② 我国目前已经开始从提供税收优惠政策的角度展开第三支柱个人养老金的建设。2018年3月发布的《关于开展个人税收递延型商业养老保险试点的通知》规定，对试点地区个人通过个人商业养老资金账户购买符合规定的商业养老保险产品的支出，允许在一定标准内税前扣除；计入个人商业养老资金账户的投资收益，暂不征

① 董克用：《从概念框架到政策探索——我国第三支柱个人养老金发展路径》，《养老金融评论》2018年第1期。

② 以美国为例，为了提高国民参与养老金第三支柱的积极性，政府给予了较大力度的税收优惠，其IRA计划税收优惠额度为每年5,500～6,500美元，占美国人均年度工资的12%～15%。目前IRA计划大约覆盖了4,300万个美国家庭。

收个人所得税；个人领取商业养老金时再征收个人所得税。

（2）账户制是养老金第三支柱的基础建制理念。养老金第三支柱账户制度指的是设立专门的实名制个人税延养老金账户，以此作为养老金第三支柱的载体，税收优惠及递延征收、投资产品选择、权益记录等活动都基于账户展开。从国际经验来看，各国发展养老金第三支柱普遍采用账户制，较为典型的为美国的 IRA（个人退休金账户）制度、日本的 NISA（日本个人免税储蓄账户）与 iDeCo（个人缴费确定型养老金账户）制度，“账户制”在一定意义上已成为养老金第三支柱的代名词。在我国养老金第三支柱建设试点个人税收递延型商业养老保险业务中，税收优惠是依托于保险产品施行的，但从便于监管以及税收优惠的安排，以及将来投资金融产品范围扩大的发展方向来看，账户制将是我国养老金第三支柱必然采用的基础建制。

（3）投资渠道多元化是养老金第三支柱的必由之路。养老金第三支柱需要提供多样的产品选择，囊括多行业，纳入更多投资品种，充分发挥资管各行业优势，为投资者提供个性化服务的同时分散风险。如在美国 IRA 计划中，没有对投资产品做出限制，银行存款、共同基金、寿险产品、债券甚至股票都是 IRA 的投资工具，日本 NISA 的可投资标的有上市股票、ETFs、REITs 及投资信托基金等。《关于开展个人税收递延型商业养老保险试点的通知》中也指出：试点结束后，根据试点情况并结合养老保险第三支柱制度建设的实际，有序扩大参与的金融机构和产品范围，将公募基金等产品纳入个人商业养老账户投资范围。

三、养老金第三支柱的制度基础——账户制度

自 2018 年我国推出税收递延型养老保险试点以来，我国正式开始了养老金第三支柱的建设，据人社部相关负责人称，我国养老金第三支柱拟考

虑采取账户制，后续将建立统一的信息管理服务平台，符合规定的金融产品都可以成为养老保险第三支柱的产品，通过市场长期投资运营，实现个人养老金的保值增值。

账户制是养老金第三支柱制度建设的重中之重，虽然其尚未建立，但依据国外经验、有关我国养老金第三支柱的探讨以及政策上的反映，具体的账户体系以及运行机制可简化如图1所示。

图1　养老金第三支柱账户制度体系及运营示意

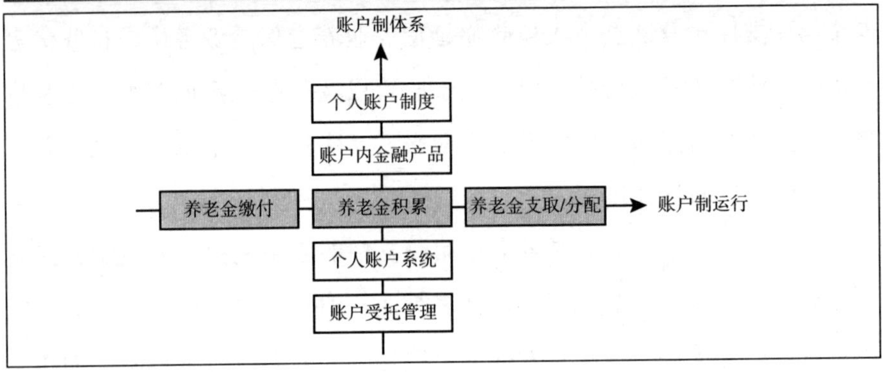

资料来源：中建投信托博士后工作站。

养老金第三支柱账户制度围绕账户建设，在其运行周期上有养老金缴付、养老金积累和养老金支取/分配三个阶段，在养老金缴付阶段可以完成税收优惠统筹，在养老金积累阶段，基于账户制可以完成投资产品选择及权益记录等活动，在养老金分配阶段可以完成递延税费征收等。

可以从两个层面来理解养老金第三支柱个人账户制度。第一层面即个人账户制的账户受托层面，该账户本质上属于一种服务信托关系，由受托人根据法律法规和委托人的意愿/指令，以委托人缴付的养老金财产的独立性为前提，以养老金账户为载体，以信托财产安全持有为基础，提供账户管理服务。第二层面即金融产品层面，账户制的养老金账户中对应的是多层次、多种类风险偏好的各类金融资管产品，诸如商业银行的养老理财产品、目标基金、商业养老保险产品等。在我国的资产管理业务规范日益成熟的背景下，多数金融产品已明确其适用的信托法律关系。可见养老金第三支柱实质上是依托于信托制度建立起来的养老金制度。

从养老金第三支柱建设核心要素以及账户制度的分析来看，信托公司在我国养老金第三支柱的建设上大有可为。无论是在养老金个人账户制度的建设上，还是在养老金投资金融产品的提供上，信托公司都可以依托自身优势成为我国养老金第三支柱建设的中坚力量。目前情况下，养老目标基金、商业养老保险等养老产品市场化运作已经比较成熟，信托公司参与养老金第三支柱建设，可以依托信托制度优势，以服务信托为抓手，与商业养老保险公司或养老基金管理人共同合作，创新养老金产品，共同参与我国养老金第三支柱制度建设。

四、信托参与我国养老金第三支柱建设的优势

（一）信托制度优势

第一，账户制下个人养老金账户本身依据信托关系的设立。“受益人利益最大化”是个人账户制养老金公共治理的核心理念，是个人账户制养老金行业的国际惯例。与个人账户制养老金管理相关的各国际组织、个人账户制养老金行业发展比较成熟的国家，均在相关法规及自律准则中明确提出“受益人利益最大化”这一核心理念。[①] 基于此，可以说个人账户制养老金的法律实质是，在政府的有效规制及良好监管下，基于信托法律关

① 罗桂连：《积累制个人账户养老金的三个核心问题》，《中国保险资产管理》2018 年第 1 期。

系基础上的公共治理——个人按一定的缴费水平进行持续性缴费，在受托人的审慎管理下，实现积累养老资产的预期目标，受益人享有稳定的较高水平的养老金替代率。

第二，个人账户制下投资金融产品多依据信托法律关系的设立。个人账户制项下对应的是多层次、多种类风险偏好的资产管理产品，诸如商业银行的养老理财产品、目标基金、商业养老保险产品等。在我国新一轮的资产管理业务规范背景下，多数产品已明确了适用的信托法律关系。但只有信托产品在《信托法》这一基本法律层面上有着明确的法律依据，且产品的信托法律关系清晰。养老金资产对安全性和专属性具有较高的要求，为在保障资产安全的基础上实现“受益人利益最大化”，需要依靠良好的信托制度。而在信托中，资产隔离是信托财产管理的核心特点，信托财产的独立性原则是信托制度区别于其他制度的本质特征，以信托形式设定的养老资产完全不受委托人和信托公司破产风险的影响，从而确保养老资产的专属性与安全性。

（二）资产管理优势

信托行业经过三十年的发展，目前已经成长为资产管理规模仅次于银行的第二大金融子行业，信托公司积累了强大的风险控制能力和丰富的资产管理经验。在个人养老金体系建设中，养老金受托人须是具有专业资格、能力和信誉记录的“靠得住、有本事”的靠谱机构，以其尽责的工作成效保障养老金安全运营，包括自身行为、委托行为和投资行为。《信托法》和信托行业规范可以为信托公司管理信托产品的自身行为和委托行为提供法律依据与规范保障，从而做到“靠得住”；在资产管理行业的深耕以坚持忠实和谨慎的受托人义务为基础，形成了较强的资产管理能力，可以更好地实现养老金资产的保值增值，从而做到“有能力”。可以说，信托公司的资产管理能力能更好地满足养老金资产管理的要求。

（三）信托服务优势

信托公司参与养老金第三支柱建设有着较为突出的信托服务优势。这种优势主要体现在账户管理服务以及其他信托服务优势上。目前信托公司的服务信托业务有了较大的发展，个人账户管理制度也日趋完善，特别是信托公司已经在证券投资服务信托、资产证券化信托以及结算/清算等服务信托项目中，积累了丰富的开户/建账/会计、财产保管/登记、交易、执行监督、结算/清算、估值、权益登记/分配、信息披露等服务能力；信托清晰的个人账户权利信息记录、多渠道的信息查询手段和信息披露途径、先进的账户管理体系可以为养老金账户管理以及信托产品的管理提供支持。

（四）综合金融服务优势

在养老金第三支柱的建设上信托公司依托制度优势和产品设立的灵活性可以为委托人提供全方位、全周期的综合服务。如将养老金与家族信托相结合，在取得养老金给付时，将养老金给付作为信托财产交付家族信托的受托人管理运用，并在家族信托中对受益人的养老规划进行充分约定，以保障受益人的老年生活水平。该种模式实质是“个人养老金账户收益＋家族信托”的运作方式，一方面可以实现信托“养老金账户管理＋信托金融产品管理＋养老金收益权利”全方位、全周期的闭环管理服务，充分体现信托的财产管理运用和服务的专业能力；另一方面基于信托在养老规划、养老财产独立和安全保障上具有的天然优势，可以为委托人提供更好的养老服务。

（五）融入国外养老金第三支柱建设潮流

从国外养老金第三支柱建设经验来看，信托公司是养老金账户开设的重要参与者，如在加拿大，两类不同的养老金第三支柱个人账户 RRSP 和 TFSA 都可以通过银行、信托、信用合作社或保险公司设立账户；在英国，能够开立个人养老金计划账户的机构包括基金公司、寿险公司、商业银行、信托公司以及其他符合条件的金融机构。在我国养老金第三支柱的建设过程中，信托机构可依托自己的专业管理能力积极参与开展个人养老金统一账户管理业务，成为账户制建设以及管理的重要参与者。同时，在国际养老金市场中，信托产品一直是个人养老金投资的重要参与力量。以美国为例，IRA 计划建立初期，账户持有人主要把资金投入安全性极高的银行存款，20 世纪 80 年代初，银行存款占了 IRA 账户总资产的 70% 以上，保险产品、共同基金和股票各占总资产规模的 10% 左右。然而到 2014 年，IRA 计划资产中，共同基金资产占比达到 48%，通过证券公司投资于股票和债券等资产的比例达到 41%，银行储蓄仅占 7%，商业保险产品占比仅为 5%。而占据最大比例的共同基金实质上是一种商业信托。可见，从国外养老金产业的发展潮流来看，信托应当是养老金第三支柱建设的中坚力量。

五、服务信托参与养老金第三支柱建设的思路

（一）服务信托的含义和管理内容

服务信托是指以信托财产独立性为前提，以资产账户和权益账户为载体，以信托财产安全持有为基础，为客户提供开户/建账/会计、财产保管/登记、交易、执行监督、结算/清算、估值、权益登记/分配、信息披露、业绩归因、合同保管等托管运营类金融服务的信托业务（见图 2）。

服务信托的核心是托管运营，简单来讲，就是管钱、管账、管报表。区别于投资银行业务、资产管理业务和财富管理业务，在服务信托业务中，

图2 服务信托的托管运营服务内容

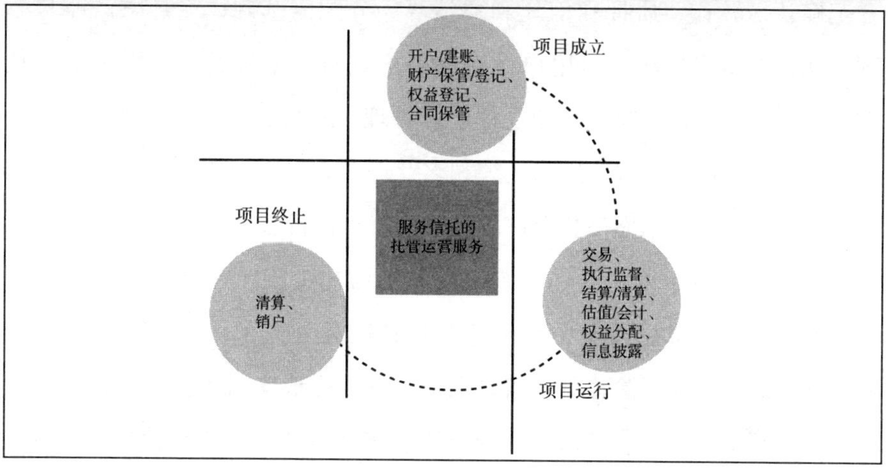

资料来源：中建投信托博士后工作站。

信托公司仅提供托管、运营等一般事务性管理服务，不提供投资决策或顾问、融资决策或顾问的服务。

（二）服务信托参与养老金第三支柱建设的具体思路

从对服务信托的管理内容和养老金第三支柱的分析可以看出，信托依托于制度优势、较强的资产管理能力，以及成熟的托管运营和账户管理能力，可从多个维度深度参与养老金第三支柱制度的建设。信托公司以服务信托方式参与养老金第三支柱建设可以从以下几个思路开展。

（1）在养老金第三支柱上游，为养老金账户提供管理服务。账户是服务信托的载体，各类服务均需要通过账户来操作和实现，服务的结果也体现在账户之中。在服务信托的各种运用场景中，账户系统发挥着支撑性作用。正如前述分析，我国若建立起账户制养老金第三支柱，其基础账户即是一层信托账户系统。目前信托公司的服务信托业务有了较大的发展，个人账户管理制度也日趋完善。具体来说，需要做好三类账户的管理：一是权益账户管理，受托人为用户建立受益权权益账户，这是实现受益人权益登记确认、转让、质押和信托利益清算、分配的基础；二是财产账户管理，受托人用该类账户对用户设立的财产进行初始登记，对财产运营情况、财产类型变化及财产变动登记进行管理。三是资金账户管理，受托人为用户设立的信托在银行以信托公司名义开设信托资金专户，可对用户设立的信托项下现金形态信托财产的流入和流出进行管理。

（2）在养老金第三支柱中游，为养老信托金融产品提供托管运营服务。服务信托在金融投资中提供托管运营服务是为了保障投融资顺利实施，如保障项目的风险控制、监督融资过程、完成支付等。目前，这类业务主要包括证券投资服务信托、资产流动化（资产证券化）信托、结算清算服务信托等。服务信托参与养老金第三支柱建设，可以为养老金账户中的各类金融产品提供托管运营服务。具体交易模式上可以采用两种方案，第一种方案是参照阳光私募基金采用的方式，信托公司是产品发行的法律主体，提供产品运作的平台，并承担部分监管职责，养老机构承担投资顾问的角色；第二种方案是采用证券投资基金的运作方式①，即采用双受托人模式，与其他金融产品合作。

（3）在养老金第三支柱下游，为第三支柱金融产品提供特定的工具化服务。信托公司以服务信托方式参与养老金第三支柱建设还可以与其他金融产品结合，为其他金融产品提供服务。这种参与模式主要参与金融产品的交易环节，一般有以下几个切入点。①需要引入服务信托作为交易结构的第三方。服务信托可以在一个失衡的交易结构中引入中立的第三方、独立的看管人、忠实的执行者，服务信托的结构所追求的是独立、效率、公平、安全等价值。②发挥“通道”（再信托）功能。如日本的主要应用是在年金管理上的再信托，日本对年金资产进行集中管理，通过再信托来实现。

① 我国《证券投资基金法》第二条规定：“在中华人民共和国境内，公开或者非公开募集资金设立证券投资基金（以下简称基金），由基金管理人管理，基金托管人托管，为基金份额持有人的利益，进行证券投资活动。”这是一种双受托人模式的信托结构。

信托银行（原信托的受托人）把其受托的年金信托的资产管理再信托给专门的受托机关（再信托受托人）。通过再信托，最终的受托人可以从多个受托人处得到管理信托财产的委托，实现规模利益、提高资产管理效率。

六、以服务信托方式参与养老金第三支柱建设的方案

从当前来看，信托公司要以服务信托方式参与养老金第三支柱制度建设，较为可行的方案有以下两个。

方案一：养老保险机构充当投资顾问模式（见图3）。该种模式共有四方参与：委托人、养老保险公司、信托公司和银行，其中养老保险公司作为养老金投资顾问负责养老金投资；信托公司是产品发行的法律主体，提供产品运作的平台，并承担部分监管职责；银行作为资金托管人，保障投资者资金安全。

图3　养老保险机构充当投资顾问模式

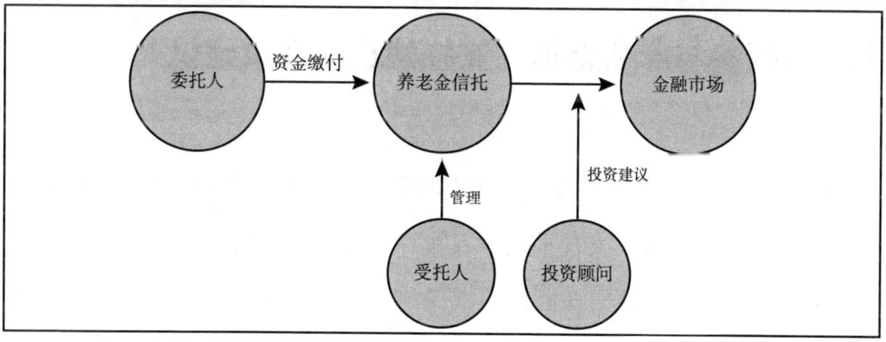

资料来源：中建投信托博士后工作站。

方案二：养老保险机构和信托公司共同担任“受托人”模式（见图4）。养老金服务产品采用三方模式，即由委托人（受益权人）、管理人和受托人三方组成，其中管理人承担实质的投资管理决策职能，由养老基金管理人或保险公司担任；受托人承担事务管理类职能，由信托公司担任。

图4　双受托人模式

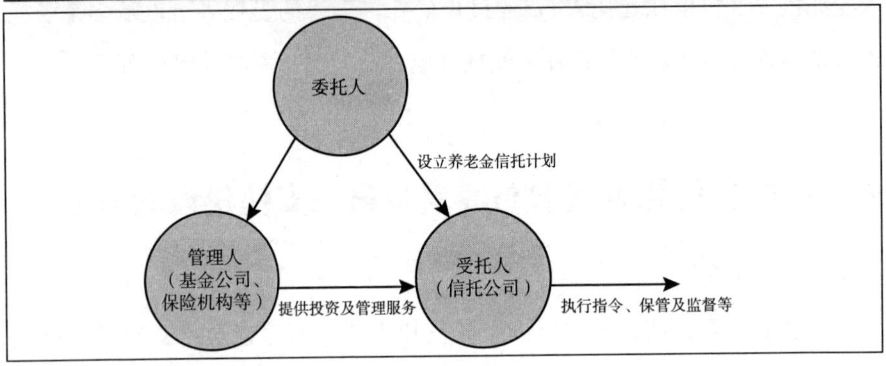

资料来源：中建投信托博士后工作站。

具体方式为：由委托人、管理人和受托人三方签订信托合同，设立信托计划，由管理人管理，受托人托管，为受益人的利益进行养老金的投资管理和运营分配活动。在该种关系中，管理人和受托人均为《信托法》意义上的受托人，即“双受托人模式”。

七、信托参与养老金第三支柱建设的政策建议

（1）开展“信托版”养老金账户制度建设，率先明确账户的“信托关系”内涵。养老金第三支柱采用个人账户制建制是大势所趋，也是目前各方的共识，建议监管部门在信托领域提前布局，开展“信托版”养老金个人账户制试点；出台专门的规定明确采用个人账户制，明确养老金账户制度内涵，为后续第三支柱的建设提供铺垫和框架；根据国内市场情况和国外养老金个人账户制度经验为账户制“画像”，推动制定信托相关监管政策，明确账户制的信托法律关系，或者强调养老金受托管理期间坚持养老金资产独立，并强调账户的受益人利益最大化，在信托行业争取养老金第三支柱推出的制度高地，这也有利于信托公司“顺法遵章”的承担养老金

账户的受托人角色和责任，发挥信托公司的服务信托优势，为国家层面第三支柱相关制度的建设提供经验。

（2）制定养老金信托业务管理办法，提供养老金业务管理指引。养老金信托业务的推进需要政策上的支持和指引，需要监管层面制定相关管理办法，为养老金信托业务的管理提供参照准则。我国在养老目标证券投资基金和税收递延型养老保险的建设中，证监会和银保监会首先制定并出台了相关的规章指引，保证了养老金产品的顺利推出。为了让信托公司积极参与多层次养老保险体系建设，进一步发挥其支持养老服务业发展的作用，建议银保监会制定并出台《养老金信托业务管理办法》，特别是在制度层面构建养老金信托的产品结构（如投资顾问模式、双受托人模式等），并对养老金信托中受托人、投资顾问等相关主体的责任范围进行明晰化界定等，为信托公司发展养老信托产品提供更加明确的政策指引。

（3）扫清信托产品制度障碍，鼓励开展养老金信托产品试点。由于信托公司以服务信托方式参与养老金第三支柱建设时，依然以“信托计划”作为载体和服务对象，因此在养老金信托产品的设立上需要克服诸多困难，如集合信托计划有200人的人数限制，购买门槛为100万元人民币等，这也造成了个人养老信托产品相比于银行、保险、基金等机构的养老产品发展缓慢。基于此，信托主管部门应专门出台相关政策，扫清信托产品的人数限制、购买门槛等方面的障碍，鼓励相关信托机构开展养老金信托产品的设计创新，引导信托机构开展养老金信托的试点，并逐步扩大业务规模，积累信托参与养老金第三支柱的业务经验。同时，鼓励信托公司针对服务信托业务建立一整套符合市场需求的标准化体系，包括业务结构设计、流程控制、账户管理、交易管理、法律文本设计、操作风险防控、信息系统支持等方面，强化服务信托的“标准化”管理；鼓励信托公司积极寻求与养老金资产管理机构的合作，从战略合作到金融产品合作，全方位介入养老金金融产品的运营，充分发挥托管运营服务功能。

（4）加强与相关部门沟通，争取将养老金信托产品纳入税优范畴。个人税收递延型商业养老保险是短期内市场上唯一享受税收优惠的个人养老产品，信托公司如要推出个人养老金信托产品，除了要面临上文中提到的问题外，还要面临无税收优惠的不利局面。建议相关部门与养老金第三支柱主管部门、税务部门积极沟通协调，信托公司加强与公募基金、保险公司、商业银行在养老金业务上的合作，以将个人养老金信托产品纳入个人税收递延型养老范围，与个人税收递延型商业养老保险产品享受同样的税收优惠政策。这样不仅能够使各类管理机构进行合理有序的竞争，从而使个人养老金信托产品不断完善升级，而且能够增强个人养老金投资的多样性和安全性，使养老保障体系第三支柱更加均衡健康地发展。

八、展望

我国养老金第三支柱已经被提出多年，但制度建设一直止步不前，在金融领域，保险、基金、银行、信托在各自的行业领域中进行产品的探索，但局限于产品层面的实践，尚未形成制度体系。近年来，对养老金第三支柱的制度研究已经趋于成熟。信托行业应当依托信托制度优势、较强的资产管理能力、成熟的托管运营和账户管理能力，率先在信托行业领域内搭建“信托版”的养老金第三支柱账户制度，为未来国家层面推出账户制的第三支柱提供实践经验和制度雏形。

我国 REITs 税收实务问题浅析

朱　霄

摘　要：REITs 是房地产证券化的重要手段，近年来虽然得到了我国监管层、实务界和学术界的积极推动，但仍面临发展障碍。其中一个重要原因就是税收优惠政策的缺失。本文首先从实务角度梳理了我国 REITs 产品所涉及的税种，分析了美国、日本、新加坡、中国香港等发达经济体的 REITs 税制；进而探讨了我国 REITs 实务操作中遇到的税收问题；最后对税务筹划和后续政策制定提出了建议，以期为业务开展提供有益借鉴。

关键词：REITs　税制　税务筹划

不动产投资信托基金（Real Estate Investment Trust，简称 REITs）是一种信托基金，通过发行股票或收益凭证来募集资金，交由专业机构进行不动产投资经营管理，并将投资综合收益按较高的比例分配给投资者。在全球发达经济体中，REITs 已成为房地产行业金融化的主要组织模式，其本质是一种不动产的长期产业投资基金，也是实现地产金融民主化的重要途径，让众多个人投资者有能力直接投资于资金门槛很高的商业不动产，让物业增值的红利惠及大众。

随着我国房地产行业从增量开发进入存量运营阶段，REITs 的发展前景广阔，但也面临一些障碍，主要难点在于基础资产收益偏低、相关立法缺位以及税收优惠不足等。本文拟聚焦税收实务中的相关问题，就此展开探讨。

一、我国 REITs 的发展现状

REITs 在我国起步较晚。2009 年，中国人民银行联合银监会、证监会等部门成立 REITs 试点管理协调小组，并陆续起草了《房地产集合投资信托业务试点管理办法（草案）》《银行间债券市场房地产信托受益券发行管理办法（征求意见稿）》等政策文件，但均未有实质性进展，一度陷入政策试点停滞期。2020 年 4 月 30 日，证监会和国家发改委联合发布了《关于推进基础设施领域不动产投资信托基金（REITs）试点相关工作的通知》，指明了后续试点工作的基本原则、项目要求和基本制度框架，公募 REITs 重新开闸。

而自 2014 年中信启航专项资产管理计划作为首单发行以来，我国已不断有私募 REITs 在资产证券化的方向进行实务探索。

目前的 REITs 绝大多数是在配套法律法规尚未健全的前提下，以资产证券化的形式进行尝试发展的，同成熟市场的“标准 REITs”产品相比，在募集、税收、收益分配和交易结构等方面仍存在一定差异，故也被称为“类 REITs”。

国际上标准 REITs 产品按收入来源可分为权益型 REITs、抵押型 REITs 和混合型 REITs。根据 2016 年 9 月 1 日生效的标准普尔行业划分标准，权益型 REITs 被纳入不动产行业，而抵押型 REITs 留在金融业。[①] 权益型 REITs（equity REITs）直接持有经营性不动产，以租金为主要收入来源。抵押型 REITs（mortgage REITs）的投资标的主要为不动产抵押贷款，向不动产所有者直接发放贷款或收购存量贷款及其证券化产品。抵押型 REITs 与 CMBS（Commercial Mortgage Backed Securities）属于上下游关系，抵押型 REITs 会以自己持有的商业物业抵押贷款发行 CMBS，或者投资市场上的存量 CMBS。混合型 REITs（hybird REITs）即为前两者的混合，目前美国等成熟市场以权益型 REITs 为主，抵押型和混合型为辅。

我国已发行的类 REITs 产品，根据分层或回购实现风控措施的不同，

① 〔美〕斯蒂芬妮·克鲁森－凯莉（Stephanie Krewson－Kelly）、〔美〕R. 布拉德·托马斯（R. Brad Thomas）等：《REITs 分析与投资指南》，机械工业出版社，2018，第 7 页。

可划分为处置型类 REITs 和回购型类 REITs。处置型也被称为权益型，通过优先劣后分层来满足投资者的收益要求，以资产信用为主，主要通过上市或市场化处置实现投资退出。回购型也被称为主体型，通过优先收购权利等设计满足投资者要求，将资产信用与主体信用结合，较大程度依赖原始权益人回购以实现投资退出。目前我国的类 REITs 中，以回购型类 REITs 为主。

类 REITs 与标准 REITs 最直观的差异在于发行方式。我国的类 REITs 几乎都是面向合格投资者进行私募发行。而在海外成熟市场中，公募、私募 REITs 并存，且绝大多数为面向社会公众的公募发行。

与国际上主流 REITs 产品的权益属性不同，我国的 REITs 本质上仍侧重于固定收益属性，更像是融资主体通过出售不动产获得 3～5 年的短期融资。融资主体对其提供的回购支持体现了 REITs 依托主体信用的债权性质，而投资者也并不依赖于不动产运营获取分红收益。附加的优先回购条款也表明了融资主体的主要诉求为资产出表、降低杠杆、快速回笼现金流等，因认可升值空间而继续持有不动产的意愿较强，真实出售的内生需求不足。

而且我国 REITs 无税收优惠，而纵观国际成熟市场，符合条件的分红普遍可以免税。自美国 1960 年修订《国内税收法》（Internal Revenue Code）正式创立 REITs 以来，税收优惠政策的出台成为促进 REITs 规模化发展的必要条件。特别是当前我国不动产租金收益率不高，诸如双重征税等税收问题进一步降低了 REITs 的投资回报，使基础资产的可选范围进一步缩小。

二、我国 REITs 涉及的相关税种

我国的税制是流转税和所得税并重的双主体结构。以 2019 年财政收入

情况为例，国内增值税、国内消费税、企业所得税和个人所得税占全国税收收入的比例分别约为39.46%、7.95%、23.61%和6.58%。

目前我国主流的类REITs模式是借助资产支持专项计划[①]的双SPV[②]交易结构，由不动产的原始权益人出资认购私募基金或委托信托公司设立信托计划，由私募基金或信托计划收购不动产项目公司股权，并向项目公司发放贷款，形成基础资产；再由资产支持专项计划向原始权益人收购其持有的基金份额或信托单位，REITs投资者通过认购专项计划来间接持有对项目公司的“股+债”投资。

在较为复杂的案例中，原始权益人会另行设立一个SPV公司，用以受让项目公司股权，以该SPV公司间接持有基础资产，形成风险隔离，防止债权投资部分的资金沉淀在项目公司层面。再由私募基金或信托计划受让SPV公司100%的股权。从而形成“最终投资者→专项计划→私募基金/信托计划→SPV公司→项目公司→底层不动产”的三层SPV结构。而在构建该类交易结构的实操过程中，可能涉及以下税种。

（一）企业所得税、个人所得税

不动产的原始权益人转让资产的利润、REITs经营收益、投资者分得的投资收益、资产管理公司和其他相关参与机构取得的佣金、手续费等，都需要缴纳所得税。

《中华人民共和国企业所得税法》于2018年12月29日完成第七次修正，自2018年12月29日起施行。企业所得税的征税对象包括企业的生产经营所得、其他所得及清算所得，REITs在运作过程中涉及的所得类型可

① 2017年2月，兴业皖新阅嘉一期房地产投资信托基金作为首单银行间REIT问世，该REIT将基础资产以信托方式交付给信托公司，由信托公司发行资产支持证券。

② 2015年7月，鹏华前海万科REIT发行，该产品以公开募集证券投资基金为发行载体，直接投资持有不动产的目标公司，但仍与标准REITs有较大的交易结构差异。

能包括不动产转让所得、权益性投资资产转让所得、权益性投资所得、利息所得、租金所得等。对于居民企业[①]而言，基本税率为 25%。

企业取得的财产转让收入应一次性计入确认收入的年度计算缴纳企业所得税。企业在转让或者处置对外投资时，资产的成本准予扣除。符合条件的居民企业之间的股息、红利等权益性投资收益免税。

原始权益人将不动产划转给项目公司，股权转让方将项目公司股权转让给私募基金或信托计划时，可能需要缴纳企业所得税。目前我国 REITs 的交易结构大多采用设立项目公司的形式，项目公司在取得租金等不动产运营收入后也需要缴纳企业所得税。

《中华人民共和国个人所得税法》于 2018 年 8 月 31 日完成第七次修正，自 2019 年 1 月 1 日起施行。我国个人所得税已初步建立混合征收制模式，将分类征收与综合征收相结合，既将纳税人全年部分项目所得汇总征税，又将部分不同来源、性质的所得项目分别适用不同税率征税。目前共分为 9 类所得项目，其中居民个人综合所得包含工资薪金所得、劳务报酬所得、稿酬所得和特许权使用费所得。综合所得适用 3% ~45% 的七级超额累进税率，按月/次预缴，年终汇算清缴；经营所得适用 5% ~35% 的五级超额累进税率，按月/季预缴，年终汇算清缴；股息利息红利所得、财产租赁所得、财产转让所得和偶然所得，适用 20% 的比例税率，按次计算缴纳。

土地使用权、建筑物等财产转让所得的应纳税所得额为转让财产收入额减除财产原值和合理费用后的余额。我国上市公司股票转让所得暂不征收个人所得税；且个人持股期如超过 1 年，则股息红利所得也暂免征税；持股期限在 1 个月到 1 年之间的，暂减按 50% 计入应纳税所得额。

在 REITs 目前的实操中，项目公司在缴纳企业所得税后，将税后利润通过 REITs 结构分配给投资者时，最终投资者仍须缴纳企业所得税或个人

① 依法在境内成立或实际管理机构在境内的企业。

所得税，存在重复征税问题，与国际通行的“税收中性”做法存在差异。

而值得注意的是，在现行税制下，证券投资基金具有一定的“避税光环”。根据《关于开放式证券投资基金有关税收问题的通知》《关于企业所得税若干优惠政策的通知》《关于实施上市公司股息红利差别化个人所得税政策有关问题的通知》等规定，对投资者从证券投资基金分配中取得的收入，暂不征收企业所得税；对证券投资基金从证券市场中取得的收入暂不征收企业所得税；对证券投资基金从上市公司取得的股息红利所得，按照个人直接取得上市公司股票的相关规定计征个人所得税。

（二）增值税

财政部、国家税务总局于2019年11月27日发布《中华人民共和国增值税法（征求意见稿）》，征求意见稿保持现行税制框架和税收负担水平总体不变，税收法定的改革目标有望在2020年完成。

增值税是在1994年税制改革中引入的，最初只在货物领域征收；2011年开始营业税改增值税试点，征税范围逐渐扩大；2016年5月，营改增试点全面推开；配合相关改革，增值税暂行条例也曾在2009年、2017年两次修订。

REITs在设立、运作、终止的整个交易过程中都会涉及增值税。

1. 不动产的租赁、买卖

纳税人销售不动产租赁服务，销售不动产，转让土地使用权，税率为9%。一般纳税人转让、出租其2016年4月30日前取得的不动产，可以选择适用简易计税方法，如选择简易计税方法，则适用5%的征收率。所谓取得，包括直接购买、接受捐赠、接受投资入股、自建及抵债等各种形式。

2. 金融运作

纳税人销售服务、无形资产、金融商品，税率为6%；小规模纳税人增值税征收率为3%。根据财政部、国家税务总局《关于明确金融、房地产开发、教育辅助服务等增值税政策的通知》（财税〔2016〕140 号）、《关于资管产品增值税有关问题的通知》（财税〔2017〕56 号）等文规定，自 2018 年 1 月 1 日起，资管产品管理人运营资管产品过程中发生的增值税应税行为，暂适用简易计税方法，按照 3% 的征收率缴纳增值税，不可抵扣进项税。

在搭建类 REITs 交易结构的过程中，可能要借用到资金信托、财产权信托、公开募集证券投资基金、集合资产管理计划、私募投资基金、资产支持计划等资管产品，在运营过程中应按照 3% 的资管产品征收率缴纳增值税。资管产品管理人在从事其他增值税业务时，一般纳税人仍适用 6% 的增值税税率，符合规定的可抵扣进项税。

（三）土地增值税

《中华人民共和国土地增值税暂行条例》自 1994 年 1 月 1 日起执行，财政部、国家税务总局于 2019 年 7 月 16 日发布《中华人民共和国土地增值税法（征求意见稿）》，与现行《中华人民共和国土地增值税暂行条例》相比，保持了税制框架和税负水平总体不变。

根据《国家税务总局关于印发〈土地增值税宣传提纲〉的通知》（国税函发〔1995〕110 号），土地增值税的设立目的主要有两点，一是“增强国家对房地产开发和房地产交易市场调控的需要”，遏制投机者通过炒买炒卖房地产牟取暴利的行为；二是“增加国家财政收入”。[①]

土地增值税纳税人为“在中华人民共和国境内转移房地产并取得收入的单位和个人”。REITs 和不动产的原始权益人在进行物业买卖时会涉及土地增值税。土地增值税应税收入为纳税人转让不动产取得的应税收入；对于存量不动产转让，应按房屋及建筑物的评估价格、取得国有土地使用权

① 唐大杰：《土地增值税：该立法还是取消》，财新网，2019 年 8 月 13 日。

所支付的金额、国家统一规定缴纳的有关费用以及与转让有关的税金（不含增值税）作为扣除项目金额计征土地增值税；通过转让收入减除扣除项目求得增值额。

目前土地增值税对增值额实行 30%、40%、50%、60% 的四级超率累进税率。“增值额未超过扣除项目金额 50% 的部分，税率为 30%。增值额超过扣除项目金额 50% 未超过扣除项目金额 100% 的部分，税率为 40%。增值额超过扣除项目金额 100% 未超过扣除项目金额 200% 的部分，税率为 50%。增值额超过扣除项目金额 200% 的部分，税率为 60%”。

根据《财政部、国家税务总局关于企业改制重组有关土地增值税政策的通知》（财税〔2015〕5 号），企业改制重组过程中暂不征土地增值税，但将房地产开发企业排除在优惠范围之外。所以在有些案例中，划转不动产仍须缴纳较高的土地增值税。

在以股权转让名义进行不动产转让是否应征收土地增值税的问题上，尚未有法律、法规、规章加以说明，实操中主要依据国家税务总局、地方税务局的批复文件。根据《国家税务总局关于以转让股权名义转让房地产行为征收土地增值税问题的批复》（国税函〔2000〕687 号），“转让企业 100% 的股权时，被转让企业股权表现形式的资产主要是土地使用权、地上建筑物及附着物，应当按照规定缴纳土地增值税”。目前确有地方税务机关据此征税，因此在实施 REITs 过程中应提前与当地税务机关做好沟通。

（四）房产税

《中华人民共和国房产税暂行条例》自 1986 年 10 月 1 日起执行。房产税的征税对象是房产，即有屋面和围护结构，诸如加油站罩棚、露天游泳池等建筑物都不属于房产，故不征收房产税；征税区域范围包括城市、县城、建制镇和工矿区，除此以外的农村房产也未纳入房产税的征税范围。

房产税的纳税义务人是指征税范围内的房屋产权所有人，REITs 和不动产的原始权益人在进行房产运营、出租时将涉及房产税。房产税采取两档规定税率，对于自有房产用于生产经营的，从价计征，按房产的计税余值以 1.2% 的年税率进行应纳税额计算；对于出租非居住的房产，从租计征，按租金收入以 12% 的税率进行应纳税额计算。

（五）契税

《中华人民共和国契税暂行条例》自 1997 年 10 月 1 日起施行，《中华人民共和国契税法（草案）》于 2019 年 12 月 23 日提请全国人大常委会会议审议，将保持现行税制框架和税负水平总体不变，将暂行条例上升为法律。

REITs 和不动产的原始权益人进行土地、房屋权属转移时，将涉及契税，纳税义务人为产权承受方。以房屋抵债、实物交换房屋或以房产作投资或入股，视同房屋买卖，仍须由产权承受方缴纳契税。当原始权益人将不动产项目划转给项目公司时，项目公司作为资产接受方通常也须缴纳契税。契税税率为 3% ~5%。

（六）印花税

《中华人民共和国印花税暂行条例》自 1988 年 10 月 1 日起施行，财政部、国家税务总局于 2018 年 11 月 1 日就《中华人民共和国印花税法（征求意见稿）》向社会公开征求意见。

印花税共有 13 个税目，包括 10 类经济合同和产权转移书据、营业账簿和权利许可证照。REITs 和相关方在交易和经营过程中使用合同、书据、账簿和执照将涉及印花税。REITs 在运营过程中，可能会涉及借款合同、财产租赁合同、财产保险合同、产权转移书据等。两方及以上当事人共同书立的应税凭证，当事各方皆为纳税人。

印花税税率分比例和定额两类，除权利、许可证照及营业账簿中的其他账簿适用定额税率外，其他按比例征税，税率为0.05‰～1‰，包括不动产、股权转让在内的产权转移税目的适用税率为0.5‰，借款合同税目的适用税率为0.05‰。

根据《财政部、国家税务总局关于信贷资产证券化有关税收政策问题的通知》（财税〔2006〕5号），信贷资产证券化产品下的信托合同、管理合同、服务合同、发售以及购买信贷资产支持证券、资金账簿可以免征印花税，但尚未适用于类REITs等其他资产证券化类型，范围较窄。

（七）城市维护建设税、城镇土地使用税、耕地占用税等税费

城市维护建设税、教育费附加和地方教育附加的计税依据包含纳税人实际缴纳和被查补的增值税、消费税。城市维护建设税专用于城市公用事业和公共设施的维护和建设，其征管完全比照增值税、消费税的有关规定办理。纳税人所在地为市区的，税率为7%；所在地为县城、镇的，税率为5%。教育费附加、地方教育附加的费率分别为3%和2%。

城镇土地使用税的纳税人为在城市、县城、建制镇、工矿区范围内使用土地的主体，以国有和集体土地为征税对象，以纳税义务人实际占用的土地面积为计税依据，以定额税率按年计算。

耕地占用税是对占用耕地以建设、构造建筑物或从事非农建设的主体，按实际占用的耕地面积和规定税率一次性征收的税种。

三、REITs税制的经验参考

REITs的概念诞生于19世纪末的美国波士顿，美国1960年修订了

《国内税收法》（Internal Revenue Code），不再将 REITs 和普通公司组织等同，予以特别免税，现代 REITs 由此正式创立。但彼时各类主体都可利用不同税法条款合理避税，所以 REITs 早期竞争优势不大。直到 20 世纪 80 年代末，随着美国税法条款逐步趋严，REITs 税收优惠的优势开始显现，由此获得长足发展。

截至 2019 年初，REITs 已在 40 个左右的国家或地区面世。按照 REITs 市场成熟度，可分为初期、新兴期、基本成熟期和成熟期四个发展阶段。美国已到达成熟期；日本、新加坡、中国香港则处于基本成熟期。[①]

（一）美国 REITs 税制

美国税收体系由联邦、州、地方三级构成，以所得税为第一大税种，其中个人所得税占绝大部分。美国 REITs 属于税收优惠驱动模式，美国《国内税收法》规定了 REITs 的设立条件、限制条件和利润分配要求。

美国 REITs 组织形式可以为公司制或信托制，目前大部分为公司制 REITs。REITs 应由董事或基金托管人管理。投资者应达到 100 位以上，且前五大投资者持有权益比例不超过 50%，保证了投资者的分散化。投资者所持有的权益为可转让的股份或权证等。美国 REITs 须将总资产的 75% 投资于不动产、现金及其等价物、政府债券，总收入的 95% 应来源于不动产租金，且至少 90% 的应纳税收入应进行分红，满足条件方能节税。

具体到税收方面，美国税法对 REITs 在购置和处置标的物业阶段优惠政策较少，转让税、企业所得税、代扣代缴的资本利得税等都基本要按规定缴纳；REITs 运行期，投资分红享受一定的税收优惠，应税收入除资本利得与确定的非现金应税收益之外，可免税进行股利分配。

---

① 臧运慧：《REITs 机制及税收制度探讨——ABS 专题报告》，兴业研究，2017 年 11 月 29 日。

同时对不满足要求的 REITs 还设置了惩罚性税收措施。如果收入来源未达到比例要求，以及超过 10% 的收入未分配，REITs 将接受惩罚性税收，对违规金额缴纳 100% 的惩罚性税收。

1. 买卖不动产环节

主要涉及三个税种。一是转让税，交易双方都需要缴纳，计税依据为不动产的交易价格，具体税率由各州法律确定。二是代扣代缴的资本利得税，从非居民企业获得不动产，须由买方代扣代缴，税率为 15%。三是公司所得税，卖方出售资本利得，税率 21%。上述税种对 REITs 并无特殊的优惠政策。

2. 不动产运营环节

持有不动产要缴纳财产税，税率从 1% ~3% 不等，计税依据由各州法律确定。经营不动产所产生的收益分为日常运营收入、资本收益两类，用于股息分红的部分免税，未分配利润的部分则按照 21% 的税率缴纳企业所得税。

3. 投资者分红环节

在向 REITs 投资者分红层面，美国并没有设置免税政策，所有的股利分红、资本利得都需要按照规定缴税。美国 REITs 税制的主要特征是其分红免于“双重课税”，REITs 红利在公司层面并未征税，因此投资者并无其他税收优惠。

（二）日本 REITs 税制

日本税收体系以法人税、个人所得税等所得类税收为第一大税种，其次分别为消费类税收和资产类税收。日本 REITs 形式可分为投资信托和投资公司，实操中公募 REITs 在组织结构上与美国类似，通常是公司制，且在交易所公开上市。REITs 须依据《投资信托和投资公司法》（the Law Concerning Investment Trusts and Investment Corporations）登记注册。

REITs 如若上市需要有至少 1000 位投资者，且单个投资者不可拥有超过 50% 的份额，前 10 大投资者合计不可持有超过 75% 的份额。对于投资要求，不动产及其直接相关资产须占管理规模的 70% 以上。

在买卖不动产环节，须缴纳不动产取得税、印花税等一系列交易流转税金。

在不动产运营环节，公司型 REITs 须缴纳企业所得税，但是作为税收透明实体（tax pay-through entity），如将净收入的 90% 和出售利得的 90% 分配给投资者，REITs 可扣除分配红利再缴纳公司税。日本的企业所得税构成较为复杂，包括作为中央税收的法人税和作为地方税的法人事业税、法人居民税，日本中央与地方的法人实际有效税率在 2018 年度降低至约 29.74%。

在投资者分红环节，当个人投资者获得利息、分红收入及其他收入时，中央与地方的合计所得税率为 20%。

（三）新加坡 REITs 税制

新加坡税收体系以所得税为第一大税种，其次为消费税、房产税、印花税、博彩税等。新加坡 REITs 必须以单位信托或共同基金的形式设立，通常是单位信托形式。新加坡《集体投资计划守则》（Code on Collective Investment Schemes）附件 2《房地产基金指南》（Property Fund Guidelines）规定了对公募 REITs 的监管要求。

新加坡公募 REITs 对投资者人数要求也较高，需要至少 25% 的单位信托由至少 500 位公众投资者持有。保证 70% 以上的资产投资于不动产或相关资产，且不得从事房地产开发活动。除租金收入和利息、分红收入以及其他允许的投资收入外，其他收入占比不得超过 10%。新加坡也要求 REITs 每年 90% 的收入用于红利分配，才能获得 REITs 的税收优惠，但对资本利得部分未做要求。

在买卖不动产环节，新加坡主要设置了印花税、企业所得税和商品服务税。这三种税均存在减免的空间，其中最大的税收优惠来自17%的企业所得税减免，但仅针对不动产为新加坡境内物业时有效。

在不动产运营环节，REITs或公司层面需要缴纳财产税、商品服务税和企业所得税。假如REITs把90%以上的信托收益分配给REITs的持有人，则免除其企业所得税，未分配的REITs收益则须正常缴税。

在投资者分红环节，分红收益均由REITs代扣代缴所得税，税基即分红收入，但投资者的资本利得是免税的。

（四）中国香港REITs税制

中国香港税收体系主要是对营业利润、薪金、租金三类所得征税，在商品生产、流通环节和资本增值方面基本不征税。中国香港REITs只能以信托形式成立，且须得到香港证监会的认可，在香港联交所挂牌上市。香港证监会的《房地产投资信托基金守则》（Code on Real Estate Investment Trusts）对公募REITs的设立条件、监管要求做出了规定。

香港REITs要求必须以获取连续稳定租金收入为目的专注于不动产投资，不能产生收益的不动产不得超过净资产的10%，每个不动产项目至少持有两年。不能投资于空置土地或房地产开发活动，不能放贷或进行担保。同样须将至少90%的净收益分红给单位信托持有者。

香港对于REITs的税收优惠力度更大。在买卖不动产环节主要涉及印花税和利得税，香港居民企业利得税的通常税率为16.5%，在全球范围内属于较低水平，且对出售不动产免税。

在不动产运营环节主要涉及物业税、印花税，香港对REITs收入免征利得税。

在投资者分红环节，免除了投资者的所得税，投资者在这个环节不承担任何税负。

四、我国 REITs 在实务操作中遇到的税收问题

就我国现行税法而言，REITs 实操中存在信托计划设立、终止环节征税以及信托计划存续期多重税收的问题，税负集中于土地增值税、不动产原始权益人的所得税、REITs 运营企业所得税与投资者个人所得税。各交易环节涉及的税负如下。

（一）买卖不动产环节

为实现破产隔离，须将不动产剥离到 SPV 中，而不动产重组到项目公司的过程中往往面临较高的交易税负。

不动产的承接方需要承担契税和印花税，其中契税税率较高，为3% ~5%。对于不动产的原始权益人而言，税负压力较大，不动产的转让如视同产品销售，则须承担印花税、土地增值税、增值税和所得税，而此时 REITs 尚未完成发行。且在重组不动产环节产生的利得存在重复征税之嫌疑，在缴纳增值税、土地增值税外，净利润部分还须缴纳企业所得税。特别是土地增值税税率较高。相比而言，海外成熟市场均不征收土地增值税和增值税，仅一次性征收企业所得税。

在 REITs 终止阶段，若原始权益人收回不动产的话，则可能须缴纳契税、印花税，REITs 方可能还须缴纳相应增值税、土地增值税。目前我国 REITs 融资目的性较强，在 REITs 设立和终止环节并未涉及资产真实交易，所以不动产买卖环节的较重税收，使得证券化过程产生了较大交易成本。

（二）不动产运营环节

我国 REITs 运营过程中，项目公司需要承担租金收入的增值税、企业

所得税和房产税。海外成熟市场的税收政策均对 REITs 租金收入的分红部分有税收优惠，REITs 和投资者无须双重缴税。而我国 REITs 租金收入既要缴纳增值税，还要缴纳企业所得税；分配给投资者时，还要缴纳所得税。现有的税收法规下，REITs 的盈利空间受到压缩，进而影响到产品收益率。

（三）投资者分红环节

项目公司持有运营不动产所产生的收益除须缴纳企业所得税、增值税之外，我国 REITs 的投资者仍须就分红和资本利得承担个人或企业所得税。新加坡针对投资者的资本利得免税，中国香港则对投资者的资本利得和分红收益均免税，税收优惠力度已不仅限于避免双重征税。

五、对我国 REITs 税务筹划及政策制定的建议

（一）现有框架下类 REITs 的税务筹划

目前，对 REITs 相关的不动产转让及运营环节涉及的税收，我国尚无专门规定，利用交易结构设计避/节税就成为工作重点。

1. 通过资产重组进行不动产剥离

如果原始的项目公司除标的不动产外还持有其他资产，或此前未设立项目公司，则原始权益人须将不动产转让给 REITs 结构中的项目公司。在此情况下，建议通过满足相关税法定义的资产重组，将标的不动产单独剥离至新项目公司，合理规避增值税、土地增值税、所得税等税费。

根据《关于全面推开营业税改征增值税试点的通知》、《营业税改征增

值税试点有关事项的规定》（财税〔2016〕36 号），“在资产重组过程中，通过合并、分立、出售、置换等方式，将全部或者部分实物资产以及与其相关联的债权、负债和劳动力一并转让给其他单位和个人，其中涉及的不动产、土地使用权转让行为”，不征收增值税。

根据《财政部、国家税务总局关于企业改制重组有关土地增值税政策的通知》（财税〔2015〕5 号），“按照法律规定或者合同约定，企业分设为两个或两个以上与原企业投资主体相同的企业，对原企业将国有土地、房屋权属转移、变更到分立后的企业，暂不征土地增值税”，“单位、个人在改制重组时以国有土地、房屋进行投资，对其将国有土地、房屋权属转移、变更到被投资的企业，暂不征土地增值税”，“企业在改制重组时以国有土地、房屋进行投资在税务机关进行备案后，可暂不缴纳土地增值税”。该文件现已过有效期且规定不适用于房地产开发企业，但可暂作为税收豁免参考文件，建议前期与当地税务机关沟通。

根据《财政部、国家税务总局关于企业重组业务企业所得税处理若干问题的通知》（财税〔2009〕59 号），如满足资产收购、企业分立的条件，则可沿用原有资产、负债的计税基础，无须缴纳企业所得税。

根据《财政部、国家税务总局关于进一步支持企业事业单位改制重组有关契税政策的通知》（财税〔2015〕37 号），如满足其定义的公司分立、资产划转，则可免征契税。

根据《财政部、国家税务总局关于企业改制过程中有关印花税政策的通知》（财税〔2003〕183 号），“企业因改制签订的产权转移书据免予贴花”。

2. 构建特定股债比例，发挥债务的税盾作用

在现有“双 SPV”“三 SPV”的交易架构中，通过私募基金或信托计划向项目公司发放委托贷款或信托贷款，从而在持有股权之外，再构建抵押债权，使得一部分不动产经营现金流以利息形式稳定分配。根据《中国银监会关于印发商业银行委托贷款管理办法的通知》（银监发〔2018〕2 号），私募基金通过商业银行进行委贷受阻，可采用债权受让的方式来收购存量股东借款。由于债务的税盾作用，可降低一部分税务负担，且通过债务将标的不动产抵押给私募基金或信托计划，可用以对抗其他债权主张。

（二）我国 REITs 税制探讨

如前文所述，我国类 REITs 主要是基于资产证券化的一种尝试，目前开展公募 REITs 的探讨路径较多，其中以更具传承性的“ABS 公募化”“公募基金 + ABS”这两条路径可行性最强，而《关于推进基础设施领域不动产投资信托基金（REITs）试点相关工作的通知》和《公开募集基础设施证券投资基金指引（试行）》（征求意见稿）（以下简称《指引》）也明确了以“公募基金 + ABS”的模式试点公募基建 REITs，所以下文将重点基于该交易结构进行税制探讨。

1. 依据“导管原则”和“税收中性原则”进行所得税优惠

从海外成熟市场的经验来看，税收优惠为 REITs 的发展提供了必不可少的动力。所谓“导管原则”是指 REITs 交易结构只是收入传递的工具，其产生的利息、股息等一切运营所得都应视为最终投资者所得。所谓“税收中性原则”则是指不因 REITs 结构而给持有的不动产增添新税负，所以只需要在投资者分红层面承担纳税义务。

根据此次《指引》，公募基建 REITs 拟在《证券投资基金法》框架下开展试点。在现行税法框架下，公募基金和投资者都能适用较为完整的税收优惠规则，所以有望摆脱此前“类 REITs”私募架构所带来的双重征税问题，后续征税规则的继续完善可以沿用现有证券投资基金税收优惠制度的路径，进行扩张解释和适当修改，减轻改革成本。[①]

而在中长期，建议我国参照海外成熟市场的相关做法，对 REITs 中用

① 叶永青、赵文祥：《公募 REITs 的税收制度展望——结构、政策与实践》，金杜研究院微信公众号。

于分红的收入仅在投资者层面征收一次企业所得税或个人所得税，在底层项目公司和 REITs 其他结构主体层面只就未分配的利润征收企业所得税。并且对个人投资者的所得税，参照目前 A 股股票分红的做法，由 REITs 对分红部分根据持有期限代扣代缴所得税，鼓励投资者长期持有。

2. 对不动产运营、流转环节的税种进行优化配置

在 REITs 设立过程中，虽发生了不动产的转移，但并非税法意义上的转让行为，原始权益人尚未套现。建议整合现有企业重组优惠政策，考虑到 REITs 的特殊情况，出台专门针对 REITs 的税收优惠政策，对于满足设立条件的主体，免征、减征或递延 REITs 创立阶段所应缴纳的土地增值税、契税和企业所得税。譬如递延至 REITs 项目存续期届满时，或者通过公开市场变现时再予以征收，减轻原始权益人在 REITs 设立阶段的税负。

而在中长期，可考虑以发展 REITs 为契机，重新整合房地产领域的税种配置。我国现行房地产领域的大多数税种设置在开发和交易环节，流转环节和保有环节的税收负担存在一定失衡，且土地增值税与企业所得税等税费存在重复征收问题，反而容易将税负转嫁给购房者，客观上推高房价。建议深化房地产领域税制改革，对各环节的税负进行再分摊。

3. 奖惩并行，压实资格认定和行为监管

日本、新加坡、中国香港等亚洲经济体在吸收美国 REITs 发展经验的基础上，在模式上也形成了自己的特色。亚洲各国和地区的立法和监管更严格，普遍采用专项立法，对 REITs 的设立、结构、资产投向、收入分配等方面予以明确规定，各参与方的资格认定和应尽责任更为清晰，强调管理、严控风险。

以此为鉴，在制定 REITs 税收优惠政策时，还要明确对不达标 REITs 的惩罚性规定。注意监管框架与税收优惠的结合，严控监管套利，确保 REITs 的发展方向不偏倚，避免成为房地产的倒卖炒作工具。落实决策层提出的“房住不炒”政策，引导 REITs 长期、稳定享受租金收入，让广大中小机构乃至个人投资者有序参与到不动产和基础设施的投资中。

信托公司现金管理产品风险分析及业务体系搭建研究

徐　翔　袁泽波

摘　要：在“资管新规”和《信托公司资金信托管理暂行办法（征求意见稿）》出台的大背景下，信托公司对于现金管理业务从选择性布局变成了战略性布局。本章主要介绍了当前市场现金管理产品的概况及信托公司现金管理产品的发展历程，重点剖析了信托公司现金管理产品所面临的信用风险、流动性风险及其分析框架和管理要求，最后结合信托公司发展现金管理的业务的优劣势分析，阐述了现金管理产品业务体系搭建的基本条件。

关键词：现金管理　信用风险　流动性风险　现金管理业务体系

一、现金管理产品概况

随着我国个人居民以及企业财富日益增长，民众投资意识觉醒，在利率市场化的大背景下，大量资金从银行存款向现金管理产品迁移。居民和企业对类现金及短期理财产品需求旺盛，现金管理产品市场发展迅速。自2003年第一只货币基金设立以来，公募基金、银行、券商、信托等金融机构纷纷布局现金管理产品。到2019年6月底，全市场现金管理产品存续规模超过16万亿元。进入2020年，国内外经济形势日趋复杂，地缘政治事件频发、经济L型趋势、新冠肺炎疫情和贸易摩擦并存的情况下，货币政策保持稳定，现金管理产品的发展面临较好的窗口期。

（一）现金管理产品的基本特点

本章所说的现金管理产品主要是指能够给投资人提供现金管理服务

的、可作为活期存款替代品的资产管理产品，现金管理产品一般包括以下几个基本特点。

（1）流动性好。投资者申赎便利，产品流动性较强。

（2）信用风险低。投资标的以货币市场工具及短期固收类资产为主，信用风险较低。

（3）收益稳定。现金管理产品收益率一般高于银行同期存款利率，且在摊余成本法估值下，现金管理产品收益率表现稳定。

（二）现金管理产品的分类

按管理人所属机构属性不同，可将现金管理产品可分为以下四个类别。

（1）基金产品，主要为货币市场基金。该类产品主要投资于货币市场短期有价证券，投资范围包括银行定期存款、大额存单和央行票据等，可以在交易日内进行申购和赎回。一般 1,000 元起购，目前存续规模合计 7.28 万亿元左右。

（2）银行产品。根据赎回便利性可分为 T+0 产品（赎回当日到账）、T+1 产品（赎回次日到账）以及其他短期理财产品等。一般 5 万元起购，3 个月内非保本浮动收益类产品市场存续规模合计 8 万亿元左右，占银行理财产品总规模的 30%。

（3）券商产品。该类产品的主要目的是将客户证券账户中的闲置资金进行短期运作，以使客户资金短期增值。一般 5 万元起购，目前存续规模合计 7000 亿元左右。

（4）信托产品。目前信托现金管理产品有开放式无固定期限型产品（如每日、每周开放申购赎回）和开放式定期型产品（如每日、每周开放申购，定期赎回）两种，一般按照 2009 年银监会发布的《信托公司集合资金信托计划管理办法》要求，设置合格投资者门槛，300 万元起认购且不设人数限制，目前存续规模合计3,000亿元左右，占全市场现金管理类产品的不到2%。

二、信托公司现金管理类产品发展历程

（一）信托公司现金管理类产品的发展阶段

传统信托公司业务以非标准化债权类业务和通道类业务为主，起初并不重视发展投向为标准化债券类资产的现金管理类业务，少数信托公司将其作为创新类业务来发展。从现金管理产品的发展阶段来看，经历了从无到有、从粗放到规范的过程，可以分为三个阶段。

第一阶段为信托公司现金管理产品的粗放式发展阶段。2006年，上海信托发布第一款现金管理产品，即现金丰利信托计划，此后大量信托公司开始推出现金管理产品。第一阶段的现金管理产品底层多为非标准化资产，包括非标信托贷款、股票质押贷款等，存在底层资产流动性不佳、无法市场化估值等问题。

第二阶段为“混池类”现金管理产品的发展阶段。为了改善产品的流动性，这一阶段的产品投资了较多的标准化债权类资产，但仍以非标准化高收益资产作为底仓，兼顾收益性和流动性，但依然存在流动性不佳和资产无法准确估值等问题。2018年4月19日，银保监会明确要求限期三年清理信托公司非标资金池业务。各家信托公司既有的现金管理产品规模不断缩减，投资标的向全标准化资产靠近。

第三阶段为规范化发展阶段。2018年4月27日，中国人民银行、银保监会、证监会、国家外汇管理局联合发布了《关于规范金融机构资产管理业务的指导意见》（以下简称“资管新规”）。2019年12月27日，银保

监会、中国人民银行发布了《关于规范现金管理类理财产品管理有关事项的通知（征求意见稿）》（以下简称“现金管理新规”），对开放式的现金管理类产品进行指导，要求信托公司现金管理产品全部投向标准化产品，严格禁止非标池及混池产品，并对现金管理产品的流动性管理提出了具体要求。

2020 年 5 月 8 日，银保监会发布了《信托公司资金信托管理暂行办法（征求意见稿）》（以下简称“管理办法”），要求信托公司管理的全部集合资金信托计划向他人提供贷款或投资于其他非标准化债权类资产的合计金额，在任何时点均不得超过全部集合资金信托计划合计实收信托的 50%。在“管理办法”的规范下，信托公司的标准化投资业务预计在不久的将来会出现井喷式发展，而现金管理产品作为标准化债权投资的重要载体，将成为新产品竞争的主战场。

（二）信托公司现金管理类业务的现状

截至 2019 年 6 月，全行业 68 家信托公司中，约 26 家推出了现金管理类产品，合计规模约 3,000 亿元，表 1 列举了 5 家典型的大中型信托公司现金管理产品情况（封闭期在 7 天及以内的开放式产品）。从表中可以看出，对于封闭期在 7 天及以内的现金管理产品，主要有以下几个特点。

（1）从规模来看，除了上海信托和中航信托规模破百亿元外，其余各家的规模偏小，信托行业的现金管理产品单产品平均规模不到 100 亿元。

（2）从流动性来看，现金管理类产品均为开放期产品，主要表现为每日开放申赎和每周开放申赎，流动性适中。除上海信托外，其他信托公司现金管理产品均适用《信托公司集合资金信托计划管理办法》或“资管新规”要求，或者 300 万元起投不设人数限制，或者 30 万元起投设置 200 人数限制。

（3）从估值方法来看，2018 年之前设立现金管理类信托产品均采用摊余成本法估值，该估值方法下产品投资收益稳定，易于做大管理规模；相反，市值法估值的现金管理产品，因为收益波动较大，较难做大管理规模。

（4）从投资管理来看，为了保持足够的流动性，投资杠杆普遍较低，基本保持在1.1~1.2倍，同时，除华润信托的润钱宝之外，其他现金管理产品组合久期均控制在1年以内。

表1　5家大中型信托现金管理产品的基本情况

信托产品	产品成立时间	交易结构	估值方法	产品久期及杠杆	信托报酬	规模
上海信托现金丰利	2006年2月	多期集合信托计划统一运作；每日开放申赎，5万元起购；认购人数不受限制	摊余成本法	杠杆1.1倍，组合久期0.75年	固定费率；浮动业绩报酬；设定业绩基准	420亿元
中航信托天玑聚富	2013年4月	单一集合信托计划；每周开放申赎；300万元以上不受人数限制	摊余成本法	杠杆1.1倍，组合久期1年	固定费率；浮动业绩报酬；设定业绩基准	300亿元
建信信托货币通宝	2016年6月	单一集合资金信托计划；每日开放申赎；300万元起不限制人数	摊余成本+影子定价	杠杆1.1倍，组合久期0.3年	固定费率；无浮动收益提取	80亿元
中融信托稳健收益	2017年4月	单一集合资金信托计划；每日开放，封闭期7天以上；300万元以上不受人数限制	摊余成本法+影子定价	杠杆1.2倍，组合久期0.7年	固定费率；无浮动收益提取	60亿元
华润信托润钱宝	2018年10月	TOT形式双层结构，独立发行多期，统一运作；每日开放申赎；30万元起点，每期不超过200人	市值法估值	无杠杆，组合久期1.2年	固定费率；无浮动收益提取	10亿元

资料来源：中建投信托博士后工作站。

（三）“资管新规”出台后信托公司现金管理产品的变化

“资管新规”的出台，信托公司现金管理产品迎来了从粗放式发展向规范式发展的转折点，“资管新规”后的现金管理产品除保留开放式、低杠杆、短久期等高流动性特征外，表现出了一些较为显著的变化。

1. “资管新规”出台前

（1）适用《信托公司集合资金信托计划管理办法》要求，现金管理产品设置合格投资人认购起点 300 万元及以上，并不设人数限制。

（2）多采用摊余成本法估值，设定偏离度限制（0.5% 以内），投资人每日万份收益稳定，且基本为正。

（3）管理人信托报酬多为固定费率。

2. “资管新规”出台后

（1）适用“资管新规”要求，现金管理产品设置合格投资人认购起点 30 万元及以上，且信托计划受 200 人数上限约束；新发产品多采用双层 TOT 或 TOF 模式，通过发行多个信托产品，然后归集资金统一运作，以更好地在负债端进行流动性管理。

（2）新产品多采用市值法估值，投资人每日万份收益波动较大，可正可负，管理难度大大提升。

（3）管理人多通过设置业绩比较基准，来平滑估值变动给投资人收益带来的影响，故信托报酬多为固定管理费加差异化的浮动管理报酬。

三、信托公司现金管理类产品的主要风险及分析框架

信托公司现金管理类产品承载多年信用风险管理经验，表现出了区别于基金、银行、券商等其他资管机构现金管理产品的投资策略及高于其他类机构现金管理产品收益的特征，这些投资策略与收益特征均与信托公司现金管理产品中承担的信用风险和流动性风险相关。而其他风险如操作风险、市场风险等，一般可以通过内控安排及估值方式规避，故本文不再赘述，下文仅重点介绍信托公司现金管理产品的信用风险分析框架和流动性风险管理要求。

（一）信用风险及其分析框架

信托公司现金管理产品的投向除现金类资产外，主要还包括交易所和银行间市场的中短期信用债券。这部分资产在给现金管理产品提供收益的同时，也使产品存在因底层信用债违约导致的信用风险。做好产品底层资产的信用风险控制是信托公司现金管理类产品的核心管理要求。

1. 信用风险概况

信用风险是信托公司现金管理产品投资所面临的主要风险之一，主要指持有债券的发行人因各种原因未能及时、足额偿还债务而违约，导致现金管理产品持有的债权收益变化的风险。

自2014年首只信用债（“11超日债”）违约以来，国内债券违约数量及金额逐年递增，且在当前经济增速放缓、结构调整以及监管“去杠杆、破刚兑”的大环境下，信用违约持续增长。截至2019年底，中国债券市场共有160余家企业的431只债券发生违约，涉及债券违约金额3,534.08亿元人民币。2020年初至6月，叠加新冠肺炎疫情的多重压力，国内债市共发生61只债券违约，合计金额763.77亿元，债券投资信用风险不可忽视。

信用风险分析主要关心的是债券发行主体的违约风险。当然随着投资领域的拓展，信用债投资的风险也不仅仅局限于传统的违约风险，还拓展到了违约风险和估值风险两个方面。其中，违约风险包含两个维度，一是投资的安全性，对应债券的违约概率；二是发生损失后的回收情况，对应债券的违约损失率。违约风险主要反映在信用评级当中。估值风险同样涉及两个层面，一是债券主体评级变动导致的估值波动，二是市场情绪变化带来的流动性溢价变化（见图1）。本文对信用风险的阐述主要集中在违约风险分析之上。

图1 信用风险分析框架

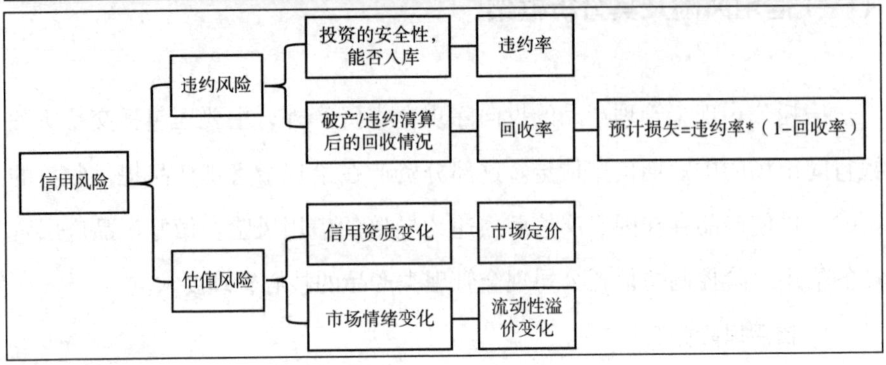

资料来源：中建投信托博士后工作站。

2. 信用研究

现金管理产品的信用风险分析框架主要包括信用研究、信用风险跟踪和信用利差分析三个方面。其中，根据投资债券的类别又将信用研究细分为城投债信用研究和产业债信用研究两大类。

（1）城投债信用研究

城投债是中国特有的债券品种，因其承担了区域基础设施建设的融资职能，故除了对其本身的经营分析之外，还需要研究当地的财政及债务情况。城投债按其承担的职能可简单划分为狭义城投债和广义城投债两类。狭义的城投债只包括从事土地一级开发整理、城市基础设施代建以及保障房业务的特定城投公司发行的债券，而广义的城投债还包括各类产业投资平台、国资控股平台（包括各类地方资产管理公司）、政府性基金管理公司（地方性金控平台）以及从事各类公益性业务（如水务、公路、公交、地铁、固废处理、旅游开发、供热供暖等）的带有国资背景的平台公司等发行的债券。

与市场化运作、以利润最大化为目标的一般工商企业相比，具备公益属性的城投公司自身的造血能力相对不足，其信用更多来自背后地方政府的隐性支持，因此对地方政府信用资质的分析至关重要。一般要围绕城投公司所在地政府信用水平、城投公司自身实力、政府支持可能性三个方面，自上而下地对城投债进行信用分析的框架（见图2）。

图2 城投债信用研究

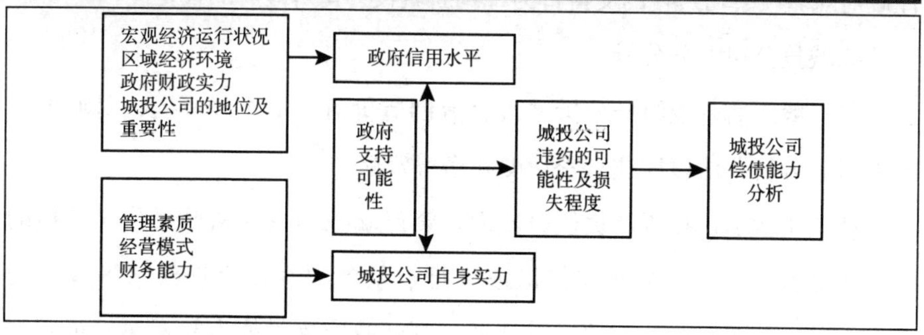

资料来源：中建投信托博士后工作站。

①政府信用研究

首先，宏观经济运行状况直接决定城投公司的外部环境，影响其存量债务偿付、融资渠道拓展以及经营发展的可持续性；其次，区域经济环境决定了城投企业所在区域经济发展水平与财政增长潜力；再次，地方政府财政实力是综合判断地方政府信用水平和偿债能力的基础与依据，是决定城投公司投资收益及资金回收的关键因素；最后，城投公司的地位及重要性，决定了政府的支持力度和危机时救助的可能性（见图3）。

图3 政府信用研究

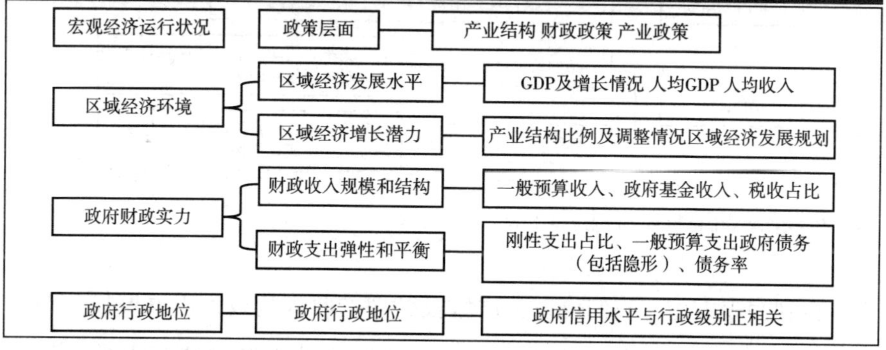

资料来源：中建投信托博士后工作站。

我们可以通过分析区域城投公司数量及分工等因素来判断城投公司在区域内的重要程度。一般来说，城投公司业务规模与资产规模越大、公益性业务占比越高、业务垄断性越强，获得政府支持的可能性就越大。同时，可关注政府对城投公司过往的支持行为，判断城投公司对政府的重要性。

②城投公司财务分析

与一般工商企业财务分析“现金流创造价值”的主线不同，对城投公司的财务分析关注政府往来密切度和净筹资能力。

如图 4 所示，在资产负债表方面，资产端我们主要从城投公司承担的业务职能着手，分析企业如何形成土地、基建项目、应收款项等核心资产，以及财政对应收款项的偿付计划，判断政府支付能力和意愿。负债端可以关注债务期限结构和刚性负债规模，分解融资渠道。权益端可以分析政府持股层级和比例等。

图4　城投公司财务分析

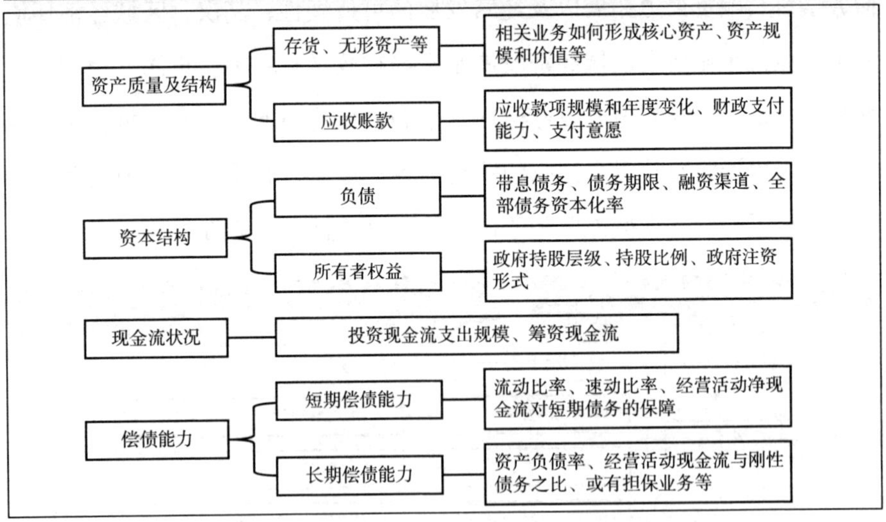

资料来源：中建投信托博士后工作站。

在利润表方面，我们可以关注城投公司的收入构成，观察城投公司的公益性强弱和市场化转型情况，并分析土地出让金及基建收入的可持续性。此外也需要关注政府补贴情况，结合相关政府支持文件，判断政府补贴的稳定性与可持续性。

现金流量表方面，我们可以重点关注投融资情况，研究在建、拟建项目投资现金流支出是否构成压力，研究筹资性净现金流反映的筹资能力等。

③城投公司经营分析

如图 5 所示，城投公司的经营分析重点关注管理要素和运营模式。第一，企业经营管理决定企业的未来，企业经营管理水平越高，投融资的效率也越高，资金回收的速度也会越快。城投公司的内部治理结构方面，重点分析企业主要决策人员构成及其与相关政府部门之间的关系，进而判断其对企业经营业务带来的实质性影响。第二，城投公司业务类型及经营状况，是影响政府支持可能性的重要因素。

图5　城投公司经营分析

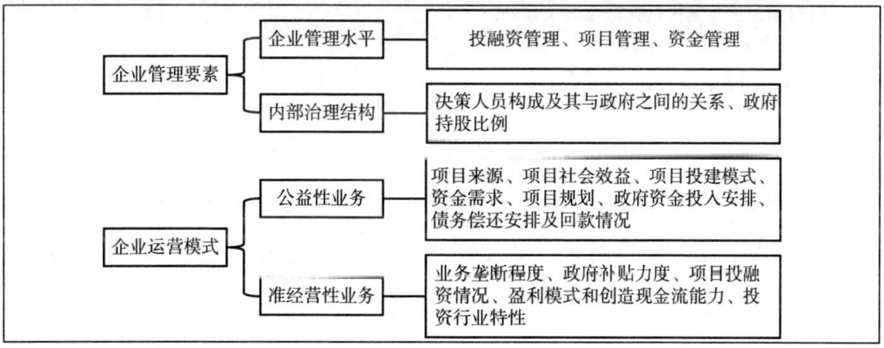

资料来源：中建投信托博士后工作站。

（2）产业债信用研究

产业债相较于城投债而言，具有自主经营能力强、对政府依赖性较弱的特点，信用研究时可回避地方政府债务等敏感问题。但从另一方面看，产业债的信用研究比城投债更加复杂，所涉及的因素也更加多样。

产业债的信用研究主要围绕宏观研究、中观研究和个券研究展开，见图 6。其中，宏观研究主要包括对货币政策、财政政策、产业政策的分析等；中观研究主要包括对行业特征、竞争格局等方面的分析；个券研究主要包括债务人的信用基本面分析、债券增信措施分析等。下文将就产业债信用研究所涉及的重点内容进行阐述。

图6　产业债信用研究框架

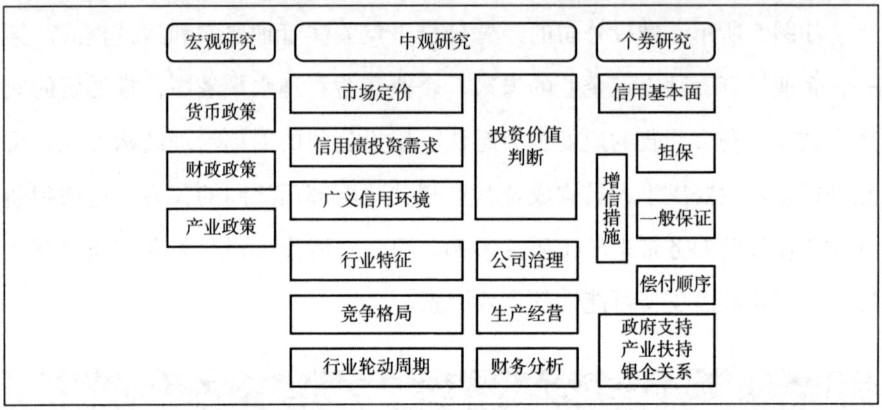

资料来源：中建投信托博士后工作站。

①企业所在行业特征分析

对行业的特征分析可以从行业竞争特征、周期特征、供需特征、盈利特征、增长特征几个角度入手。行业是充分竞争还是相对垄断，受其进入壁垒的影响，而资源、技术、资本、人力、产业政策等又是影响行业进入壁垒的重要因素；行业处在不同的生命周期对应的经营模式、发展方式、资金周转特征不尽相同；行业的供需特征影响行业的经营情况，供需的弹性决定行业的周期性特征；行业的盈利特征决定利润的稳定性与可持续性；行业的增长特征决定行业发展的天花板以及未来是否存在转型的压力。

②公司治理与战略评价

公司治理与战略是企业信用分析重要的考量因素。如图7所示，对公司治理情况可以从公司性质、实控人情况、信息披露、战略管理等多个角度进行分析。

③企业微观分析

如图8所示，企业微观分析包括定性的经营分析、基于历史的财务分析及对未来发展前景的分析等。对企业的定性分析包括外部环境和自身经营分析，目的是判断企业的综合竞争力。基于企业的财务报表进行定量分析，目的是为回顾过去经营能力和预判未来提供可靠的依据。根据对企业过去的定性和定量分析，可以预估企业未来发展和成长前景。

图7　公司治理分析

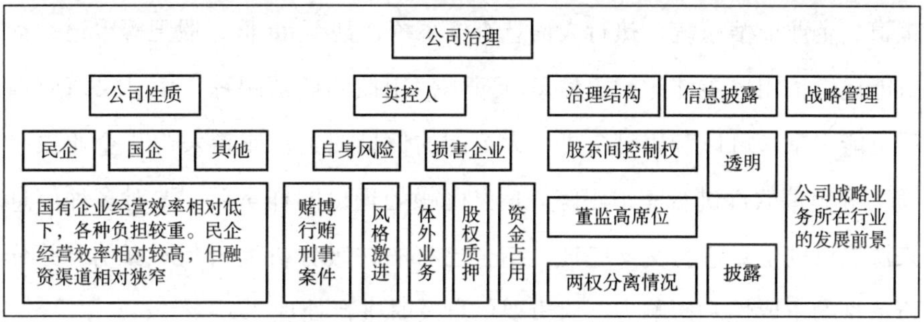

资料来源：中建投信托博士后工作站。

图8　企业微观分析

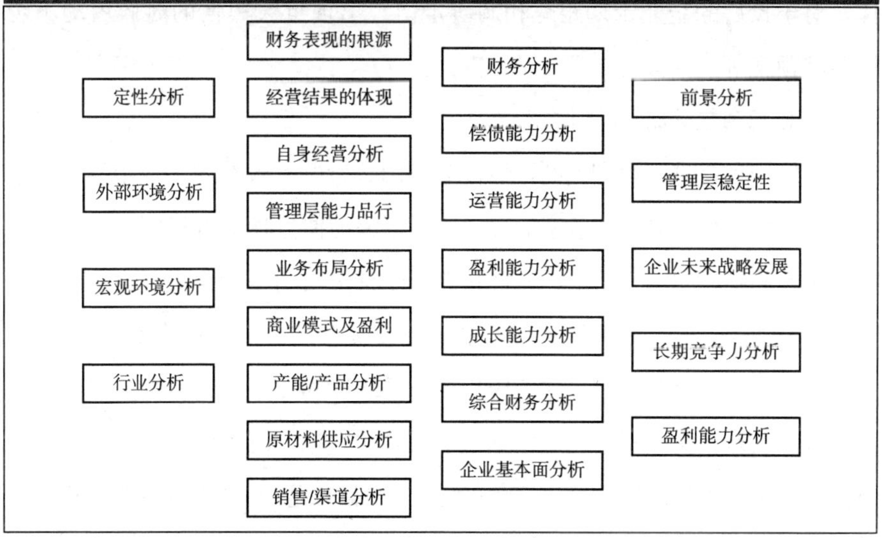

资料来源：中建投信托博士后工作站。

3. 信用风险跟踪

除行业及主体信用研究之外，信用风险跟踪亦是信用分析必不可少的步骤之一，一般的信用风险跟踪主要包括以下几项内容。

（1）日常观察二级市场估值、报价、成交情况，及时进行跟踪和调整。对于信用债持仓，应日常观察是否出现较大幅度的估值调整，或异常的高估值报价、成交，一旦出现相关异常情况，要及时进行跟踪研究并做出应对，为提前处置创造机会。

（2）舆情分析和筛查。在信息爆炸时代，评级调整、公司公告、新闻报道、企业征信系统、执行人信息查询系统，甚至qq群、股吧等渠道，都可能提供信用债主体的相关信息。对于信用债的舆情跟踪，信息渠道应当尽可能丰富，可以利用爬虫进行大范围的信息搜集，或者采购“企业预警通”等舆情软件进行舆情跟踪。信息降噪处理也同样重要，要对多种信息来源提供的信息进行交叉验证，结合已有的评级分析逻辑判断真伪，并分析信息的重要性和影响力，对重要信息及时进行处理。

（3）定期和不定期跟踪调研。设立定期评级制度，每年度、半年度、季度对已有评级清单进行跟踪评级，重点关注持仓主体和投资级中边缘主体。对于投后的企业定期跟踪和调研走访，出现重大舆情的时候启动不定期跟踪预案等。

4. 信用利差分析

对信用利差进行甄别判断可以作为信用分析的有效补充。信用利差指信用债收益率相对无风险收益率的溢价，可理解为债券投资者投资信用债所承担的风险补偿。如图9所示，通常我们可以将信用利差的构成分为信用风险溢价、流动性溢价、质押融资便利溢价、投资者结构溢价四个部分。其中，信用风险溢价表示与融资主体信用相关的系统性和非系统性风险。除了信用风险溢价以外，信用利差还受以下三个因素的影响：流动性溢价是对相对利率债交易属性弱化的补偿；质押融资便利溢价体现是否能够质押融资加杠杆的差异；投资者结构溢价体现不同投资者类型、风险偏好对信用债的选择差异。

图9 信用利差分析

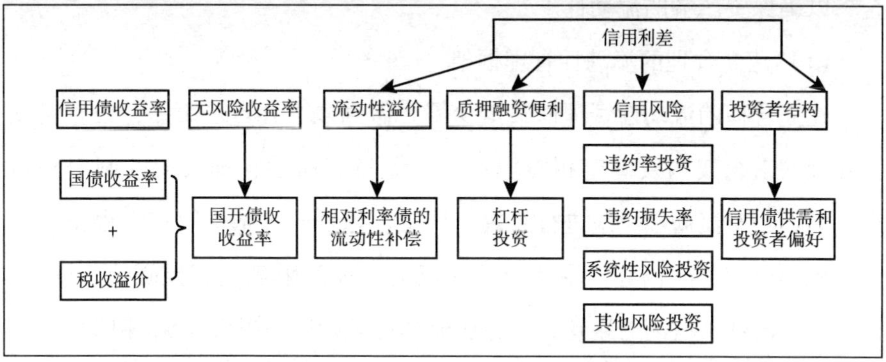

资料来源：中建投信托博士后工作站。

（二）流动性风险及其管理要求

从现金管理产品的资产端来看，我国债券市场为典型的场外市场，现金管理产品所投底层债券资产的流动性受到资金面、债券品种和资产期限等多个因素的影响，表现为不同现金管理产品的流动性存在较大的差异。从现金管理产品的负债端来看，现金管理产品开放申赎的特点导致负债端与底层资产在久期匹配上存在一定程度的错位。做好产品流动性风险管理是信托公司现金管理类产品安全性、便利性、收益性的前提与保障。

1. 流动性风险概况

现金管理产品的流动性风险主要指现金管理产品无法及时（或无法以合理成本及时）获得充足资金以应对到期兑付的风险。这里的流动性风险包括资产端因市场成交量不足或缺乏愿意交易的对手导致未能在理想的时点完成买卖的风险。

2. 流动性风险管理要求

做好现金管理产品的流动性风险控制，要求做好资金及资产两个方面的管理。第一，在产品资金端，需要根据产品的资金性质和现金流分布特征，合理安排资金进出的时点。第二，在产品资产端，需要建立与投资目标和资金性质相符的资产配置计划，通过不同类别资产的配置构建投资组合，以确保资产端的流动性。

（1）建立合理的流动性管理框架

建立合理的流动性管理框架至少需要做到以下几点。第一，设置流动性管理的组织架构及确定相应职责，以保障流动性管理政策的制定和执行。第二，对流动性风险进行有效的计量、识别与评估。第三，根据公司的资源禀赋和风险偏好，设置产品的流动性风险限额及管控阈值。第四，定期做好流动性监测与跟踪，并完成流动性风险监测报告（见图 10）。

图 10　流动性管理体系

设置流动性管理的组织构架及确定相应职责	流动性管理的政策制定、策略执行、监督职能必须分开；流动性风险管理组织机构实行分层分级管理
流动性风险计量、识别与评估	包括但不限于：现金流测算分析、资产负债结构分析、集中度分析、市场宏观环境分析、压力测试、流动性风险评估
流动性风险偏好及限额体系	流动性风险限额定义及管理；流动性风险偏好的更新与传导
流动性风险监测与报告	流动性风险监测体系、报告体系；流动性应急机制；信批及保密

资料来源：中建投信托博士后工作站。

（2）设立流动性应急处置机制

首先，在现金管理产品的日常运作管理中，需在充分考虑产品各项因素基础上设置不同压力测试场景及模型，利用科学的手段得出测试结果，并根据测试结果制定流动性应对预案。

其次，需要建立产品的流动性预警机制，当流动性风险指标达到或超出预警阈值时，需要有针对性地调整投资组合资产结构或负债结构，以使产品整体的流动性维持在安全水平。

最后，需要建立公司层面的产品流动性应急预案。明确预案触发场景、应急资金来源及应急程序与措施等（见图 11）。

图 11　流动性应急处置机制

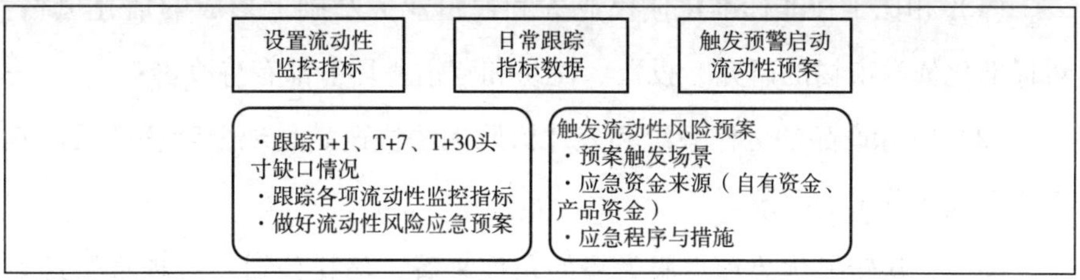

资料来源：中建投信托博士后工作站。

四、信托公司现金管理业务体系搭建

基于信托公司现金管理类产品的主要风险，搭建现金管理业务体系需要具备一些基本条件。

（一）信托公司现金管理业务发展的基本条件

正如前文所述，信托公司现金管理产品不仅面临“资管新规”、现金管理新规等监管政策带来的挑战，还面临着券商、银行、基金等成熟资管机构的正面竞争。信托公司发展现金管理产品的竞争优势包括：

（1）信托制度天然清晰的委托—受托关系使得信托公司现金管理产品构架清晰，容易获取投资人的信赖；

（2）信托公司的全牌照优势决定了信托产品天然适合进行跨市场、跨品种投资，有利于多元化资产配置策略的实现；

（3）信托公司多年来在非标债权领域的管理经验积累，以及长期以来在高净值客户领域的布局，使得信托公司现金管理产品在资产端及负债端均有良好的基础。

当然，相比于其他成熟的现金管理管理机构，信托公司的竞争劣势也比较明显：

（1）相比于在非标准化债权业务和通道业务基础上形成的信托风格，对标准化债券市场的研究、投资、交易和营销各环节都有待改善；

（2）非标产品的运作系统和人才梯队无法快速满足现金管理产品高频运作和细化分工的要求。

综上，从转换优势和克服劣势的角度来看，信托公司发展现金管理业务并非可以一蹴而就。从目前信托公司成功运作现金管理产品的经验来看，都需要多年投入的厚积薄发。从现金管理业务运营的链条来看，信托公司发展现金管理业务至少需要满足以下四个条件。

（1）包括自营资金、机构直销、代销、高净值客户营销等在内的多维度的销售渠道；

（2）覆盖宏观及策略研究、组合分析、投资交易、归因分析的投研体系；

（3）覆盖行业及区域研究、事件研究、个券分析、投后跟踪的信评体系；

（4）覆盖账户管理支持、业务运营支持、投资交易支持、风险控制支持的多维系统。

以下只对投研体系和信评体系进行阐述。

（二）投研体系搭建

信托公司现金管理产品主要投资于标准化债券市场，故投研体系和信评体系的建设与完善是决定业绩是否出众及风险控制是否得当的核心要素。其中，投资研究体系搭建完善的标准在于能否有效进行宏观经济和货币政策分析，能否支持完成投资策略制定，能否主动完成投资支持并解决定量考核，定性评价的问题。现金管理产品的投研流程见图 12。

图 12　现金管理产品投研流程

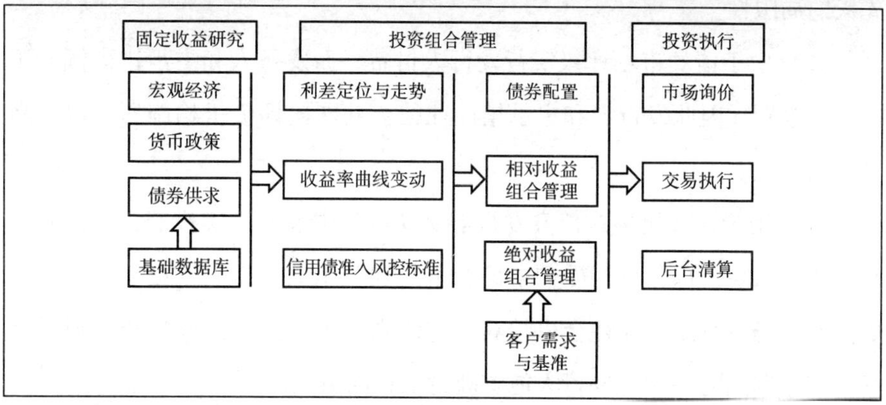

资料来源：中建投信托博士后工作站。

完善的投研体系至少要包括固定收益研究、投资组合管理和投资策略的执行三个部分。

在现金管理产品投资管理过程中，除了投前研究、投中执行外，管理机构还需要以一定的频率对投资风险和投资策略进行分析和回顾，具体内容见表 2。

表 2　每日、每月、季度监控框架

每日投资监控	每月投资风险检查	季度策略 & 投资回顾
• 系统投前控制：严格遵照投资指引范围进行投资 • 投后分析：账户基本情况分析；流动性分析；信用监控	• 账户月度投资表现总结 & 风险回顾 • 月度总结分析：账户基本情况分析（下阶段投资策略）；中长期流动性分析；市场分析 & 账户操作分析	• 账户季度投资表现总结 & 风险回顾 • 对新季度展望和投资策略制定 • 针对不同账户以及账户各自情况制定新的投资策略和风控标准

资料来源：中建投信托博士后工作站。

（三）信评体系搭建

很多机构在债券市场的投资中，信用风险主要参考具有评级资质的评级机构受债券发行人委托而进行的第三方外部评级，但外部评级具有一些先天的局限性。

（1）由于债券市场评级实行发行人付费，而发行人和主承销商倾向于获得高级别，因此发行人和主承销商往往会共同向评级机构施压，以提高其信用评级。

（2）由于评级机构在债券发行与交易过程中没有真实投资，所以并不承担实际风险，部分机构受到市场竞争与利益驱动，为争取更多的客户和更高的市场占有率，往往会以抬高整体级别作为交换，因此投资者通过公开渠道查询到的往往是发行人能够获得的最高级别。

（3）监管部门对于评级机构实际上没有很好的评级质量管控手段，导致评级市场整体的氛围是“劣币驱逐良币”，等级虚高且还在不断向上迁移。

出于上述原因，要做好基于债券市场投资的现金管理产品，管理人还需要建立自己的内部评级体系，以更有效地评估所投债券的信用风险，并在相应的风险水平上寻求投资机会。

对信托行业来说，目前信评体系的搭建主要围绕以下四个方面。

（1）形成信用研究理念。做到从上而下分析，从下而上选择，注重信用经济实质，注重信用市场定价等。

（2）做到有效的信用资源配置。做到重点行业重点覆盖，小众行业划分覆盖，风控优先、应对谨慎，挖掘有限、应对积极等。

（3）构建信用研究框架。做好公司治理分析、经营业务分析、财务指标分析、信用定价分析等。

（4）加强信用研究人员培养。鼓励搭建专业化信评队伍，做到多调研走访，与同业及中介进行充分沟通交流，个券研究重在构建方法，主体和市场策略并重推进等。

金融科技视角下的服务信托

应汇康　李合怡

摘　要：服务信托是信托行业重要的本源业务，其核心价值来源于受托人利用信托制度设计信托结构的能力和执行事务性工作的效率和成本。本章基于服务信托的功能和价值创造，论述金融科技在服务信托的契约关系、效率成本等方面发挥的重要作用，探讨金融科技在账户管理、资产证券化、养老金/年金具体业务类型中的应用。

关键词：信托公司　服务信托　金融科技

一、服务信托的概念与核心功能

（一）服务信托的提出、概念与类型

2018年底的信托业年会上，银保监会首次提出服务信托概念，标志着中国信托业向重塑功能定位、回归信托本源又迈出了重要一步。中国的信托业恢复于经济金融体制转轨的特殊历史时期，长期被视作“银行的补充”、“金融百货公司”与“改革试验田”，功能定位严重异化。自“一法两规”颁布以来，信托逐步回归本源，在投融资和资产管理业务上取得突出成绩，但信托制度的功能远不止于此。从历史发展轨迹来看，受托人承担主动的财产管理职能是信托制度的衍生品。追根溯源，信托制度最本质的功能是实现财产的独立或隔离，而提供这一服务正是信托最初的目的。在我国，相比以投融资为主的资金信托业务，以提供服务为核心、不涉及价值创造的业务一直是信托业发展中的薄弱环节。长期以来，业界常将此类业务与以监管套利为目的的“通道业务”

画上等号，导致业务发展模式出现偏差，同时也面临着不利的监管环境。银保监会此时提出服务信托的概念正是信托回归本源过程中的正本清源。

从概念上看，服务信托是指受托人依托法律赋予信托的制度禀赋，搭建信托框架结构，以委托人财产转移、隔离和保全等作为信托目的所提供的金融或非金融服务。围绕该信托目的，受托人提供服务的内容包括但不限于资产托管与交易、账户开立与结算、权益登记与分配和财产的传承与处分等。

服务信托的丰富内涵决定了其类型的多样性。按照信托公司的服务对象划分，可分为基于资产端的服务信托和基于资金端的服务信托。前者是指受托人发挥信托财产独立性的制度优势，利用信托账户功能而非投融资理财功能，提供信托财产的托管、配置、结算、分配等服务；后者是指按照委托人个性化意愿，依托受托人主动管理，提供信托财产的管理、分配、处分和传承功能①。

按照业务的实质分类，服务信托可分为四个类型：一是牌照型服务信托，即受托机构凭借监管机构赋予的特定资质，通过交易结构安排促成业务的达成，包括资产证券化信托、银信合作信托等；二是交易型服务信托，即受托机构通过保管委托人的资金或财产，实现贸易、消费、投资等场景下的安全交易，包括贸易结算信托、（非主动管理的）证券投资信托等；三是代理型服务信托，即受托机构通过持有信托财产或财产权，代理委托人管理与行使财产相关权利，包括员工持股信托、遗嘱信托等；四是混合型服务信托，即受托机构在代理委托人管理与行使财产相关权利过程中，同时承担一定的财产保值增值等其他责任，包括家族信托、养老服务

① 参见中航信托《服务信托分析框架研究——范式创新与行业转型》，2019 年中国信托业专题研究重点课题；中信信托《服务信托业务研究》，2019 年中国信托业专题研究重点课题。访问链接：www. xtxh. net/xtxh/reports/45794. htm，访问时间：2020 年 3 月 1 日。

信托等。前两类均是为金融活动提供服务的信托，而后两类主要是为非金融活动提供服务的信托。

（二）服务信托的功能与价值创造

监管部门在信托业年会上提出服务信托的表述为“信托业务要坚持发展具有直接融资特点的资金信托，发展以受托管理为特点的服务信托，发展体现社会责任的公益（慈善）信托”，表明服务信托与资金信托在核心功能上有着根本的区别。

资金信托的功能可以概括为“受人之托、代人理财”，其核心是受托人按照委托人意愿主动管理和运用信托财产，承担风险并获取收益，为受益人实现资产保值增值。与资金信托不同，服务信托的功能不是受托人为委托人和受益人创造直接的经济价值，受托人通常不主动管理和运用信托财产，不提供投资决策服务，也不承担市场风险和信用风险，而是依照委托人的意愿或约定的具体要求，为其妥善处理各类信托事务。因此，服务信托的功能应概括为“受人之托、忠人之事”。

从服务信托发挥的功能即可明确，服务信托不限于为金融活动提供服务，它的价值创造也并非来自受托人的资产管理或风险管理能力，而是源于受托人利用信托制度优势合理安排信托结构的能力，以及执行各项事务流程的效率和成本。具体来说，在为金融活动提供服务的信托中，受托人为保障委托人的投融资行为顺利完成提供专业化的服务，例如账户开立、信息披露、清算分配等，它的价值是保障委托人的财产安全，提高金融活动的运作效率并节约经济成本。在为非金融活动提供服务的信托中，受托人设计信托结构并为委托人实现特定信托目的，它的价值来源于受托人专业化的服务能力、忠实执行信托合同的公信力，以及为信托提供全流程服务配套保障的能力。

二、金融科技与服务信托的核心要素

服务信托的功能和价值来源决定了它考验的是信托公司传统意义上的主动管理能力之外另一个维度的能力，即执行事务性工作的能力，因而信托公司处理事务的规模、效率和成本决定了其在服务信托业务上的核心竞争力，这就意味着发展服务信托业务离不开金融科技的支持，需要依托信托公司的信息技术系统等，实现信托的信息化和数据化。

金融科技是指由技术带来的金融创新，它能创造新的业务模式、应用、流程或产品，从而对金融市场、金融机构和金融服务的提供方式造成重大影响①。金融科技的本质是以信息化的数据作为生产要素，全面升级金融业的生产方式，它改变了金融机构营销获客、风险定价、支付清算等前、中、后台核心链条的业务逻辑，衍生出大数据营销、大数据风控、智能投顾、量化交易、移动支付等多种全新的金融产品和服务。金融科技的出现既拓展了金融服务的边界，也大幅提高了金融活动的效率。金融科技有望在三大核心要素方面提升服务信托的核心竞争力，包括契约关系、效率成本与业务类型。

（一）金融科技加固服务信托的契约关系

信托本质上是一种法律行为，是信托当事人出于特定目的依照信托法律所缔结的特殊关系，而金融科技的应用和发展强化了信托的契约关系，更加凸显了信托的制度优势。信托制度的核心优势是它具备一般民商法律

---

① 金融稳定理事会（Financial Stability Board），Financial Stability Implications from FinTech，https：//www. fsb. org/2017/06/financial - stability - implications - from - fintech/，2017 年 6 月 27 日访问。

关系所不具备的功能，但现实中无论是财产传承还是破产保护，由于信托财产的所有权已转移至受托人，故信托目的能否妥善实现很大程度上取决于受托人是否忠诚、勤勉、尽责地履行受托义务。尤其是在服务信托中，由于受托人承担的风险较小，信托报酬通常低于资金信托，对受托人的激励较低，委托人可能承担更高的监督成本或面临代理风险，此时金融科技的作用就得以凸显。

随着金融科技的应用，互联网、大数据和区块链等技术赋予委托人更强的监督能力，可有效规避受托人的道德风险。智能合约的出现更进一步强化了信托的信任机制，以智能合约形式缔结信托关系，相关的权利义务条款将以数字形式在区块链上储存，一方面，合约具有可验证、可追溯、防篡改的特征，确保当事人具备合格资质且明确表达信托目的，防范合约欺诈等违法行为，另一方面智能合约可强制执行相应条款确保信托目的实现，并对当事人的履约过程进行记录和反馈，使受托人行为在强监督之下更加透明化、合规化，确保受托人勤勉尽责履行义务。

（二）金融科技优化服务信托的效率与成本

效率和成本是服务信托的核心竞争要素，金融科技在优化服务效率和成本过程中将大有可为。首先，金融科技可实现服务信托中多项功能的有效整合。服务信托的运营管理本质上是对多个金融服务基础功能的综合运用，包括权益账户管理功能、资产保管与资金清算功能、估值与财务核算功能等。利用金融科技搭建业务综合系统，能够通过对多元模块的排列组合，实现运营服务的效率最优化。

其次，金融科技可实现服务信托中标准化流程的自动化。在服务信托中存在诸多简单且重复的标准化事务性流程，但目前信托行业内仍然存在大量高学历、高成本的劳动力从事标准化事务性流程的现象，造成运营效率的损失。金融科技的应用可实现针对服务信托中的标准化运营要素拟定标准算法，并通过模拟增强人类与计算机的交互过程，以智能机器人取代人工实现自动化操作。

例如，在账户管理上，可将特定的算法技术嵌入账户管理系统中，对账户开立、清算、分配等内外部流程进行自动化处理，同时配合行为监测分析识别流程中存在的问题，并对检查结果反馈学习，实时提示和处置问题。又如在法务审核的应用上，利用机器阅读、语义分析、图像识别等技术，结合法律法规条款进行自主学习，对合同文本进行审核，判断合同条款是否符合法律法规要求。

（三）金融科技拓展服务信托的业务类型

目前信托行业的金融科技发展水平落后于其他金融子行业，主要原因是传统融资业务聚焦房地产和政府融资平台等非标业务，这类业务的非标准化程度高，业务流程中需处理的数据量少，且对耗时的敏感度相对不高，因此对金融科技应用的需求较弱。但在信托转型升级的需求下，金融科技的运用空间越来越大，金融科技的发展也拓宽了信托业务的边界。

三、金融科技支持服务信托业务展望

（一）账户管理类服务信托

随着社会经济的发展，不同国家及地区的金融需求重心在发生变化，信托工具的适用领域和功能定位也随之不断调整。账户管理类的服务信托作为单独的产品类别出现，就是在信托业发展到成熟期后才出现的一种业务模式。

这类业务早期发端于以融资功能为主导的信托产品，逐步稳定于信托行业成熟的发展阶段。例如信托制度于 18 世纪传入美国，最早以商事信托的形式发挥着融资功能，但随着 20 世纪 90 年代资本市场直接融资功能的发展以及日益严重的老龄化问题，金融领域以财产保管及其衍生服务为主的需求日益增长，信托机构开始为有价证券和养老金市场提供服务。

为了区别于基于资产管理而产生的代理账户①，本节所探讨的账户类型主要是指非主动管理类型的账户，其特征是受托人根据委托人的需求，对信托账户进行托管运营，不主动承担市场风险、信用风险，只承担操作风险和系统性风险。

1. 账户管理类服务信托与金融科技支持

金融科技是账户管理类服务信托的重要辅助工具，以资金清结算服务信托为例，信托公司需提供经营链条上各企业间的结算服务、代收货款服务及余额理财服务等。若没有信息系统的支持，仅靠地面人员一对一设立信托账户，实现贸易全过程的保管、结算业务，显然难以满足客户对响应性与准确性的要求。通过信息技术和对金融科技能力的建设，可有效提升客户体验，实现数据交互的安全、准确、高效，避免多头执行时可能造成的操作风险，提高信托业务运作效率。

近年来，也有信托公司为开展服务信托专门设立金融科技公司，例如中信信托参与设立的中顺易公司通过参与账户服务与管理，辅助信托公司完成服务信托的相关工作。信托公司可通过中顺易“信账宝”账户的八大子系统，充分发挥登记、保管、结算、风控、保值、传承和披露七大核心功能，根据不同的信托目的，向委托人提供资金/财产保管服务基础之上的消费者权益保护、福利保障、贸易安全结算、财富传承及财产安排、风险控制、慈善公益等各类服务信托业务，获取场景基础交易数据，深度挖

---

① 基于资产管理而产生的代理账户主要指：主动管理类信托计划项下的募集户、保管户或其他监管账户，属于资产管理服务下附带的代理账户，核心是保障资产管理的顺利进行，而非账户服务。

掘更多金融业务。

2. 金融科技与账户管理类服务信托结合的关注重点

账户管理类服务信托是经济社会和信托行业发展到一定阶段的产物，金融科技是其技术支持，但不能决定市场的需求和深度。现存的信托市场投资工具不足、业务模式较为单一的问题，也会成为制约账户数量和账户管理规模的一个因素。借鉴国外的成熟经验，未来可开发的信托投资工具较多，如 MMMF（货币市场互助基金）、CMA（现金管理账户）、MTF（共同信托基金）、融资租赁以及将信托资金投资于 CD（大额存单）、CP（商业票据）、TB（国库券）等短期资金市场等。

（二）资产证券化类服务信托

受托人是资产证券化业务交易结构的核心，是现金流的管理者，负责托管基础资产及与之相关的一切权益，受托人不仅是服务商与投资人的中介，也是信用评级机构与投资人的中介。受托人利用财产权信托的法律结构可实现风险隔离和资产出表，进一步实现从“主体信用 + 资产信用”到“完全资产信用”的过渡。

1. 资产的多级流转与金融科技支持

资产证券化因其资产的分散性和可产生稳定的现金流，提高了资产组合的整体信用质量从而降低了产品的综合融资成本，典型的产品类型包括银行的信贷资产证券化和供应链资产证券化。以供应链资产证券化为例（下文简称供应链 ABS），早期发行的供应链 ABS 的原始债权人，均为核心企业的一级供应商。该模式下，应收账款产生于核心企业和一级供应商之间，由于核心企业的内控规范，贸易背景真实，应收账款的收款较有保障，该类模式在市场上也得到了广泛的运用。然而在实际交易中，一级供应商因其体量较大，抗风险能力强，真正需要融资的往往是二级、三级等低等级的供应商。如果一级供应商将其对核心企业的应收账款转让予下一级供应商用于支付货款，再由下一级供应商转让给保理公司进行融资，由于意思表示的真实性、贸易背景真实性等难以核实，商业纠纷的风险往往难以识别和规避，导致核心企业的信用难以传递至供应链低层级的供应商，对中小微企业的支持作用较为有限。

为了解决上述流转问题，诸多机构利用大数据、区块链等金融科技手段，陆续推出应收账款流转平台。目前的平台发起方主要包括金融机构、核心企业和专业服务商三类，详见表1。在平台上，具有优质信用的核心企业对到期债务进行确认，各级供应商即可将确认后的应收账款进行转让，同时平台将贸易合同等验真资料电子化、标准化，提高信息传递的透明度和传递效率。未来如果平台运作良好，则核心企业的信用可逐级传导至供应链末梢的供应商，更好地支持中小企业，滴灌式定向支持实体经济的发展。

表1　应收账款流转平台分类

主体类型	金融机构	核心企业	专业服务商
典型案例	中征平台、平安银行、浙商银行供应链应收账款服务平台	中交云单管家、中企云链	信雅达、壹诺金融
优势	基于银行账户系统，对接征信系统，公信力强；资金优势明显	依托自身供应商资源搭建，供应商准入难度低	技术输出，应用灵活，适用的场景丰富
劣势	供应商及交易主体准入较为严格	以核心企业产业链为主体，适用的场景有限	核心企业的利益驱动不足

资料来源：中建投信托博士后工作站。

2. 金融科技与资产证券化类服务信托结合的关注重点

在资产证券化市场中，需要信息和金融科技支持的产品类型不在少数，例如消费金融类ABS、设置循环购买结构的融资租赁类ABS、应收账款类ABS等。由于上述类型的资产证券化类服务信托业务具有底层资产数量大、额度小且分散等特点，信托公司开展此项业务需配备专门的业务管理系统。目前，各信托公司一般通过外购、自主研发或者二者相结合的方式建设符合自身需要的业务管理系统，业务开展后再申请与中国人民银行金融信用信息基础数据库对接。

此类的金融科技支持系统往往成本高昂，需要一定的业务量做支撑，同时需要专业化的技术团队做运维支持，在人力和资本投入上都有较高的门槛。因此在实践中，健全的技术支持系统仅集中于几家头部信托，其余信托公司应根据自身的资源禀赋和业务特点，有选择地布局该类业务，对相关系统进行研发升级。

（三）养老金/年金类服务信托

服务信托的开展，要建立行之有效的商业模式，而养老金/年金信托就是境外信托机构的重要业务类型。当人口老龄化问题日益严重时，各国都积极建立较为完善的年金管理制度，并大力鼓励年金信托业务的发展。根据提供服务的范围，境外信托机构的年金信托业务可划分为两类：一是管理型，即信托机构既负责年金信托相关的行政事务管理，也负责信托财产的投资运用；二是非管理型，即信托机构主要负责年金信托相关的行政事务管理，信托财产的投资运用交由专业投资机构负责。

1. 养老金信托与金融科技支持

养老金资产对安全性和专属性具有较高的要求，为在保障资产安全的基础上实现“受益人利益最大化”，需要以明晰的信托制度作为保证。在信托关系中，资产隔离是信托财产管理的核心特点，信托财产的独立性原则是信托制度区别于其他制度的本质特征。因此，以信托形式设定的养老资产不受委托人和信托公司破产风险的影响，从而确保养老资产的专属性与安全性。

信托公司依托信托制度和信托产品设立的灵活性可以在养老金信托中为委托人提供全方位、全周期的综合服务。如将养老金与家族信托相结合，在取得养老金给付时，以养老金给付作为信托财产交付家族信托的受托人管理运用，并在家族信托中对受益人的养老规划进行充分约定，以保障受益人的老年生活水平。该种模式实质是“养老金账户管理＋信托金融产品管理＋养老金收益权利”的全方位、全周期的闭环管理服务。因此，信托公司可以基于信托法律关系和灵活性的优势，从账户的管理服务及账户中金融产品创设等角度积极参与养老金信托的创设。

这一阶段的金融科技支持贯穿了信托公司整体的运营管理。如何利用大数据、云计算、人工智能、区块链等科技手段对积累的大量管理运营数据进行深度分析和全面挖掘，针对风险合规管理和运营决策，打造数字化、智能化的管理机制和经营平台，提升整体运营管理能力，是这一阶段信托公司的重点研究课题和实践方向。

2. 金融科技与养老金服务信托结合的关注重点

金融科技在财富管理运用中也可能出现新的风险因素，比如道德风险、操作风险和监管风险等。正如上文所述，养老金资产对安全性和专属性具有较高的要求，因此在全周期服务的构想下，金融科技是一个重要的推动力，能否用数字化的手段、平台化的思路去接触客户、洞察客户的需求，能否用大数据提高决策和风控水平、提高面向细分领域的运营能力，都是金融信息技术工作需要重点关注的问题。

四、金融科技与服务信托业务的发展路径

服务信托对金融机构的流程管理能力和效率提出了较高的要求，对信息技术、互联网技术以及金融科技的依赖程度较大，其核心竞争力在于服务的质量与效率。回顾我国信托行业的发展历程，有关服务信托的经验分散且缺少主线，从业者只能从既有行业经验推断哪些业务属于服务信托，对服务信托的概念和应用领域缺乏全面而清晰的认知。因此从技术手段上来看，金融科技支持服务信托也要经历以下三个阶段，从明确理念，到勾勒轮廓，再到实现商业价值。在每一个阶段，金融科技都将作为一条主轴

参与其中。

1.0 阶段：完善服务信托制度基础

制度的搭建和完善是发展服务信托业务的基础保障。目前，信托公司开展的服务信托业务往往伴生于主动管理类信托，适用于资金信托业务的规则。未来服务信托能否成为一大业务支柱，依赖于服务信托制度的建设和基础设施的搭建，例如信托财产的登记制度、信托账户的制度安排，以及信托受益权的可流转。在这一阶段，金融科技作为服务信托的基础设施，应当充分考虑到服务信托制度的建设中。

2.0 阶段：构建服务信托的业务体系

在 2.0 阶段，各家信托公司都对服务信托有了一定的认识和判断，需要根据不同服务信托种类，制定业务审批流程和授权制度，充分发挥信托制度的灵活优势，提高客户响应速度。在这一阶段，金融科技的支持是全周期的。例如信托公司需要配备专门的消费金融业务管理系统，在前期信用审核阶段，与征信公司对接，并通过积累信用数据逐步建立自身的自动化风控模型；在放款阶段，与第三方支付公司对接，实现指令发送和自动化放款；在项目存续阶段，通过系统自动化监控和分析，有效识别客户违约信息；在资金清收阶段，实现回款的自动化清分和划扣。

3.0 阶段：提升服务信托的商业价值

服务信托商业价值的大小取决于应用场景对该业务的需求程度，这决定了信托公司开展服务信托业务的盈利方式和盈利能力。在这一阶段，金融科技是理念、是思维模式，贯穿了信托公司整体的运营管理。如何利用大数据、云计算、人工智能、区块链等科技手段对积累的大量管理运营数据进行深度分析和全面挖掘，针对风险管控、合规管理、运营决策等领域，打造数字化、智能化的管理机制和经营平台，提升整体运营管理能力，也将成为信托公司的重点研究课题和实践方向。

数字资产管理

——数字经济时代信托金融科技创新的新机遇

唐彦斌

摘　要：中国数字经济正在蓬勃发展，催生了大量数据资产化以及数字资产管理的需求。本文对数字经济的演变以及与数字资产的有关概念进行梳理和统一，指出数字经济的重要特征就是数据的资产化和资产的数字化（通证化）。本文重点讨论了数字资产的产权化和资产化、数字资产的价值评估、交易与增值过程等问题；论证了数据的经济价值和数字资产管理的经济意义。信托可以为数字资产管理赋能并给出若干可行的创新业务方案。

关键词：数字资产　数字经济　数字资产管理

如今无论是社交通信领域、消费领域还是工业领域，人类社会和经济生活已被信息技术全面渗透，毫无疑问人类已进入数字经济时代。随着科技持续进步，尤其是以移动互联网、大数据、云计算、物联网、区块链、人工智能、孪生数字等为代表的数字科技（信息网络技术）迅速发展，人类掌控自然资源的能力与生产手段实现前所未有的升级，生产效率迅速提升，生活方式日新月异。马云认为，未来30年，数据会比石油更重要。21世纪唯有掌控数字科技和数字资产，才能掌握经济发展的新动力。

我国高度重视网络经济、智能经济、数字经济发展，并充分认识到数据的作用。“十三五”规划明确提出要“牢牢把握信息技术变革趋势，实施网络强国战略，加快建设数字中国”。《国家信息化发展战略纲要》、《中华人民共和国网络安全法》（以下简称《网络安全法》）和《国家网络空间安全战略》相继出台。十九届四中全会公报中，首次增加“数据”作为基本的生产要素，并认可其作为生产要素应获得相应的价值分配。2019年底中央经济工作会议上首次正式提出要大力发展数字经济。根据国家互联网信息办公室发布的《数字中国建设发展报告（2018年）》，2018年中国数字经济规模已达31.3万亿元，占GDP的比重高达34.8%，对我国GDP增长的贡献率超过67.9%。我国数字经济的轮廓正愈加清晰。

一、数字资产

（一）概念与定义

任何以二进制形式存储在数据中的、由个人或企业控制的、预期能够带来收益的资产，都可认为是数字资产。因实业界和学术界对数字资产的核心定义尚未达成共识，在各种场合会看到所谓信息资产、数据资产、数字资产、数字资本等表述较为雷同的词汇。朱杨勇（2018）将信息资产、数字资产、数据资产统一为数据资产①。叶雅珍（2019）在此基础上结合资源、资产、资本和经济四个关联概念，综述了12个组合术语的提出时间②（见表1）。

表1　12个组合术语最早提出年份

	资产	资源	资本	经济
信息	1997年	1970年	1962年	1959年
数据	1974年	1968年	1967年	2011年
数字	1996年	1981年	2000年	1995年

资料来源：中建投信托博士后工作站。

笔者认为，“信息”是事物内容的外在表现形式，包括文字、数字、图像、声音或某种事实过程等；“数据”是各类信息的数理抽象或数据化结果；“数字”是伴随着信息技术的升级迭代，标准化和规范性较强的数

① 朱扬勇、叶雅珍：《从数据的属性看数据资产》，《大数据》2018年第4期，第68~79页。

② 叶雅珍、刘国华、朱扬勇：《数据资产相关概念综述》，《计算机科学》2019年第11期，第20~24页。

据，往往与各种算法关联，是数据的更高级形态。“资产”，具有明确的权利边界，经济学上有排他性，可计量，会计属性较强；“资源”是指具有生产意义和经济利益的资产；“资本”，具有生产性和收益性，往往与投融资有关，可分割、可流转；“经济”则具备相对完整的系统运行架构，包括采集、存储、整理、分析、提炼、应用和治理。

（二）数字资产范畴的演化

随着数字经济的发展，数字资产的内涵也在不断深化。从最简单的个人用户信息，到网络虚拟财产（如电子邮箱地址、Q币、游戏装备等），到网络中开发的各种数字化知识产权（网络文学、网络影视剧、视频直播等），到数字化的网络信息（出行记录、网购记录、网络言论、网站浏览记录等），到各类数字化金融资产（电子化的金融资产、以比特币和以太坊为代表的数字货币、央行发行的法定数字货币），再到区块链上数字化（通证化）的资产，甚至还包括运用数字孪生技术实现的物理空间向数字空间的映射。数字资产形成了从具体到抽象的过程，包括信息数字化、货币数字化、实物数字化、技术过程数字化、精神世界数字化等。从技术角度出发，全世界所有资产及其衍生物最终均可数字化，并纳入数字资产范畴。

二、数字经济

（一）数字经济起源

数字经济源于传统的信息经济，并伴随着网络经济的出现演变而来。信息经济的概念可以追溯到1961年美国经济学家斯蒂格勒的信息搜索理论，他揭示了“信息”作为一种要素在经济活动中的价值。之后的40年中，电子计算机的广泛应用引发一系列信息革命，信息经济得到空前的发展和重视。信息技术和网络经济完美结合后形成信息经济（数字经济）。2016年，《中国信息经济发展白皮书》中将信息经济定义为：“以信息和知识的数字化编码为基础，以数字化资源为核心生产要素，以互联网为主要载体，通过信息技术与其他领域的紧密融合，形成的以信息产业及信息通信技术对传统产业提升为主要内容的新型经济形态。”上述定义和2016年G20杭州峰会提出的《二十国集团数字经济发展与合作倡议》中对数字经济的定义非常相似。区块链技术在数字货币领域得到成功应用后，业界又提出传统资产的权益证明（某种通证，即Token）是可行的，这使得物理资产的数字化成为可能。通证的提出至少在概念上具备颠覆传统网络经济的潜力，令人们有理由相信数字经济的范畴将得到进一步深化和延展。最近有学者认为数字孪生技术将成为数字经济的另一个重要基础。数字孪生可在信息化平台内模拟物理实体、流程或者系统，类似实现实体系统在信息化平台中的镜像。

（二）现代数字经济体系

现代数字经济体系的构成，一是数字基础设施。主要包括以互联网为基础的信息产业、以信息产业为基础的制造业以及信息相关其他产业，例如IDC（数据中心）和云网络、5G通信网络、人工智能、工业互联网、物联网、智慧城市、区块链网络。这恰是我国2018年底就提出的新型基础设施建设领域（新基建）的重要组成部分。我们将在网络空间搭建起足以支撑各类数字经济有效运行的基础设施。随着智能终端和传感器的应用渗透，人和物通过数字深度关联。而5G网络的成功应用是数字基建快速发展极为重要的一步。中国对数字基础设施的广泛投资将引领未来数字经济向纵深发展。

二是法定数字货币。它是一种特殊的数字资产。一方面，比特币、Libra 等创新的数字货币被认为将冲击由各国法定货币体系，遭到广泛质疑和各国央行抵制。另一方面，全球各大央行纷纷酝酿发行基于区块链技术的法定数字货币。2019 年，中国人民银行数字货币研究所提出尝试法定数字货币和电子支付工具（DECP），不需要和任何银行账户进行绑定，实现双离线支付和匿名支付功能，它将是对传统纸币的一种完美替代，属于 M0 范畴。虽然 DECP 未使用区块链技术，但中国人民银行仍在小范围内积极推广基于区块链的数字化产品，例如数字票据和区块链金融产品等。数字货币将在未来数字经济世界中承担价值转移的工具，并在数字金融、普惠金融领域发挥重要的作用。2019 年 4 月，中国人民银行在苏州市相城区给行政人员试点安装了数字钱包，其工资中交通补贴的 50% 通过央行数字货币的形式发放。

三是数据的资产化和资本化。在数字经济里，数据犹如社会大生产系统中的血液，支撑着社会运转。数据被网络运营商规模化地采集、分类、汇总后，利用大数据分析技术被开发出具有经济决策价值的商业信息，并最终转化为利润。当数据具有权属后，便具有了权利排他性、资源属性和流转性从而形成数据资产，数据资产一旦转化为数据资本，就会和实物资本和金融资本一样，以更高级的方式进入生产领域。由于数据的资产化和资本化是数字资产管理行业发展的前提，后文将做重点分析。

四是物理资产的数字化和通证化（Tokenization）。将实物资产数字化和通证化（STO）后，其被映射到区块链上进行永久记录和确权，再配合智能合约和算法便可以实现真正的万物互联，建成真正的智慧城市。物理资产的通证化本质上就源于“证券化或标准份额化”的理念，但超越了证券化，因为通证化是在区块链上进行确权并且可嵌入智能合约技术。目前物理资产的数字化进程还非常缓慢，技术瓶颈也较为明显：算力相对不足、响应速度过慢而无法支撑高频交易、比特币之后缺少现象级应用、区块链的运行体系还不够成熟、监管环境和法律体系建设滞后等。目前对这个领域，大众仍较为陌生，用户极少。笔者预计物理资产的数字化和通证化道路仍较为漫长，但相信基于通证的数字化金融，对于突破传统金融的奇点和带来金融创新而言意义巨大。

三、数字资产管理

（一）大数据的经济价值和特征

相对于广义的数字资产，人们对狭义的数据资产有相对更深入的认知，尤其在大数据分析领域。

1. 大数据的边际价值为零，但边际获取成本非零

单个数据从统计意义上几乎不具有价值，数据科学家们不会因为多了某个数据就认为有必要修改统计结论，这种做法非常不可靠。虽然单个数据的统计价值为零，但获取数据的代价非零。因为数据具有相对性，数据供应方和数据采集方所处的位置不同，对特定数据的价值评估维度和结论就不同。

2. 大数据的价值飞跃效应

当超过一定数量的群体性数据得到汇集，就能形成复杂的数据结构，并从中挖掘出确定性较强的数据关系。这些关系对企业家的商业决策可能具有决定性作用，背后的经济效益或许难以估量。于是，大数据的经济价值和数据规模之间就呈现一条飞跃曲线。

3. 大数据往往具有时效性

这取决于是何种类型的数据以及数据的内在逻辑是否具有时变性。例如反映某个城市人群的消费习惯的大数据就具有这种特点。经济快速发展阶段，每过 10 年消费特征就可能会显著变化。很显然，采集于 10 年前的消费大数据的经济价值就会小于 10 年后的消费数据。互联网运营商只有持续不断地积累数据、更新数据、研发数据模型才能维持其较高的经济价值。

4. 大数据价值具有高波动性，公允价值具有不可测性

大数据的价值受到很多因素影响，数据使用者的主观分析目的、客观的数据质量、数据时效性、数据的竞争性都会显著影响大数据的价值。数据的相对性导致不同的主体具有不同的价值判断。数据的获取渠道越广泛、越便捷，其获取成本就越低。

5. 大数据沿着时间具有超线性的贬值性和增值性

数据对时效越敏感，价值衰减得就越快。随着时间推移，数据带来的经济利益会不断增加其对大数据资产所有者的经济价值。越来越多的人会重视和认可大数据，所以大数据具有增值性。从这个角度，数据资产具有长期投资价值。大数据的价值需要结合随时间的贬值速度和增值速度综合确定。大数据的贬值或增值方式与传统资产价值的最大不同就是超线性。由于大数据分析讲究样本数据内在关联性。随着时间推移，数据量不断增加，数据之间的关系就越是多样化和复杂化，隐含的经济意义就越丰富。但大数据又具有时效性问题，会因为社会的快速变迁而超线性贬值。综合看，大数据资产价值变化具有超线性特征。

（二）数据资产管理的经济意义

我们仅以大数据资产管理业务类型为例来论述。数据越来越被认为是一种战略资源，大数据还可以成为人工智能领域的深度学习的训练样本，来不断提高人工智能的“智力水平”。就像人类需要粮食来进行能量供给一样，机器需要不断喂食数据来认知这个世界，最终帮助人类完成人类无法企及的事情。数据的这种应用价值，犹如金矿一般正等待人们挖掘和利用。我们已经说明了数据的所有者正是大量的网络用户，即全世界的网络消费者。一方面，大量的普通用户并不理解、也无准确法衡量他们所拥有的数据的商业价值；另一方面，网络世界中的消费者的谈判地位和博弈力量极其弱小，在获取互联网服务时，常常被迫授权个人信息和让渡未来的数字资产，虽然从个体角度看其利益几乎为零。事实上，互联网的亿万用户每天都在近乎免费地在向服务提供商提供数据原料，但这些数据原料应有其合理的对价。

《信息安全技术公共及商用服务信息系统个人信息保护指南》中提出了所谓的“个人信息管理者”的主体角色概念。人们需要这么一个数据管家，帮助人们处理与数据资产有关的事务，最好还可以实现保值增值。人们的数据资产需要被有效管理。

（三）数字资产管理行业的兴起

无论是传统的数据资产还是广义的数字资产（如数字货币、数字通证等），散落在网络的各个角落。只有将分散的数据集中起来才能形成大数据，只有通过数字化工具才能来调动底层的、静态的社会资源。我们需要数字资产管理机构来实现上述目的。

1. 数据资产成为经济发展新动力

数据资产需要有“数据专家”来挖掘它、驾驭它，方能实现数据资产的巨大增值。未来数字经济中的生产、融资、投资、营销等价值交换过程最终都由数字驱动，社会资源的协调、调动和决策都无法离开大量数据支撑。常规的专家经验跟不上社会的变化和机器学习能力，在效率和效果上必然落后于以大数据和算法驱动的人工智能。于是，针对这种新型生产要素（数据资产）的管理，就会形成社会专业化分工，就好像有企业家、职业经理人、会计或律师等社会专业化角色那样。

2. 加密数字货币和央行主导的法定加密数字货币可能会成为所有数字资产的锚或新的货币单位

比特币基于区块链技术的去中心化和总量上限引致的通缩性特点，使得它有可能成为一种无国界的资产。而法定数字货币的出现也将对资产管理行业提出挑战，原本依赖于银行账户的传统货币管理体系可能会被数字货币体系替代。

3. 资产的数字化使得可管理的资产范围大幅拓展

世界上存在着大量的“边缘资产”，它们安静地躺在人们的家里、车库里、保险箱里，没有发挥出社会价值，因为它们过于非标准化，也难以流转，更不能指望用它们实现融资。这些社会闲置资源一旦被整合利用，将产生巨大的经济价值和社会福利，以 Airbnb 和 Uber 为代表的共享经济就是例证。凭借区块链的可信技术加上智能合约算法，可将大量具有使用价值或经济价值的实物资产或无形资产（如知识产权等）数字化、通证化后盘活，可以实现低成本、高效率的融资。这些非标准化的边缘资产，在解决信息不对称和不可信问题后，将被通证化为接近标准化的资产，变得更容易监管与可用。

（四）数字资产管理类型

基于加密数字货币、数据资产化和资产数字化，数字资产管理会形成三大业务分支。

1. 加密数字货币管理

管理类似于比特币的加密数字货币或者其他数字化资产（如 Libra、JPM Coin 等）。其实，“加密数字货币”就是一种特殊的数字资产。目前全球主要的数字资产管理就是基于数字货币的资产管理。据统计，截至 2019 年 1 月，数字资产管理的 AUM 已达到 150 亿美元，主要的管理人来自一些传统的对冲基金和风险投资基金。这类基金也叫数字资产基金，主要业务逻辑类似于传统的股票投资基金，通过数字货币二级市场的交易来获利，采用的策略主要是量化交易。由于比特币价格大幅下滑和遭到监管围堵，上述加密数字货币基金数量在 2019 年有所减少。除了以交易获利为目的的资产管理外由于一些因黑客攻击导致数字货币被盗的情况，衍生出所谓数字资产托管业务。据报道，2019 年 6 月，韩国最大的银行韩国国民银行和 Atomics Lab 签约，合作开发数字资产托管服务，期望合作研发数字资产保护技术和智能合约应用，并探索数字资产领域的新业务。

2. 数据资产管理

管理由大数据技术诱导的、具有商业价值的、资产化的数据资产。目前只有国内极个别信托公司发行具有数字资产管理概念的数字信托，进行了尝试探索，但可持续性不足。

3. 通证化资产管理

类似于金融市场中将具有现金流的经营类资产证券化，实物资产被通证化后，这些静态资产就在区块链上被确权并且具有流动性。由于国内 ICO 充斥了大量的融资诈骗行为，由 ICO 演变而来的 STO 发展得并不顺利，目前对通证化资产进行管理的案例也不多见，时机尚未成熟。

（五）数据资产管理的若干基本问题

1. 数据的权利界定和法律保护问题

数据资产化的趋势下，人们面临一个非常严肃而绕不开的法律问题：数据资产的所有权问题。

关于用户个人信息①（包括大量隐私信息）的所有权，我国在立法方面做了积极的努力。2012 年全国人民代表大会常务委员会《关于加强网络信息保护的决定》明确规定“国家保护能够识别公民个人身份和涉及公民个人隐私的电子信息。任何组织和个人不得窃取或者以其他非法方式

---

① 《电信和互联网用户个人信息保护规定》中明确的用户个人信息，是指电信业务经营者和互联网信息服务提供者在提供服务的过程中收集的用户姓名、出生日期、身份证件号码、住址、电话号码、账号和密码等能够单独或者与其他信息结合识别用户的信息以及用户使用服务的时间、地点等信息。

获取公民个人电子信息，不得出售或者非法向他人提供公民个人电子信息。”2012年颁布的《信息安全技术公共及商用服务信息系统个人信息保护指南》规定“处理个人信息[①]前要征得个人信息主体的同意，包括默许同意或明示同意”，其中一般信息须默许同意，敏感信息须明示同意[②]。2013年发布实施的《电信和互联网用户个人信息保护规定》明确规定“未经用户同意，电信业务经营者、互联网信息服务提供者不得收集、使用用户个人信息”，“收集、使用用户个人信息的，应当明确告知用户收集、使用信息的目的、方式和范围，查询、更正信息的渠道以及拒绝提供信息的后果等事项”。

虽然国家对个人隐私保护提出了明确要求，但网络运营商为了取得对用户个人信息的收集、加工和商业化利用，往往在用户下载终端App时通过设置用户协议，引导用户将相关个人有关的信息授权给平台使用。龙卫球（2017）认为，司法实践中，在保护个人隐私信息的基础上，实际赋予了互联网运营商一定收集、加工和利用空间[③]。网络服务商对于用户浏览信息的自动抓取收集行为以及个性化推荐行为不构成隐私侵权。事实上，大多数互联网平台正是利用了个体用户话语权较弱、对隐私价值存在信息不对称、对隐私自我保护的警觉性不够强等特点，“迫使”用户出于对平台功能的依赖或较高预期，不得不将个人隐私等信息授权给互联网平台。如果平台提供的服务和产品符合或超越用户预期，这种隐性的授权有合理性和正当性；反之，通过虚假宣传和营销方式骗取用户隐私信息后，转卖信息获利，事后用户对此也无可奈何。即便2016年12月出台了《网络安全法》，在更

---

① 《信息安全技术公共及商用服务信息系统个人信息保护指南》中明确所谓个人信息，为信息系统所处理、与特定自然人相关、能够单独或通过与其他信息结合识别该特定自然人的计算机数据。个人信息可以分为个人敏感信息和个人一般信息。其中，个人敏感信息可以包括身份证号码、手机号码、种族、政治观点、宗教信仰、基因、指纹等。除个人敏感信息以外的个人信息为一般信息。

② 明示同意：个人信息主体明确授权同意，并保留证据。默许同意：在个人信息主体无明确反对的情况下，认为个人信息主体同意。

③ 龙卫球：《数据新型财产权构建及其体系研究》，《政法论坛》2017年第4期，第64页。

上位的法律层面加强了网络空间里对个人信息的保护，但对个人信息的法律地位和作为数据持有者的运营平台之间的利益关系依然未加以明确。

除个人信息外，用户主体在网络经济中还会产生大量其他类型的数字资产，例如用户因网络行为留下的大量信息（如消费记录、浏览记录、出行轨迹、发表评论等），这类数字资产和个人隐私信息之间从私密性和重要性角度看有所不同。龙卫球（2017）指出，立法层面虽然已认识到个人信息和一般数据资产之间的区别，但也因问题的复杂性和来自各方的分歧，尚未形成定论。有人明确提出将数据资产和网络虚拟财产看作一种新型知识产权客体的思路，却遭到激烈的反对而未在《网络安全法》总则中进行规定。最后只是在《网络安全法》总则的第一百二十七条提出“法律对数据、网络虚拟财产的保护有规定的，依照其规定”。后续的立法完善和授权规定仍有完善空间。

欧美国家在个人数据保护方面的立法启动较早，可做借鉴。龙卫球（2017）总结美国采用的是“变通隐私权保护的宽松模式”[①]。因为美国司法实践认为，网络个人信息保护问题具有特殊性。如果要使得网络经营得以持续、用户便利得以扩大，必须对网络个人信息保护在援引隐私权规则方面进行适度软化。否则，网络运营商无法获得授权去触及、收集和利用用户数据去提供有效的服务。相比而言，欧盟采取的是更为严格和保守的立法思维，赋予了个人信息人格权的法律地位，甚至上升到基本人权和自由的高度。但欧盟的这种严格限制，也使得互联网企业的发展空间十分受限。但面对网络服务利用个人信息的巨大需求，欧盟也并非丝毫不与时俱进，允许采取合同方式约定或授权网络运营商收集、控制和使用个人数据。事实上，欧盟耗时四年，才于 2016 年完成对 1995 年的《个人数据保护指令》的修订工作，正式发布《一般数据保护条例》（General Data Protection Regulation）。欧盟在大数据的市场化价值和数据保护之间做了适

① 同上页。

当平衡，但依然相当保守。

2. 从数据财产化向数据资产化的转换

大数据概念兴起于2009年前后，并在2012年得到广泛关注。大数据技术是用来描述在信息经济发展成熟时代，对海量数据进行统计分析的一种数字经济应用技术。网络社区、电子商务、O2O模式逐渐盛行，人类生活的大量行为被有意无意地被记录在了网络空间，被各类互联网运营商广泛采集、存储后进行加工，然后基于大数据技术持续升级，并用于智能化所提供的服务和产品。

随着人们发现数据对经济效率提升和商业创新有如此效能后，数据就被视为某种利益驱动和商业价值之源。由于这种收益性，催生出所谓的数据资产化概念。早在1999年，莱斯格（Lawrence Lessig）首次系统性地提出了数据财产化（data propertization）的理论架构。莱斯格的理论出发点是希望打破传统法律体系下因对个人隐私或信息的绝对化和过度保护而限制了数据的收集、流通、应用的消极状况。他希望通过将数据财产化后，使得围绕数据的经营活动更加便利。根据莱斯格的论证，数据财产权理应归用户（数据主体）所有，并且唯有将数据财产化才可以避免采取事后追责的方式，取而代之的是通过事前对数据财产进行协商定价交易，从而预防大规模地侵犯公民个人信息的行为。值得注意的是，数据主体可以从资产化后的数据的使用过程中直接或间接获利，这种利益本质上来自大数据的红利。龙卫球（2017）认为莱斯格的理论具有某种单向性，过于偏向数据主体，忽略网络运营商的结构性需求，认为数据资产化应当具有双向动态结构，不仅要满足对用户个人数据财产化后的保护，也要满足网络运营商对数据经营和创造数据应用价值的需求①。因为网络运营商在获得用户授权后汇总形成大数据集，然后加工、整理、分析与应用，从而让原本看起来无用的零散数据因聚集后产生了使用价值，网络运营商对原始数据的不

---

① 同上页，莱斯格的观点转引自同一文献。

断投入就会形成一种新的所有权——数据资产权。

这种资产权更接近一种知识产权，它是对网络运营商的一种创新激励。如果把莱斯格的单向数据财产化理论和龙卫球的双向利益动态架构结合起来，个人用户信息经过个人数据财产化再到持续不断的数据资产化后，就会向全社会持续输出大数据红利。经济学家科斯的产权理论告诉我们，数据的财产化和进一步资产化将给予数据使用者或数据经营者一种合法性和正当性，也使得与数据有关的权利转变过程变得更加清晰，为数据资产后续的进一步流通、管理、增值，甚至标准化和证券化提供了良好的法律基础。

3. 数据资产的确权

数据资产的特点是极易复制和传播，边际成本为零。通过区块链技术可确保数据资产的唯一性和不可篡改。区块链技术还可以便捷、有效地实现链上生成确权与记录交易流转。区块链为数据资产的生成提供了天然的土壤。反之，基于区块链生成的数据资产也会促进区块链技术的创新与应用。

4. 数据资产的估值

这本质上是资产评估问题，也是会计问题。德勤财务咨询和阿里研究院（2019）论述了数据资产不完全符合会计准则中对于“资产”及“无形资产”定义的原因，所以数据资产目前尚未体现在企业的财务报表上①。但其实早在2016年10月，德勤、易观智库和上海国家会计学院成立的联合课题组就提出“企业第四张报表”的概念，建立了一整套基于非财务性数据的企业价值评估体系，从用户数据、产品数据、渠道数据三个维度、合计102个指标，对互联网企业和金融企业以及零售企业进行了数据价值维度的综合评估。这至少从数据资产价值的维度解释了为什么大幅亏损的互联网企业依然具有较高的市场价值。2018年德勤又提出了升级版的“企业第四张报表2.0”，强调企业内部的数据治理体系，尝试利用企业的内外

① 德勤财务咨询、阿里研究院：《数字资产化之路，数据资产的估值与实践》EB/OL，第12页。

部数据和科学的价值评估模型真实地反映企业价值。

我国很早就开始研究数字资产的价值评估问题。许永斌（2000）参考无形资产价值评估方法来评估数字资产①。刘良惠（2002）认为不同阶段的数字资产应给与不同的评估方法②。陆旭冉（2019）指出大数据可以作为企业的一种无形资产，并对数据资产的初始计量、后续计量、折旧和摊销、减值和处置进行了会计核算方面的研究分析③，陆旭冉认为凡是采用自主收集并整合方式的，用于数据挖掘和研发的费用均可进行资本化，也客观地提出数据资产应当采用快速摊销法和更保守的使用年限。但笔者发现，陆旭冉对数据资产的会计核算并未考虑数据的获取成本。事实上，大量互联网企业都是通过补贴营销的方式进行揽客并积累数据的，严格上说这些都是形成数据资产的前期资本性投入。但按照目前谨慎会计准则的做法，这些数据资产的资本投入全部需进行当期费用化，这也是导致互联网平台运营商的财报常年亏损、经营性现金流持续为负的原因。其实数字资产价值取决于其嵌入全球网络的深度以及激励其他消费者的程度，数字资产主要通过网络价值在数字生态系统的应用中发挥作用。李永壮等（2018）研究了数字资产的特殊性和复杂性，认为开发一个统一的定价模型存在较大困难，即使开发成功，模型的适用性和可操作性也较弱④。

5. 数据资产的增值

一些研究提出了数据资产价值增值的问题，认为数据资产是无形资产的一种特殊形式，在提供估值模型的同时提出数据资产传递和转移过程中存在增值。仝永刚（2008）提出了企业对数据资产的人财物投入的连续价

---

① 许永斌：《电子商务影响传统会计的十个方面》，《商业经济与管理》2000 年第 8 期，第 9～11 页。

② 刘良惠：《电子商务环境下数字资产的会计确认、计量和核算》，《财会研究》2002 年第 10 期，第 24 页。

③ 陆旭冉：《大数据资产计量问题探讨》，《财会通讯》2019 年第 10 期，第 61 页。

④ 李永壮、杨泽新、郭华：《数字资产内涵、价值评估与交易研究——基于演化视角的展开》，《北京财贸职业学院学报》2018 年第 3 期，第 22～28 页。

值形成过程[①]。纪婷婷等（2018）指出了三种实现数据资产增值方式[②]，包括（1）数据资产的应用，即运用与企业日常经营和业务拓展；（2）数据资产的流通，即数据资产的功用、开放共享、数据资产交易；（3）数据资产的金融衍生服务，例如资产抵押融资等。

笔者认为数据资产的增值与其潜在的经济价值增加直接相关，这个增值过程与时间、数据积累、数据模型的研发、市场因素密切有关，但数据资产增值尚缺乏一个有效的表达形式，唯有通过积极的数据资产管理才能最大化它的增值效果。

6. 数据资产的交易

数字资产的交易既包括所有权的交易，也包括使用权的交易。在交易过程中当然要保障交易主体的平等法律地位，遵守国家法律、法规等。在技术上，数字资产可以依托区块链技术来实现身份的认证，并借助于区块链中的多重签名和智能合约来完成数字资产所有者身份的转换，从而完成数字资产的交易。理论上，运用区块链完成的交易并不需要信用中介，即类似于房屋产证的转让、金融资产的转让，完全摆脱对交易所和登记中心等对第三方的依赖，可以帮助资产交易方降低一系列交易成本。

四、信托赋能数字资产管理

信托公司是否可以参与数字资产管理？信托公司如何开展数字资产管理业务，又有哪些可行的业务模式？信托公司作为跨市场的资产管理

---

① 仝永刚：《论数字经济环境下数字资产的会计核算》，《会计之友》（中旬刊）2008 年第 7 期。

② 纪婷婷等：《数据资产化与数据资产增值路径研究》，《管理观察》2018 年第 18 期，第 157 ~ 160 页。

人并且是唯一可以受托管理“非货币数字资产”的金融机构，应当在数字资产管理领域有所作为，这有望成为信托公司金融科技转型方向之一。

（一）法定数字货币理财业务

个人持有的法定数字货币与银行账户里的存款不同，仅是 M0 的替代物，不具有货币扩张功能。个人未来持有法定数字货币可以通过转入数字信托实现投资增值或支付，信托公司通过汇集社会群体零散的法定数字货币形成数字信托基金。

（二）基于数字资产的质押担保型融资信托业务

信托公司过去主要和资本密集型的房地产、政信公司进行融资合作。依靠土地的价值和政府的信用来保障信托资金的安全。随着数字经济的持续发展，每天有大量的互联网企业诞生和消亡，大量进入成长期的互联网创新企业因为缺乏有效的抵押物而无法获得金融机构的资金支持。若可以实现数据的资产化并确权，信托机构基于完整的数字资产质押，就可为其投放信贷资金。因为随着企业持续的获客经营并对数据资产的投入研发费用，其自身拥有的数字资产的量和价值会不断地增加并实现快速增值。这种模式对信托公司的最大挑战是如何对融资初期的数字资产的前景进行预估。由于数字资产估值的难度和不确定性较大，其公允价值评估可能还需依靠专业的第三方机构。

（三）基于数据的财产性的财产权信托管理业务（2C2B 业务模式）

自然人用户将其个人数据按照信托的标准化要求，委托给信托公司并给予数据运用的充分授权，信托公司以数据资产管理人的身份，与市场上的互联网运营商进行独家谈判博弈，以合理的对价将信托名下数据财产的使用权出售给互联网运营商进行获利，并将获利分配给该信托的受益人，信托公司从获利中提取一定比例的信托报酬。对于个人用户而言，原本毫无变现价值的个人数据将持续分享互联网运营商的大数据红利。但这种模式的巨大挑战是，如何广泛获客？因为只有形成大规模的数据集，才有资本与互联网运营商进行博弈谈判，才能使信托利益最大化。

信托公司可以尝试与手机运营商进行数字资产管理合作甚至股权合作。个人用户主要是通过手机终端渠道进入互联网运营商的 App 商店进行下载。信托公司可以联合手机供应商，在用户下载 App 之前甚至手机购买时就完成在线授权和一系列合作信托签约，将个人在该 App 上生成的数据资产全部委托授权给信托公司，这就完成了信托规模化获客的关键一环。这种模式下，信托公司必须与手机供应商绑定得较深并且在事前就约定后续的收益分成机制。专注于数据资产管理领域的信托公司也许在不久的将来就会和像华为、苹果这样的科技巨头进行数字资产合作。

（四）为第三方机构持有的数字资产提供数字资产保管业务

这种业务模式看似偏向于事务管理性质，但其技术依赖度可能较高，需要信托公司具备区块链技术架构和专业的技术团队持续维护整个管理系统。数字资产保管业务的盈利性预计不会很强，但这种模式有助于快速扩大信托公司在数字资产管理领域的市场规模和声誉，并不断积累数字资产管理经验。

（五）其他基于数字资产的信托业务创新模式

潘云鹏（2019）提出一种基于信托财富管理业务场景而内生的数字资

产“梨”，本质上就是“理财积分”或信托公司发行的某种“代币”①。信托为客户拥有“梨”提供商品兑换、交易、赠送的开放平台，这正是一种基于网络虚拟财产的数字资产管理业务。

相信在数字资产的产权体系足够完善后，信托公司发行这种创新型的财产权信托在法理上就具有可行性。信托公司发行数字资产信托与传统的资金信托的主要异同对比见表2。

表2　资金信托与数字资产信托的对比

对比维度	资金信托	数字资产信托（一种创新财产权信托）
委托人	高净值客户	所有单位（个人、企业、政府）
委托资产	传统货币资产	数字资产
确权方式	银行账户、登记公示	基于区块链
管理方式	债权投资、股权投资	债权投资、股权投资、资产合作
度量单位	传统货币单位	数字货币或传统货币单位，或其他数字单位
价值评估	公允价值、成本法	公允价值、成本法
清算分配	基于账户	基于区块链
交易方式	银行账户变更	基于区块链和智能合约
增值方式	对外投资	授权获利、抵押融资、对外投资、证券化融资等

资料来源：中建投信托博士后工作站。

五、信托数字资产管理展望

未来10年，数字资产规模必将迅速扩张，可见的或不可见的、物理的或虚拟的，数字资产的类型将不断细分。资产数字化和数据资产化会成为数字资产管理两条较为主流的发展路径，在每条路径上还会分叉出各种个性化的业务模式，尤其是对于数据资产管理，目前还是一片蓝海，具有很

① 潘云鹏：《基于区块链的数字资产信托业务创新与探索》，《现代商业》2018年第35期，第93~94页。

大的想象空间。数字资产管理业务，给在传统模式下难以为继的信托公司提供了一个转型思路，但成功与否仍取决于是否真正有魄力启动信托数字化革命。因为只有尽早拥抱数字经济、尽早搭建起数字经济基础架构（包括区块链架构[①]、智能合约交易系统等）、将新型业务和传统业务相融合的信托公司才能适应数字经济带来的颠覆性变革，才能最早分享到数字经济带来的发展红利。

① 关于信托如何与区块链相结合进行创新，详见笔者信托金融科技转型专题《从区块链技术看信托业的金融科技变革》。

Abstract

Review and Outlook of the Trust Industry in 2019

Abstract: In 2019, the trust industry has been facing challenges from economic downturn and profound changes of the business environment, and the trend of future development becomes clearer. The AUM of the industry has declined for the second consecutive year, and the overall performance of trust companies is relatively poor. The risky assets have grown substantially, and the industry shows a higher differentiation. As the unified regulation of asset management develops, trust business continues de-channelizing, and the scale of passively-managed assets shrinks. The actively managed financing business has grown rapidly, and has become the main driving force of the industry. In the future, main logics of the trust development have changed, and the direction of transformation becomes clear. Trust companies should rely on its institutional advantages, including the trust culture and trust services, and establish the industry's core competitiveness.

Keywords: Trust Industry; Business Performance; Trust Business; Transformative Development

Research on the Trust Business in 2019

Abstract: By theend of 2019, the amount of trust assets has reduced to 21.00 trillion yuan, influenced by the changing macroeconomic and regulatory circumstances, while he total trust yield of the industry has recovered. It seems obvious structural transformation of trust business, and the actively managed loan business has replaced the passive management trust as the main driving force of the industry. The investment direction of capital trust has optimized with a stronger support on the real economy, while innovations turns more attention to service trust instead of capital trust.

Keywords: Trust Business; Business Structure; Investment Direction; Business Innovations

Research on the Proprietary Business in 2019

Abstract: As the capital strength of the trust company has been enhanced, the increase in capital calmed down in 2019, but there are still companies having the pressure to increase capital in order to meet the regulatory requirements. The assets and liabilities structure of the trust industry remains stable, and investment assets is always the main part of asset allocation. As a result, the investment income contributes the most in the proprietary business revenue as usual.

In 2019, due to the rapid growth of Changes in Fair Value Gains and Losses, the trust industry's proprietary business revenue has recovered from declining. Also, the return on proprietary business increased slightly, though it's still at a low level, unable to change the downward trend of the industry's profitability. The ranking of the return on proprietary business of each trust company has changed greatly in each year, which indicates that the profitability of the proprietary business is not stable enough and is greatly affected by macroeconomic situation and regulatory environment.

Keywords: Proprietary Business; Capital Strength; Asset Structure; Profitability

Research on Risk Management of the Trust Industry in 2019

Abstract: In 2019, the credit risk of the trust industry continued to rise, and the potential risks in the financial sector accelerated. According to the statistics of China Trust Association, the number of risk projects in the trust industry in 2019 reached1547, with a scale of about 0. 577 trillion Yuan, accounting for 2. 67% of the 21. 60 trillion Yuan trust assets. The overall non-performing assets and non-performing rate of the trust industry increased significantly, far higher than the level of non-performing financial institutions in the same period. The pressure of stock risk disposal of trust companies is significant, and the asset risk situation is especially severe compared with the past years.

This article summarizes the current situation of risk management, non-performing assets distribution、lawsuits and cases of risk incidents and disposal in the trust industry in 2019, to increase the awareness of risk prevention and risk management concept, and realize the dual tasks of stable growth and risk prevention.

Keywords: Risk Management Status; Non-performing Assets; Lawsuits; Cases of Risk Incidents; Disposal in the Trust Industry

Research on Laws and Regulations of the Trust Industry in 2019

Abstract: In the year of 2019, management regulations on asset management industry were released under the New Asset Management Guidelines made in 2018, also, the establishment of the top-level system of the China's trust industry has been gradually improved. The role positioning of the trust industry have undergone significant changes. Under the regulating from The Banking and Insurance Regulatory Commission, the proportion of real-estate business and passageway business in the trust industry continues to decline. Trust culture has gradually penetrated into all aspects of the trust industry, and the obligation of appropriateness of the trustee has been greatly strengthened. New Interim Regulations on Trust Institute (draft for comments) make trust industry stands at the starting point of a new period of development. On the basis of more standardized development of traditional businesses, equity investment, standard investment and trust services will bring a new round of prosperity to the Trust Industry.

Keywords: Financial Regulations; New Asset Management Guidelines; Trust Business Patterns

Exploration on the Choice of Trust Assets from the Perspective of Risk Disposal

Abstract: The China's economy is going through the structural transformation from high growth phase to high-quality phase, under which circumstance, the trust industry witnesses the clustering of credit-risk events. Managers of the trust companies are supposed to operate business steadily on one hand and dissolve the risks on the other hand. In this paper, three typical risk cases are studied and possible solutions are proposed, from the perspective of selection of industry, of counterparty and of mortgaged asset.

Keywords: Risk Capital Ratio; Selection of Industry; Selection of Counterparty; Integrity of Mortgaged Asset

The Trust Post-investment Management After the New Guidelines of Asset Management

Abstract: The "New Guidelines of Asset Management" released in 2018 detailed the post-investment management of the asset management business and put forward many requirements, and also brought about many changes to the post-investment management of the trust business. This article firstly analyzes the key principles and objectives of the post-investment management of trust business, and secondly sorts out and interprets the content of post-investment management laid out in the "New Guidelines of Asset Management", and lastly tries to forecast its impact on the trust business; Based on the aforementioned angles and current circumstances, after going through the key challenges facing the industry, we endeavor to come up with some constructive suggestions and analysis on future pathways for the post-investment management industry.

Keywords: New Guidelines of Asset Management; Post-investment Management; Suggestions and Analysis on Future Pathways

Business Logics and Risk Management of Infrastructure Trust Under the Transformation of Local Government Financing Platforms

Abstract: Local government financing platforms play an important role in China's local government financing system. For a long time, the main mode of local financing platform operation is to raise funds with government credit as the support, and invest funds in industries and fields that need to be developed locally, which is equivalent to the "second finance" of local governments. At the same time, large-scale borrowing by local governments through financing platforms has led to rapid accumulation of local government debt risks. In recent years, with the central government's control of local government debt, the government's financing functions of financing platforms have been gradually stripped, and the traditional operating model of financing platforms has been restricted. Under the new situation, how to implement market-oriented transformation of local financing platforms has become an issue of great concern to financial institutions such as trusts.

This article starts with the current macro policy and guidance for the market-oriented transformation of platforms issued by local governments around the world, explores the transformation path of local financing platforms, proposes a six-dimensional model for evaluating the market-oriented transformation of financing platforms, and discusses financial institutions' development of government financing platforms. Specific business strategies and put forward related risk management recommendations for the business in the context of government financing platform transformation.

Keywords: Local Government Financing; Government Credit; Rish Management

Risk Management of Real-estate Equity Investment Trust

Abstract: Coming to 2019, with the announcement of several regulatory documents from China Banking Regulatory Commission (CBRC), the AUM of Trust Companies has been further restricted by the authority. In this industrial background, as traditional debt financing business has been controlled and tightened, equity investment in real estate industry is becoming new critical business model for trust companies' adventure. This article discusses on equity investment model, investment directions, industrial background and possible obstacles in future development, also focuses on different perspectives of systematic and non-systematic risks, eventually explores a sound methodology on risk measures in equity investment of real estate business.

Keywords: Real Estate Equity Investment; Equity Trust Fund; Risk Management

Risk Analysis and Management of Asset-Backed Security Trust

Abstract: With the strong support of polies, Chinese ABS market continues to develop and has become an important part of the capital market. Since more and more Trust companies are participating in the ABS business, it's necessary to fully understand the risks and the risk managements of the ABS business. This not only helps to serve the issuers and the investors better, but also to helps trust company to take part in the ABS business with a full chain of multiple roles such as issue managers, original equity holders, financial advisors, underwriters and investors to improve overall profitability. This article mainly discuss the main risk characteristics that the ABS business may face in terms of underlying assets' risks, transaction structure risks and participating agency risks. Also the cause reason of risks is specifically analyzed. This chapter also focuses on how to deal with the risk management for the trust company.

Keywords: Asset-Backed Security; Trust; Risk Management

Research on Trust Companies Participating in the China Individual Pension

—Discussion on the Participation in CIP from the Perspective of Service Trust Business

Abstract: In recent years, Banks, insurance companies, fund organizations and other financial institutions have designed a variety of financial products, paving the way for the construction of the China Individual Pension System (CIP), which is based on the Fiduciary Relationship or the Trust Relationship. Therefore, the Trust Companies have many advantages in participating in the construction of CIP system. Trust Companies can take advantage of the ability on account management and actively participate in CIP system construction from multiple dimensions. Trust companies' participating in the CIP system construction needs the policy guidance and supporting from the government, which are discussed in this report.

Keywords: Pension; China Individual Pension; CIP; Service Trust; Account System of Individual Pension

Analysis On the Tax Practice of REITs in China

Abstract: REITs is an important means of real estate securitization. In recent years, although it has been actively promoted by our regulators, practitioners and academia, it still faces some development obstacles. One of the reasons is the lack of preferential tax policies. Firstly, this paper reviews the categories of taxes that China's REITs will face, and it analyzes the tax policy on REITs of developed economies, such as the United States, Japan, Singapore and Hong Kong. Secondly, this paper discusses the tax issues that China's REITs encounter in practical operation. Finally, this paper gives some suggestions on the tax planning of China's REITs in practice, and the subsequent policy formulating, in order to provide useful reference for the business activities.

Keywords: REITs; Asset Securitization; Tax System; Tax Planning

Research on Risk Analysis and Business Framework of the Cash Management Product in Trust Companies

Abstract: Under the guidance of new regulations on asset management, cash management business has become a strategic choice for trust companies. This paper mainly introduces the present market situation of cash management products and how trust companies involve in the market. Focusing on the analyses of credit risk, liquidity risk, and combining with the advantages and disadvantages of the trust industry, this paper introduces a framework for a trust company to establish its business system for the cash management business.

Keywords: Cash Management Product; Credit Risk; Liquidity Risk; Framework Building

Service Trust from a Fintech Perspective

Abstract: As an important origin of trust, the core value of service trust derives from the trustee's ability in using the trust system to design the structure and the efficiency and cost of carrying out the administrative tasks. Based on the function and value of service trust, this paper discusses the important role of Fintech in contractual relationship and efficiency cost in the service trust business, and explores the applications of Fintech in specific trust business, such as account management, asset-backed securitization, pension or annuity management.

Keywords: Service Trust, Fintech, Business Types, Development Path

Digital Asset Management

—New Opportunity for the Trust Fintech Revolution in the Digital Economy Era

Abstract: Digital economy is booming up in China, with the tremendously rising demand of digital asset capitalization and management. We summarize and put in order the concepts relevant to digital asset or data asset in the digital economy evolution process. Tokenization of asset and capitalization of data characterize the digital economy. The difference of asset propertilization and asset capitalization is discussed. Due to the great profit driven by the big data technology, it is emphasized the economic meaning and necessity for the digital asset or data asset management. Key problems are discussed in the valuation, trading and appreciation in the management process. It is deeply believed the Trust industry can empower the digital asset management by showing a few cases of how the trust financial instrument can be embedded within the digital business.

Keywords: Digital Economy, Digital Asset, Data Asset, Trust Fintech Revolution

图书在版编目（CIP）数据

中国信托行业研究报告. 2020 / 中建投信托博士后工作站，中国社会科学院金融研究所博士后流动站编著. --北京：社会科学文献出版社，2020.7
（中国建投研究丛书. 报告系列）
ISBN 978-7-5201-6853-3

Ⅰ. ①中… Ⅱ. ①中… ②中… Ⅲ. ①信托业-研究报告-中国-2016 Ⅳ. ①F832.49

中国版本图书馆 CIP 数据核字（2020）第 121336 号

中国建投研究丛书·报告系列
中国信托行业研究报告（2020）

编　著 / 中建投信托博士后工作站
中国社会科学院金融研究所博士后流动站

出 版 人 / 谢寿光
组稿编辑 / 恽　薇
责任编辑 / 关少华　许秀江

出　版 / 社会科学文献出版社·经济与管理分社（010）59367226
地址：北京市北三环中路甲 29 号院华龙大厦　邮编：100029
网址：www.ssap.com.cn
发　行 / 市场营销中心（010）59367081　59367083
印　装 / 三河市尚艺印装有限公司

规　格 / 开 本：787mm×1092mm 1/16
印 张：25　插 页：0.5　字 数：335 千字
版　次 / 2020 年 7 月第 1 版　2020 年 7 月第 1 次印刷
书　号 / ISBN 978-7-5201-6853-3
定　价 / 98.00 元

本书如有印装质量问题，请与读者服务中心（010-59367028）联系

版权所有 翻印必究